U0893639

荣 获

新闻出版总署优秀畅销书奖
全国优秀古籍图书普及读物奖
第十七届山西省优秀图书一等奖
第二届山西出版政府奖
山西出版集团2008年度十种好书

全套藏书累计销售500万册

诸子百家卷

《诗经》《尚书》《礼记》《楚辞》《论语·大学·中庸》《孟子》
《老子》《庄子》《荀子》《韩非子》《孙子兵法·尉缭子·鬼谷子》
《墨子》《周易》《山海经》《吕氏春秋》《三十六计》

名家选集卷

《三曹诗集》《陶渊明集》《王勃集》《王维集》《孟浩然集》
《高适集》《岑参集》《李白集》《杜甫集》《白居易集》
《刘禹锡集》《元稹集》《李商隐集》《李贺集》《杜牧集》
《韩愈集》《柳宗元集》《李煜集》《欧阳修集》《王安石集》
《苏轼集》《黄庭坚集》《柳永集》《秦观集》《周邦彦集》
《李清照集》《辛弃疾集》《陆游集》《范成大集》《杨万里集》
《姜夔集》《文天祥集》《元好问集》《唐寅集》《张岱集》
《三袁集》《李贽集》《傅山集》《纳兰性德集》《袁枚集》
《郑板桥集》《龚自珍集》

史著选集卷

《左传》《国语》《战国策》《史记》《汉书》《后汉书》《三国志》
《资治通鉴》

综合选集卷

《唐诗三百首》《宋词三百首》《元曲三百首》《千家诗》《古文观止》
《汉魏六朝小赋骈文选》《唐宋八大家文选》《明清小品文选》

笔记杂著卷

《蒙学六种——三字经·百家姓·千字文·增广贤文·幼学琼林·格言联璧》
《颜氏家训·朱子家训》《世说新语》《金刚经·坛经·心经·地藏经》
《曾国藩家书》《菜根谭·小窗幽记·幽梦影》《浮生六记》《闲情偶寄》
《近思录》《徐霞客游记》《古代书信精选》

戏曲小说卷

《元杂剧精选》《西厢记》《牡丹亭》《长生殿》《桃花扇》《今古奇观》
《三国演义》《水浒传》《西游记》《红楼梦》《聊斋志异》《儒林外史》
《封神演义》《话本小说选》《文言小说选》

中国家庭基本藏书 史著选集卷

资治通鉴

［宋］司马光 著
王振芳 王朝华 注析

山西出版集团
三晋出版社
博学工作室

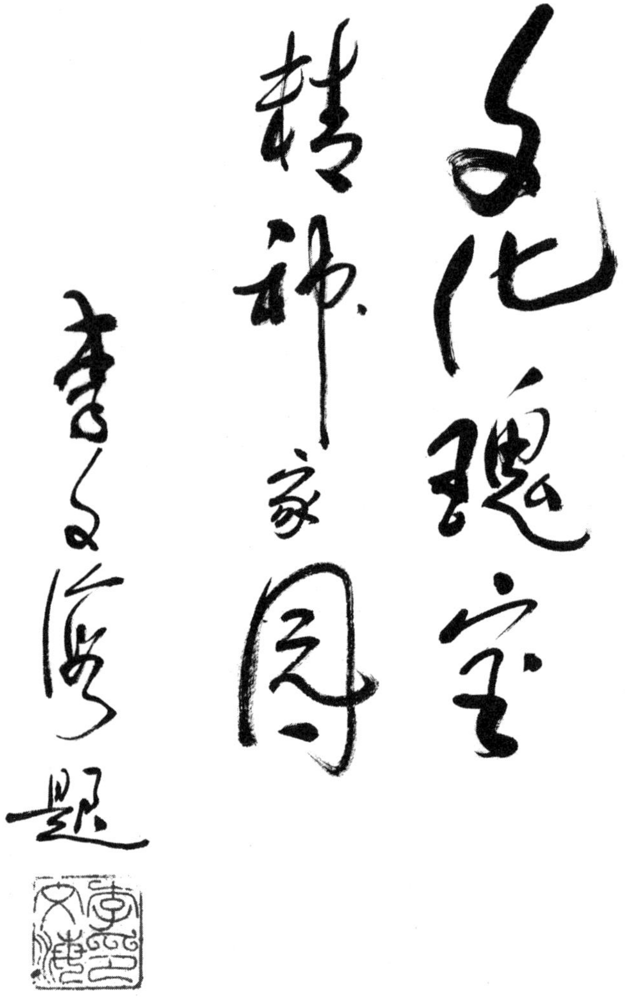

·中国史学会会长、中国人民大学教授李文海先生为《中国家庭基本藏书》题词

前言

《资治通鉴》,北宋司马光撰。全书共294卷,又有考异、目录各30卷,记载了从公元前403年至公元959年1362年间的史事,属编年体通史。司马光最初写成战国至秦二世8卷,名为《通志》,进于宋英宗。治平三年(1066)奉命设书局继续编撰,至神宗元丰七年(1084)完成,历时19年。神宗因其"鉴于往事,有资于治道",遂命名为《资治通鉴》。全书取材除十七史以外,尚有野史、传状、文集、谱录等322种。协助司马光编撰的有刘攽、刘恕、范祖禹等,各就所长,分段负责,先排比材料为"丛目",再编成"长编",然后由司马光总其成,删订定稿。全书内容以政治、军事为主,略于经济、文化。

本书是为普通读者所编的一个《资治通鉴》选本,以新中国成立后古籍出版社1956年出版的点校本为底本。该底本为繁体字,本书则改为简体字。

《资治通鉴》这样的鸿篇巨制,其在叙事中所涉人物、地名、职官众多。本书从作者洋洋洒洒的300馀万言中选取其中25个重大事件,以发生年代的先后为序编排,并加标题,予以注释。本书选取时还注意到情节的生动性和事件的完整性。所选文章中涉及很多人物、地名和职官，对此不能一一予以注释，仅根据行文的叙述，对与行文关系密切者择要注释。此外，为了便于阅读，对生僻和易读错的字加了注音。对字和词语的注释力求简洁明了和通俗易懂。

本书在注释时曾参考胡三省《资治通鉴音注》、严衍《资治通鉴补正》、陈垣《通鉴胡注表微》，及一些所能见到的选注本，特此说明。对有争议之处，主要是自己判断而定，至于理由、依据，限于体例，不作说明。

为方便读者阅读使用，于书末附有"《资治通鉴》所记大事记"、"《资治通鉴》主要版本及研究著作"、"《资治通鉴》名言警句"（正文中用着重号标出）等助读材料三篇。

王振芳　王朝华

2008年6月

司马光和《资治通鉴》（代序）

吴怀祺

在两宋的史学史上，论历史兴衰的重要史著是司马光的《资治通鉴》。

司马光字君实，号迂叟，陕州夏县涑水乡（今属山西）人。生于宋真宗天禧三年（1019），卒于宋哲宗元祐元年（1086），享年六十八岁。

司马光自幼爱读史书，仁宗宝元初，中进士甲科，以奉礼郎为华州判官，为事亲，改签书苏州判官事。父母相继去世，司马光服丧五年，闭户读书，著《十哲论》、《四豪论》、《机权论》、《才德论》、《廉颇论》、《龚君实论》、《河间献王赞》等及史评诗十八首。其中许多议论成了后来《通鉴》“臣光曰”的内容。所以在事实上，司马光的修史工作很早就已经开始。

英宗治平元年至四年（1064—1067），司马光进《历年图》五卷，为上起战国，下迄五代的大事年表；又作《通志》八卷，起周威烈王，迄秦二世三年，这是以后写的《通鉴》的前八卷的内容。

治平三年（1066），司马光由谏官改任龙图阁直学士兼侍讲。夏四月，英宗命其设局于崇文院，自行选择协修人员，编辑《历代君臣事迹》。治平四年（1067），神宗即位。三月，司马光除翰林学士，十月，《历代君臣事迹》成，因其书“鉴于往事，有资于治道”，赐名《资治通鉴》，神宗亲制《序》，俾日进读。

司马光反对王安石变法，在“理财之事”、

"论祖宗之法是否可变"、"三司条例司置当否"、"青苗法利弊"等问题上，与王安石的意见不合。熙宁二年(1069)，王安石为参知政事，次年司马光被拜为枢密副使；司马光六上札子，固辞。秋，以端明殿学士知永兴军，徙许州，请改徙西京御史台，"自是绝口不论事"，专修《资治通鉴》。元丰七年(1084)《通鉴》书成，加资政殿学士。哲宗元祐元年(1086)九月去世。

哲宗命范祖禹、司马康重新校定，送杭州雕版。元祐七年(1092)全书印成，"立于学宫，与六籍并行"(《范太史集》卷三七《告文忠公庙文》)。《资治通鉴》是众手修书，又体现"一家之言"的成功之作。刘恕、刘攽、范祖禹协助司马光做了大量的编修工作，而全书由司马光总其成，"其是非予夺之际，一出君实笔削"；书中的"臣光曰"完全贯彻司马光的思想。这部伟大的史学巨著，在中国史学史上留下光辉的一章。

《资治通鉴》是一部"贯穿今古，上自晚周，下迄五代"的编年体通史。《通鉴》二百九十四卷记叙了从战国时期周威烈王二十三年至后周世宗显德六年的一千三百六十二年的历史。全书贯穿了总结政治盛衰的意识，突出了从政治上总结历史兴衰的经验。

在探讨历史盛衰原因上，司马光强调人君的作用，他认为人君的才能、素质、品质直接影响历史的盛衰。他说："夫治乱安危存亡之本源，皆在人君之心，仁、明、武所出于内者也；用人、赏功、罚罪所施于外者也。"(《温国文正司马公文集》卷四六《进修心治国之要札子》)司马光论历史兴衰，突出人的主观能动性的作用，指出一代人主只要努力，三代之治也是可以恢复的。他曾说："汉之所以不能复三代之治，由人主之不为，非先王之道不可复行于后世也。"(见《资治通鉴》卷二七"汉纪十九·宣帝甘露元年")

司马光强调"用人"对治理社会的重要性。人君的"官人、信赏、必罚"的落脚点是"用人"，他说："何谓人君之道？曰：用人是也。"但是要"用人"得当，首先要"知人"，要知人，关键是"至公至明"，"公明"的关键在"心"，有"公明"之心，方是知人、用人之"本"。司马光的用人之道，有不少可取的认识，如根据不同职事的要求，选人、用人、察人、考实绩。又如用人不讲门第、阀阅；论贤不论亲疏；对所用之人"当容其短，收其所长"；用人不疑，等等。司马光论用人的重要性，表述的人才思想有积极的意义。

司马光反对迷信及灾异的神秘主义的观点。这在《通鉴》一书中不乏其例。

但司马光的历史观是受他的哲学观点支配的。他的哲学观点"中和论"，是一种折衷主义的思想。即一切均要守"常"，由"常"而"和"，这就是"本"、"道"。智、仁、礼、乐、政、刑，本此而作则致道。守常致中和，为治理社会的根本的道。司马光的调和折衷的思想在历史观上反映出来，一方面认为历史是在作盛衰的波动，并由此十分重视总结盛衰的经验，又一方面缺乏历史过程的观念，实际上不承认历史有质的变化，在总结历史盛衰中看出“变”，但强调的是“常”，师古守常以待变。一方面认为“君心”决定历史的盛衰，一方面又强调“用人”是关系到世之治乱的大问题，“为治之要，莫先于用人”。司马光反对迷信，反对灾异论的神秘主义的观点，在“天命”问题上，既承认天意，也承认人力。司马光认为南朝刘宋灭亡，不是“天”决定的，“(刘)宋德告终，非天废也”(《资治通鉴》卷一百三十三“宋纪十五·明帝泰始七年”)。司马光引裴子野的史论，表达了自己的见解。但司马光又把“天”作为有意志的、可支配社会秩序的力量，说：“天者，万物之父也。”又说：“违天之命者，天得而刑之；顺天之命者，天得而赏之。”名分有天分、人分，最终是“天”支配，而且“僭天之分，必有天灾”，最终又回归于天人感应论上去。(引文见《迂书·士则》)

在历史盛衰的思考中，司马光着重从人事方面解剖盛衰变动，寻找支配盛衰的原因，显示出天命论色彩的淡化，但最终又承认天支配社会人事。力图从历史兴衰的事实中总结出经验教训，解释历史兴亡，又无法割弃“天意论”，这是传统史学“二重性”的体现。

司马光重视人事作用的人才思想是古代史学思想中值得重视的部分，体现了史学中积极的民族精神，读一读本书，就会有感受。

吴怀祺，男，安徽省庐江县人，1938年9月出生于贵州省贵阳市。现为北京师范大学史学研究所教授、博士生导师。主要著述有：《宋代史学思想史》、《郑樵文集校补·郑樵年谱稿》、《中国史学思想史》、《郑樵评传》；点校整理清钱澄之《田间易学》；主编10卷本《中国史学思想通史》，目前已出版7卷(秦汉卷、宋辽金卷、元代卷、明代卷、清代卷、近代前卷、近代后卷)。发表学术论文150馀篇。

以上“代序”节选自《〈资治通鉴〉的价值和司马光的历史观》，见《史学史研究》1988年第2期。作者略有修改。

目录

史著选集卷

资治通鉴·目录

附录

◎三家分晋

题解

三家分晋是中国社会从奴隶制向封建制转变过程中的重大历史事件。魏、赵、韩三家代表晋国新兴的地主阶级势力，他们在同奴隶主贵族斗争的过程中，争取民众，壮大自己，于公元前453年灭掉智氏，瓜分晋室。周威烈王二十三年(前403)，封三家为诸侯，正式建立了三个封建国家。本文节选自《资治通鉴》卷一(周)威烈王二十三年，标题为编者所加。

原文

(周威烈王)二十三年(前403)

初命晋大夫魏斯、赵籍、韩虔为诸侯[①]。

臣光曰[②]：臣闻天子之职莫大于礼，礼莫大于分，分莫大于名。何谓礼？纪纲是也。何谓分？君、臣是也。何谓名？公、侯、卿、大夫是也[③]。

呜呼！幽、厉失德，周道日衰，纲纪散坏，下陵上替，诸侯专征，大夫擅政，礼之大体什丧七八矣，然文、武之祀犹绵绵相属者[④]，盖以周之子孙尚能守其名分故也。今晋大夫暴蔑其君，剖分晋国[⑤]，天子既不能讨，又宠秩之，使列于诸侯，是区区之名分复不能守而并弃之也。先王之礼于斯尽矣！

注释

①“初命”句：魏、赵、韩三家世为晋大夫。魏斯，毕万的后代；赵籍，晋大夫赵衰的后代；韩虔，春秋晋国大夫韩武子的后代，三人分别是战国七雄魏、赵、韩国的开国君主。

②臣光曰：此三字以下是司马光的议论。

③公、侯、卿、大夫：公、侯，为古代五等爵位的第一、二等。《礼记·王制》：“王者之制禄爵，公、侯、伯、子、男，凡五等。” 卿、大夫，西周、春秋时国王及诸侯所分封的臣属。

④文、武：文，指周文王，商末周族的领袖。姬姓，名昌，商纣时为西伯，亦称伯昌。他统治时，国势强盛，曾建立丰邑（今陕西西安西南沣水西岸），作为国都。 武，指周武王，西周王朝的建立者。姬姓，名发。继承其父文王遗志，联合庸、蜀、羌等方国部落攻灭商朝，建立西周王朝，建都于镐（今陕西西安西南沣水东岸）。

⑤“今晋大夫”句：指前453年，韩、赵、魏灭智氏，三分晋国，史称“三家分晋”。

原文

初，智宣子将以瑶为后[①]，智果曰[②]：“不如宵也[③]。瑶之贤于人者五，其不逮者一也。美鬓长大则贤[④]，射御足力则贤[⑤]，伎艺毕给则贤，巧文辩惠则贤，强毅果敢则贤;如是而甚不仁。夫以其五贤陵人而以不仁行之[6],其谁能待之?若果立瑶也,智宗必灭。”弗听。智果别族于太史[7],为辅氏。

注释

①智宣子:名申,晋国六卿之一。　瑶:宣子之子智伯,谥号襄子。

②智果:智氏族中的人。

③宵:智宣子的庶子。

④则:犹“乃是”。

⑤射御:射,放箭。御,驾驶车马。

⑥陵:通“凌”,侵犯;欺凌。

⑦别族:另立一族。　太史:官名,西周、春秋时掌管起草文书,策命诸侯卿大夫,记载史事,编写史书,兼管国家典籍、天文历法、祭祀等,为朝廷大臣。

原文

赵简子之子[1],长曰伯鲁,幼曰无恤。将置后,不知所立,乃书训诫之辞于二简[2],以授二子曰:“谨识之!”三年而问之,伯鲁不能举其辞;求其简,已失之矣。问无恤,诵其辞甚习[3];求其简,出诸袖中而奏之。于是简子以无恤为贤,立以为后。

简子使尹铎为晋阳[4],请曰:“以为茧丝乎?抑为保障乎[5]?”简子曰:“保障哉!”尹铎损其户数[6]。简子谓无恤曰:“晋国有难,而无以尹铎为少,无以晋阳为远,必以为归[7]。”

注释

①赵简子:即赵鞅,晋国六卿之一。

②简:战国至魏晋时的书写材料,是削制成的狭长竹片或木片,竹片称简,木片称札或牍,统称为简。

③习:熟悉。

④为:治。　晋阳:古邑名。故址在今山西太原南晋源区。

⑤“以为茧丝”两句:茧丝,构成蚕茧的丝缕,比喻统治者向人民苛征暴敛,有如剥茧抽丝。保障,保护,防卫,也指起保卫作用的事物。

⑥损其户数:指少收税于民。

⑦必以为归:一定要以此作为安身之处。

原文

及智宣子卒,智襄子为政,与韩康子、魏桓子宴于蓝台[1]。智伯戏康子而侮段规[2]。智国闻之[3],谏曰:“主不备难,难必至矣!”智伯曰:“难将由我。我不为难,谁敢兴之!”对曰:“不然。《夏书》有之:‘一人三失,怨岂在明,不见是图[4]。’夫君子能勤小物[5],故无大患。今主一宴而耻人之君相,又弗备,曰‘不敢兴难’,无乃不可乎!蚋、蚁、蜂、虿[6],皆能害人,况君相乎!”弗听。

注释

①与韩康子、魏桓子宴于蓝台：韩康子、魏桓子同为晋国六卿之一。蓝台，地名。

②段规：韩康子之相。

③智国：智氏族人。

④“《夏书》”句：见《尚书·五子之歌》，意指人常犯过失招来怨恨，并非都由于明显的太大的过错，而往往是由小事引起的。因此应在细微难见的地方注意克服，不使小错变成大错，使人怨恨。

⑤勤：认真。　小物：小事。

⑥蚋（ruì）：昆虫，吸食人类的血液。　虿（chài）：蝎类毒虫。

原文

智伯请地于韩康子，康子欲弗与。段规曰：“智伯好利而愎[①]，不与，将伐我；不如与之，彼狃于得地[②]，必请于他人；他人不与，必向之以兵[③]，然后我得免于患而待事之变矣。”康子曰：“善。”使使者致万家之邑于智伯[④]。智伯悦。又求地于魏桓子，桓子欲弗与。任章曰[⑤]：“何故弗与？”桓子曰：“无故索地，故弗与。”任章曰：“无故索地，诸大夫必惧；吾与之地，智伯必骄。彼骄而轻敌，此惧而相亲；以相亲之兵待轻敌之人，智氏之命必不长矣。《周书》曰[⑥]：‘将欲败之，必姑辅之。将欲取之，必姑与之。’主不如与之，以骄智伯，然后可以择交而图智氏矣[⑦]，奈何独以吾为智氏质乎[⑧]！”桓子曰：“善。”复与之万家之邑一。

注释

①愎（bì）：执拗，倔强。

②狃（niǔ）：因袭，拘泥，习以为常。

③向：对。

④邑：相传上古行政区划名。夏制，五里为邑。周制，四井为邑。

⑤任章：魏桓子之相。

⑥《周书》：这里指《逸周书》。

⑦择交：选择朋友。　图：谋取。

⑧质：箭靶。

原文

智伯又求蔡、皋狼之地于赵襄子[①]，襄子弗与。智伯怒，帅韩、魏之甲以攻赵氏。襄子将出，曰：“吾何走乎？”从者曰：“长子近[②]，且城厚完。”襄子曰：“民罢力以完之，又毙死以守之[③]，其谁与我[④]！”从者曰：“邯郸之仓库实。”襄子曰：“浚民之膏泽以实之[⑤]，又因而杀之，其谁与我！其晋阳乎，先主之所属也，尹铎之所宽也，民必和矣。”乃走晋阳。

注释

①赵襄子：名无恤，赵简子之子。

②长子：邑名。在今山西省东南部。

③“民罢力”句：意为过去要民众累死累活地把城筑起来，现在又要他们付出生命去死守城池。罢，通“疲”。

④其谁与我：谁和我同力。

⑤浚（jùn）：掘取，榨取。

原文

三家以国人围而灌之[①]，城不浸者三版[②]；沈灶产蛙[③]，民无叛意。智伯行水[④]，魏桓子御，韩康子骖乘[⑤]。智伯曰：“吾乃今知水可以亡人国也。”桓子肘康子，康子履桓子之跗[⑥]，以汾水可以灌安邑，绛水可以灌平阳也[⑦]。絺疵谓智伯曰[⑧]：“韩、魏必反矣。”智伯曰：“子何以知之？”絺疵曰：“以人事知之。夫从韩、魏之兵以攻赵，赵亡，难必及韩、魏矣。今约胜赵而三分其地，城不没者三版，人马相食，城降有日，而二子无喜志，有忧色，是非反而何？”明日，智伯以絺疵之言告二子，二子曰：“此夫谗人欲为赵氏游说，使主疑于二家而懈于攻赵氏也。不然，夫二家岂不利朝夕分赵氏之田，而欲为危难不可成之事乎！”二子出，絺疵入曰：“主何以臣之言告二子也？”智伯曰：“子何以知之？”对曰：“臣见其视臣端而趋疾[⑨]，知臣得其情故也。”智伯不悛[⑩]。絺疵请使于齐。

注释

①国人：西周、春秋时对居住于国都的自由民的通称。有参与议论国事的权利，同时有服军役、纳军赋的义务。

②三版：版，高二尺为一版。三版为六尺高。

③沈灶产蛙：灶为水所淹，从中已生出蛤蟆。此处形容守城艰苦。沈，同“沉”。

④行水：巡视水情。

⑤骖乘（cānshèng）：古代三人乘车，叫骖乘。

⑥跗（fū）：通“趺”，脚背。

⑦“以汾水”句：汾水，黄河第二大支流。在山西省中部。源出宁武管涔山，经太原南流到新绛折向西，在河津入黄河。　安邑，古邑名。在今山西夏县西北，汾水之旁，为魏桓子的封邑。　绛水，源出山西绛县北，西北流至侯马南，注入浍水。　平阳，古邑名。在今山西临汾西南。为韩康子的封邑。

⑧絺（chī）疵：人名。

⑨端而趋疾：正身快走。

⑩悛（quān）：改过，悔改。

原文

赵襄子使张孟谈潜出见二子[①]，曰：“臣闻唇亡则齿寒。今智伯帅韩、魏以攻赵，赵亡则韩、魏为之次矣。”二子曰：“我心知其然也；恐事未遂而谋泄，则祸立至矣。”张孟谈曰：“谋出二主之口，入臣之耳，何伤也！”二子乃潜与张孟谈约[2]，为之期日而遣之[3]。襄子夜使人杀守堤之吏，而决水灌智伯军。智伯军救水而乱，韩、魏翼而击之，襄子将卒犯其前，大败智伯之众，遂杀智伯，尽灭智氏之族。唯辅果在[4]。

三家分智氏之田。赵襄子漆智伯之头，以为饮器。智伯之臣豫让欲为之报仇，乃诈为刑人，挟匕首，入襄子宫中涂厕[5]。襄子如厕心动，索之，获豫让。左右欲杀之，襄子曰：“智伯死无后，而此人欲为报仇，真义士也。吾谨避之耳。”乃舍之。豫让又漆身为癞，吞炭为哑。行乞于市[6]，其妻不识也。行见其友，其友识之，为之泣曰：“以子之才，臣事赵孟，必得近幸。子乃为所欲为，顾不易邪？何乃自苦如此？求以报仇，不亦难乎！”豫让曰：“既已委质为臣[7]，而又求杀之，是二心也。凡吾所为者，极难耳。然所以为此者，将以愧天下后世之为人臣怀二心者也。”襄子出，豫让伏于桥下。襄子至桥，马惊；索之，得豫让，遂杀之。

注释

①张孟谈：赵襄子的谋士。

②潜：暗中，偷偷地。

③期日：约定日期。

④辅果：即智果。

⑤涂：污染。此处意为弄脏。

⑥市：集中做买卖的场所。《易·系辞下》：“日中为市，致天下之民，聚天下之货，交易而退，各得其所。”

⑦委质：古代臣下向君主献礼，表示献身。也用作归顺之意。

原文

襄子为伯鲁之不立也，有子五人，不肯置后[1]。封伯鲁之子于代[2]，曰代成君，早卒；立其子浣为赵氏后[3]。襄子卒，弟桓子逐浣而自立；一年卒。赵氏之人曰：“桓子立，非襄主意。”乃共杀其子，复迎浣而立之，是为献子。献子生籍，是为烈侯。魏斯者，魏桓子之孙也，是为文侯。韩康子生武子；武子生虔，是为景侯。

注释

①“襄子”句：襄子因其兄伯鲁未能承袭父位，故自己虽有五个儿子，仍不肯确定继承人，想要传位给伯鲁的后人。

②封：帝王把爵位或土地赐给臣子。　代：古国名，为赵襄子所灭，在今河北蔚县东北。

③立：指君主即位。

◎秦灭六国

题解

战国末年，秦国日益强大，其他六国的势力日益不能与之抗衡，秦国上至国君下至将领，为夷灭六国而做出各种努力，如远交近攻、破坏六国合纵、贿赂各国重要官员、施用反间计等等，终于在公元前221年完成了统一大业。本文节选自《资治通鉴》卷六、卷七，标题为编者所加。

原文

(始皇帝)二十年(前227)

荆轲至咸阳，因王宠臣蒙嘉卑辞以求见；王大喜，朝服，设九宾而见之[①]。荆轲奉图而进于王，图穷而匕首见，因把王袖而揕之[②]；未至身，王惊起，袖绝。荆轲逐王，王环柱而走。群臣皆愕，卒起不意[③]，尽失其度。而秦法，群臣侍殿上者不得操尺寸之兵，左右以手共搏之，且曰："王负剑！"负剑，王遂拔以击荆轲，断其左股[④]。荆轲废，乃引匕首擿王[⑤]，中铜柱。自知事不就，骂曰："事所以不成者，以欲生劫之，必得约契以报太子也！"遂体解荆轲以徇[⑥]。王于是大怒，益发兵诣赵，就王翦以伐燕，与燕师、代师战于易水之西[⑦]，大破之。

注释

①九宾：《周礼》中的九仪。即公、侯、伯、子、男、孤、卿、大夫、士。这里指隆重的仪式。
②揕（zhèn）：刺。
③卒：同"猝"。
④股：大腿。
⑤擿（zhì）：同"掷"。
⑥徇（xùn）：示众。
⑦易水：在河北省西部，源出今易县境。

原文

二十一年(前226)

冬，十月，王翦拔蓟[①]，燕王及太子率其精兵东保辽东[②]，李信急追之。代王嘉遗燕王书，令杀太子丹以献。丹匿衍水中[③]，燕王使使斩丹，欲以献王，王复进兵攻之。

王贲伐楚[④]，取十馀城。王问于将军李信曰："吾欲取荆[⑤]，于将军度用几何人而足？"李信曰："不过用二十万。"王以问王翦，王翦曰："非六十万人不可。"王曰："王将军老矣，何怯也！"遂使李信、蒙恬将二十万人伐楚；王翦因谢病归频阳。

注释

①蓟（jì）：古地名。时为燕国国都。在今北京西南部。
②辽东：当时燕的属郡。治所在襄平（今辽宁辽阳）。
③衍水：在今辽宁省境内。
④王贲：王翦的儿子。
⑤荆：就是楚。

原文

二十二年(前225)

王贲伐魏，引河沟以灌大梁①。三月，城坏。魏王假降②，杀之，遂灭魏。

王使人谓安陵君曰："寡人欲以五百里地易安陵。"安陵君曰："大王加惠，以大易小，甚幸。虽然，臣受地于魏之先王，愿终守之，弗敢易。"王义而许之。

李信攻平舆，蒙恬攻寝，大破楚军。信又攻鄢郢，破之。于是引兵而西，与蒙恬会城父，楚人因随之，三日三夜不顿舍③，大败李信，入两壁，杀七都尉；李信奔还。

王闻之，大怒，自至频阳谢王翦曰："寡人不用将军谋，李信果辱秦军。将军虽病，独忍弃寡人乎！"王翦谢："病不能将。"王曰："已矣，勿复言！"王翦曰："必不得已用臣，非六十万人不可！"王曰："为听将军计耳④。"于是王翦将六十万人伐楚。王送至霸上，王翦请美田宅甚众。王曰："将军行矣，何忧贫乎！"王翦曰："为大王将，有功，终不得封侯，故及大王之向臣，以请田宅为子孙业耳。"王大笑。王翦既行，至关⑤，使使还请善田者五辈。或曰："将军之乞贷亦已甚矣⑥！"王翦曰："不然。王怚中而不信人⑦，今空国中之甲士而专委于我，我不多请田宅为子孙业以自坚，顾令王坐而疑我矣。"

注释

①沟：这里作动词。
②假：魏王名假。
③顿舍：止宿，停驻。
④为：是。
⑤关：指武关，在今陕西丹凤附近。
⑥乞贷：向人乞讨物品。
⑦怚（cū）：同"粗"。

原文

二十三年(前224)

王翦取陈以南至平舆。楚人闻王翦益军而来，乃悉国中兵以御之；王翦坚壁不与战。楚人数挑战，终不出。王翦日休士洗沐，而善饮食，抚循之；亲与士卒同食。久之，王翦使人问："军中戏乎？"对曰："方投石、超距[①]。"王翦曰："可用矣！"楚既不得战，乃引而东。王翦追之，令壮士击，大破楚师，至蕲南，杀其将军项燕，楚师遂败走。王翦因乘胜略定城邑。

二十四年（前223）

王翦、蒙武虏楚王负刍，以其地置楚郡。

二十五年（前222）

大兴兵，使王贲攻辽东，虏燕王喜。

臣光曰：燕丹不胜一朝之忿以犯虎狼之秦，轻虑浅谋，挑怨速祸，使召公之庙不祀，忽诸[②]，罪孰大焉！而论者或谓之贤，岂不过哉！

夫为国家者，任官以才，立政以礼，怀民以仁，交邻以信。是以官得其人，政得其节，百姓怀其德，四邻亲其义。夫如是，则国家安如磐石，炽如焱火[③]。触之者碎，犯之者焦，虽有强暴之国，尚何足畏哉！丹释此不为[④]，顾以万乘之国[⑤]，决匹夫之怒[⑥]，逞盗贼之谋[⑦]，功隳身戮[⑧]，社稷为墟，不亦悲哉！

夫其膝行、蒲伏[⑨]，非恭也；复言、重诺，非信也；糜金、散玉，非惠也；刎首、决腹，非勇也。要之，谋不远而动不义，其楚白公胜之流乎[⑩]！

荆轲怀其豢养之私，不顾七族，欲以尺八匕首强燕而弱秦，不亦愚乎！故扬子论之，以要离为蛛蝥之靡[⑪]，聂政为壮士之靡[⑫]，荆轲为刺客之靡，皆不可谓之义。又曰："荆轲，君子盗诸。"善哉！

王贲攻代，虏代王嘉。

王翦悉定荆江南地，降百越之君，置会稽郡[⑬]。

注释

①超距：跳跃。

②忽诸：忽然而亡。

③焱（yàn）：火花。

④释：通"舍"，舍弃、抛弃。

⑤顾：反而。

⑥决：决定。

⑦逞：施展。

⑧隳（huī）：毁坏。　戮：杀。

⑨蒲伏：同"匍匐"。蒲，通"匍"。

⑩白公胜：楚国人。曾经不胜其怒，为父报仇。

⑪ 要离：春秋时吴国人。为吴王阖闾刺庆忌。　蛛蝥（máo）之靡：比喻力量不足。靡，同"摩"。

⑫ 聂政：战国时韩国人。严遂和相国侠累争权结怨，求其代为报仇。他入相府刺死侠累后自杀。

⑬ 会（kuài）稽郡：治所在吴县（今江苏苏州）。

【原文】

初，齐君王后贤，事秦谨，与诸侯信；齐亦东边海上[①]。秦日夜攻三晋、燕、楚，五国各自救，以故齐王建立四十馀年不受兵。及君王后且死[②]，戒王建曰[③]："群臣之可用者某。"王曰："请书之。"君王后曰："善！"王取笔牍受言，君王后曰："老妇已忘矣。"君王后死，后胜相齐，多受秦间金。宾客入秦，秦又多与金。客皆为反间，劝王朝秦，不修攻战之备，不助五国攻秦，秦以故得灭五国。

齐王将入朝，雍门司马前曰："所为立王者，为社稷耶[④]？为王耶？"王曰："为社稷。"司马曰："为社稷立王，王何以去社稷而入秦？"齐王还车而反。

即墨大夫闻之，见齐王曰："齐地方数千里，带甲数百万。夫三晋大夫皆不便秦[⑤]，而在阿、甄之间者百数；王收而与之百万人之众，使收三晋之故地，即临晋之关可以入矣[⑥]。鄢郢大夫不欲为秦，而在城南下者百数，王收而与之百万之师，使收楚故地，即武关可以入矣[⑦]。如此，则齐威可立，秦国可亡，岂特保其国家而已哉！"齐王不听。

【注释】

①"齐亦"句：言齐东边临海，不与秦接，故不受兵。

②且：将要；将近。

③戒：命令；告诫。

④社稷：古代帝王、诸侯所祭的土神和谷神。亦用作国家的代称。

⑤便：方便；便利。引申为顺从。

⑥临晋之关：即蒲津关。战国魏置在今陕西大荔朝邑镇东黄河岸边。

⑦武关：关名。在今陕西丹凤附近。

【原文】

二十六年(前221)

王贲自燕南攻齐，猝入临淄[①]，民莫敢格者[②]。秦使人诱齐王，约封以五百里之地。齐王遂降，秦迁之共，处之松柏之间，饿而死。齐人怨王建不早与诸侯合从[③]，听奸人宾客以亡其国，歌之曰："松耶，柏耶，住建共者客耶！"疾建用客之不详也[④]。

【注释】

①临淄：邑名。即今山东淄博东北临淄区。西周至战国时，齐国建都于此。秦置为县。

②格：抵敌。

③合从：即合纵。战国时弱国联合抵御强国，称为合纵。与之相反的是连横。随从强国去进攻其他弱国，称为连横。合称合纵连横。一说南北为纵，六国地连南北，故六国联合抗秦谓之合纵。东西为横，秦地偏西，六国居东，故六国服从秦国谓之连横。

④疾：憎恨。　不详：不审慎。

原文

王初并天下，自以为德兼三皇，功过五帝，乃更号曰“皇帝”，命为“制”，令为“诏”，自称曰“朕”。追尊庄襄王为太上皇。制曰：“死而以行为谥，则是子议父，臣议君也，甚无谓。自今以来，除谥法。朕为始皇帝，后世以计数，二世、三世至于万世，传之无穷。”

初，齐威、宣之时，邹衍论著终始五德之运；及始皇并天下，齐人奏之。始皇采用其说，以为周得火德，秦代周，从所不胜①，为水德。始改年，朝贺皆自十月朔②；衣服、旌旄、节旗皆尚黑，数以六为纪③。

丞相绾言：“燕、齐、荆地远，不为置王，无以镇之。请立诸子。”始皇下其议。廷尉斯曰④：“周文武所封子弟同姓甚众，然后属疏远，相攻击如仇雠⑤，周天子弗能禁止。今海内赖陛下神灵一统，皆为郡、县，诸子功臣以公赋税重赏赐之，甚足易制，天下无异意，则安宁之术也。置诸侯不便。”始皇曰：“天下共苦战斗不休，以有侯王。赖宗庙，天下初定，又复立国，是树兵也；而求其宁息，岂不难哉！廷尉议是。”

分天下为三十六郡，郡置守、尉、监。

收天下兵聚咸阳，销以为钟鐻、金人十二⑥，重各千石，置宫庭中。一法度、衡、石、丈尺⑦。徙天下豪杰于咸阳十二万户。

诸庙及章台、上林皆在渭南。每破诸侯，写放其宫室⑧，作之咸阳北阪上，南临渭，自雍门以东至泾、渭，殿屋、复道、周阁相属⑨，所得诸侯美人、钟鼓以充入之。

注释

①胜：克制。

②朔：夏历每月的初一日。

③纪：通“记”。

④廷尉：秦官，汉沿置，掌刑法。　斯：指李斯。

⑤仇雠：仇敌。

⑥销：熔化金属。　钟鐻（jù），古代乐器。　金人，铜人。

⑦一：统一。

⑧写放：仿照描摹。放，通“仿”。

⑨殿屋：高大的堂屋。　复道：高楼间或山岩险要处架空的通道；阁道。　相属（zhǔ）：相互接连。

◎楚汉之争

题解

秦朝末年，由于秦统治者横征暴敛，各地爆发了大规模的农民起义，并推翻了秦朝统治。此后，起义势力主要集中在刘邦建立的汉和项羽建立的楚两方。为了争夺天下，楚、汉进行了长达四年的战争，最后以楚失败而告终。本文节选自《资治通鉴》卷十、卷十一，标题为编者所加。

原文

（汉高帝）三年（前204）

汉王谓陈平曰："天下纷纷，何时定乎？"陈平曰："项王骨鲠之臣[①]，亚父[②]、钟离眛、龙且、周殷之属，不过数人耳。大王诚能捐数万斤金，行反间，间其君臣，以疑其心；项王为人，意忌信谗，必内相诛，汉因举兵而攻之，破楚必矣。"汉王曰："善！"乃出黄金四万斤与平，恣所为[③]，不问其出入。平多以金纵反间于楚军，宣言："诸将钟离眛等为项王将，功多矣，然而终不得裂地而王，欲与汉为一，以灭项氏而分王其地。"项王果意不信钟离眛等。

夏，四月，楚围汉王于荥阳[④]，急；汉王请和，割荥阳以西者为汉。亚父劝羽急攻荥阳；汉王患之。项羽使使至汉，陈平使为大牢具[⑤]。举进，见楚使，即佯惊曰："吾以为亚父使，乃项王使！"复持去，更以恶草具进楚使[⑥]。楚使归，具以报项王，项王果大疑亚父。亚父欲急攻下荥阳城，项王不信，不肯听。亚父闻项王疑之，乃怒曰："天下事大定矣，君王自为之，愿赐骸骨[⑦]！"归，未至彭城，疽发背而死。

注释

①骨鲠（gěng）：耿直。
②亚父：这里指范增。
③恣（zì）：放纵，没有拘束。
④荥阳：县名。秦置，治所在今河南荥阳东北。
⑤大牢具：指隆重的礼节。大，此处读"太"。按《周礼》：王日一举，鼎十有二物，叫太牢。
⑥恶草具：恶，粗恶。草，草率。恶草具在这里与太牢具相对，指在礼节上怠慢。
⑦骸（hái）骨：尸骨。指身体。臣下向君王请赐骸骨，意为请求退休。

原文

五月，将军纪信言于汉王曰："事急矣！臣请诳楚[①]，王可以间出[②]。"于是陈平夜出女子东门二千馀人，楚因四面击之。纪信乃乘王车，黄屋[③]，左纛[④]，曰："食尽，汉王降楚。”楚皆呼万岁，之城东观。以故汉王得与数十骑出西门遁去，令韩王信与周苛、魏豹、枞公守荥阳。羽见纪信，问：“汉王安在？”曰：“已出去矣。”羽烧杀信。周苛、枞公相谓曰：“反国之王，难与守城！”因杀魏豹[5]。

汉王出荥阳，至成皋[6]，入关，收兵欲复东。辕生说汉王曰：“汉与楚相距荥阳数岁，汉常困。愿君王出武关，项王必引兵南走。王深壁勿战，令荥阳、成皋间且得休息，使韩信等得安辑河北赵地[7]，连燕、齐，君王乃复走荥阳。如此，则楚所备者多，力分；汉得休息，复与之战，破之必矣！”汉王从其计，出军宛、叶间。与黥布行收兵。羽闻汉王在宛，果引兵南；汉王坚壁不与战。

注释

①诓（kuáng）：欺骗；迷惑。

②间：空隙。引申为乘机。

③黄屋：天子的车用黄缯作盖，所以称为黄屋。

④左纛（dào）：纛，旗。古代帝王乘舆上的装饰物，以牦牛尾或雉尾制成，因设在车衡的左边，故称左纛。

⑤“周苛、枞公”句：魏豹为项羽所封西魏王，后韩信破魏，将其虏至荥阳，至此，周苛将其杀死。

⑥成皋：此处指成皋关，在今河南荥阳汜水镇西。

⑦安辑：安抚。

原文

六月，羽已破走彭越，闻汉复军成皋，乃引兵西拔荥阳城，生得周苛。羽谓苛：“为我，将以公为上将军，封三万户。”周苛骂曰：“若不趋降汉，今为虏矣；若非汉王敌也！”羽烹周苛[1]，并杀枞公而虏韩王信，遂围成皋。汉王逃，独与滕公共车出成皋玉门，北渡河，宿小修武传舍[2]。晨，自称汉使，驰入赵壁。张耳、韩信未起，即其卧内，夺其印符以麾召诸将，易置之。信、耳起，乃知汉王来，大惊。汉王既夺两人军，即令张耳循行，备守赵地[3]。拜韩信为相国，收赵兵未发者击齐。诸将稍稍得出成皋从汉王。楚遂拔成皋，欲西；汉使兵距之巩，令其不得西。

（秋，七月）汉王得韩信军，复大振。八月，引兵临河，南乡[4]，军小修武，欲复与楚战。郎中郑忠说止汉王[5]，使高垒深堑勿与战。汉王听其计，使将军刘贾、卢绾将卒二万人，骑数百，度白马津[6]，入楚地，佐彭越，烧楚积聚，以破其业，无以给项王军食而已。楚兵击刘贾，贾辄坚壁不肯与战，而与彭越相保。

彭越攻徇梁地[7]，下睢阳、外黄等十七城。九月，项王谓大司马曹咎曰：“谨守成皋！即汉王欲挑战，慎勿与战，勿令得东而已。我十五日必定梁地，复从将军。”羽引兵东行，击陈留、外黄、睢阳等城，皆下之。

注释

①烹：古代的酷刑。即以鼎镬煮杀人。
②小修武：地名，在大修武城东，位于今河南获嘉。 传舍：驿站的房舍。
③备：防备。
④乡：同“向”。
⑤郎中：官名，属郎中令。
⑥白马津：在今河南滑县东北。时为兵家必争之地。
⑦徇（xùn）：侵占土地。

原文

汉王欲捐成皋以东[1]，屯巩、洛以距楚[2]。郦生曰[3]：“臣闻‘知天之天者，王事可成。’王者以民为天，而民以食为天。夫敖仓，天下转输久矣[4]，臣闻其下乃有藏粟甚多。楚人拔荥阳，不坚守敖仓，乃引而东，令適卒分守成皋[5]，此乃天所以资汉也。方今楚易取而汉反却，自夺其便，臣窃以为过矣。且两雄不俱立，楚、汉久相持不决，海内摇荡，农夫释耒，工女下机，天下之心未有所定也。愿足下急复进兵，收取荥阳，据敖仓之粟，塞成皋之险，杜太行之道[6]，距蜚狐之口[7]，守白马之津，以示诸侯形制之势[8]，则天下知所归矣。”王从之，乃复谋取敖仓。

食其又说王曰：“方今燕、赵已定，唯齐未下，诸田宗强，负海、岱，阻河、济，南近于楚，人多变诈；足下虽遣数万师，未可以岁月破也。臣请得奉明诏说齐王，使为汉而称东藩。”上曰：“善！”

注释

①捐：舍弃。
②距：通“拒”，抗拒。
③郦生：即郦食其（Lì Yìjī），刘邦的谋士。秦汉之际陈留高阳乡（今河南杞县）人。
④转输：转运输送物资。
⑤適：通“谪”，被处罚和流放。
⑥太行：即太行关；一名天井关。在今山西晋城南。
⑦蜚狐：即飞狐口，在今河北蔚县东南。
⑧以示诸侯形制之势：意思是以示诸侯，汉已控制了决定战局的战略要地之势态。

原文

乃使郦生说齐王曰：“王知天下之所归乎？”王曰：“不知也。天下何所归？”郦生曰：“归汉。”曰：“先生何以言之？”曰：“汉王先入咸阳，项王负约，王之汉中。项王迁杀义帝[1]；汉王闻之，起蜀、汉之兵击三秦[2]，出关而责义帝之处[3]。收天下之兵，立诸侯之后；降城即以侯其将，得赂即以分其士；与天下同其利，豪英贤才皆乐为之用。项王有倍约之名[4]，杀义帝之负；于人之功无所记，于人之罪无所忘；战胜而不得其赏，拔城而不得其封，非项氏莫得用事；天下畔之[5]，贤才怨之，而莫为之用。故天下之事归于汉王，可坐而策也[6]！夫汉王发蜀、汉，定三秦；涉西河[7]，破北魏；出井陉[8]，诛成安君；此非人之力也，天之福也！今已据敖仓之粟[9]，塞成皋之险[10]，守白马之津[11]，杜太行之阪[12]，距蜚狐之口[13]；天下后服者先亡矣。王疾先下汉王，齐国可得而保也；不然，危亡可立而待也！”先是，齐闻韩信且东兵，使华无伤、田解将重兵屯历下，军以距汉。及纳郦生之言[14]，遣使与汉平，乃罢历下守战备，与郦生日纵酒为乐。

韩信引兵东，未度平原，闻郦食其已说下齐，欲止。辨士蒯彻说信曰：“将军受诏击齐，而汉独发间使下齐，宁有诏止将军乎？何以得毋行也？且郦生，一士，伏轼掉三寸之舌，下齐七十馀城，将军以数万众，岁馀乃下赵五十馀城。为将数岁，反不如一竖儒之功乎！”于是信然之，遂渡河。

注释

①义帝：秦末农民战争中，项梁立楚怀王之孙心为王，仍称楚怀王。秦亡后，项羽自立为西楚霸王，尊楚怀王为义帝。

②三秦：地名。项羽破秦入关后，三分关中之地，封章邯为雍王、司马欣为塞王、董翳为翟王，合称三秦。其地相当今陕西秦岭以北及甘肃东部地区。

③责：责问。

④倍：通“背”，背弃。

⑤畔：同“叛”。

⑥策：古代用以计算的小筹。这里用如动词，指算定。

⑦西河：此指今山西、陕西二省之间黄河河段。

⑧井陉（xíng）：即井陉关，又名土门关。在今河北井陉西北井陉山上。地当太行山区进入华北平原的要隘。

⑨敖仓：秦置，在今河南荥阳东北敖山。

⑩成皋：即成皋关。在今河南荥阳汜水镇西。自古为黄河以南东西交通要道和战争要塞。

⑪白马之津：即白马津。在今河南滑县东北，秦汉时在白马西北古黄河南岸，与北岸黎阳津相对。

⑫太行之阪：即太行关，一名天井关。在今山西晋城南。

⑬蜚狐之口：即飞狐口。在今河北蔚县东南。

⑭纳：采纳。

原文

四年(前203)

项羽下梁地十馀城，闻成皋破，乃引兵还。汉军方围钟离眛于荥阳东，闻羽至，尽走险阻。羽亦军广武[1]，与汉相守。数月，楚军食少。项王患之，乃为俎[2]，置太公其上[3]，告汉王曰：“今不急下，吾烹太公！”汉王曰：“吾与羽俱北面受命怀王，约为兄弟，吾翁即若翁；必欲烹而翁，幸分我一杯羹[④]！”项王怒，欲杀之。项伯曰：“天下事未可知。且为天下者不顾家，虽杀之无益，只益祸耳！”项王从之。

项王谓汉王曰：“天下匈匈数岁者[⑤]，徒以吾两人耳。愿与汉王挑战，决雌雄，毋徒苦天下之民父子为也！”汉王笑谢曰：“吾宁斗智，不能斗力！”项王三令壮士出挑战，汉有善骑射者楼烦辄射杀之[⑥]。项王大怒，乃自被甲持戟挑战。楼烦欲射之，项王瞋目叱之[⑦]，楼烦目不敢视，手不敢发，遂走还入壁[⑧]，不敢复出。汉王使人间问之[⑨]，乃项王也，汉王大惊。

注释

①广武：即广武城，在今河南荥阳东北广武山上。

②俎（zǔ）：古代剁肉所用的砧板。

③太公：古代尊称父或祖。这里指刘邦的父亲。

④羹：本指五味调和的浓汤，也泛指煮成浓液的食品。

⑤匈匈：喧扰。

⑥楼烦：县名。秦置，治所在今山西宁武附近。因此地的人善射，所以这里用楼烦代指善射的人。

⑦瞋目：瞪大或睁大眼睛，以表示惊诧或愤怒。

⑧壁：营垒。

⑨间：秘密地，悄悄地。

原文

于是项王乃即汉王[①]，相与临广武间而语。羽欲与汉王独身挑战。汉王数羽曰：“羽负约，王我于蜀、汉，罪一；矫杀卿子冠军，罪二；救赵不还报，而擅劫诸侯兵入关，罪三；烧秦宫室，掘始皇帝冢，收私其财[②]，罪四；杀秦降王子婴，罪五；诈阬秦子弟新安二十万[③]，罪六；王诸将善地而徙逐故王，罪七；出逐义帝彭城，自都之，夺韩王地，并王梁、楚，多自与，罪八；使人阴杀义帝江南，罪九；为政不平，主约不信，天下所不容，大逆无道，罪十也。吾以义兵从诸侯诛残贼，使刑馀罪人击公，何苦乃与公挑战！”羽大怒，伏弩射中汉王。汉王伤胸，乃扪足曰[④]：“虏中吾指。”汉王病创卧[⑤]，张良强请汉王起行劳军，以安士卒，毋令楚乘胜。汉王出行军，疾甚，因驰入成皋。

韩信已定临淄[⑥]，遂东追齐王。项王使龙且将兵，号二十万，以救齐，与齐王合军高密[⑦]。

客或说龙且曰：“汉兵远斗穷战[⑧]，其锋不可当。齐、楚自居其地，兵易败散。不如深壁，令齐王使其信臣招所亡城；亡城闻王在，楚来救，必反汉。汉兵二千里客居齐地，齐城皆反之，其势无所得食，可无战而降也。”龙且曰：“吾平生知韩信为人，易与耳！寄食于漂母，无资身之策；受辱于袴下，无兼人之勇，不足畏也。且夫救齐，不战而降之，吾何功！今战而胜之，齐之半可得也。”

注释

①即：就；往就。
②收私其财：收取其财，以为私有。
③阬：同“坑”。
④扪：抚摸。
⑤创：创伤。
⑥临淄：即临淄郡。秦置，治所在临淄县（今山东淄博东北临淄区）。
⑦高密：战国齐地，秦置县，治所在今山东高密西南。
⑧远斗穷战：在离家远的地方竭力战斗。

【原文】

十一月，齐、楚与汉夹潍水而陈[①]。韩信夜令人为万馀囊，满盛沙，壅水上流；引军半渡击龙且，佯不胜，还走。龙且果喜曰：“固知信怯也！”遂追信。信使人决壅囊，水大至，龙且军太半不得渡。即急击杀龙且，水东军散走，齐王广亡去。信遂追北至城阳，虏齐王广。汉将灌婴追得齐守相田光，进至博阳。田横闻齐王死，自立为齐王，还击婴，婴败横军于嬴下。田横亡走梁，归彭越。婴进击齐将田吸于千乘[②]，曹参击田既于胶东，皆杀之，尽定齐地。

韩信使人言汉王曰：“齐伪诈多变，反覆之国也；南边楚[③]。请为假王以镇之。”汉王发书，大怒，骂曰：“吾困于此，旦暮望若来佐我，乃欲自立为王！”张良、陈平蹑汉王足[④]，因附耳语曰：“汉方不利，宁能禁信之自王乎！不如因而立之，善遇，使自为守；不然，变生。”汉王亦悟，因复骂曰：“大丈夫定诸侯，即为真王耳，何以假为！”春，二月，遣张良操印立韩信为齐王[⑤]，征其兵击楚。

注释

①潍水：即今山东东部潍河。　陈：同“阵”，分布阵势。
②千乘：即千乘邑，战国齐地，在今山东高青东南高苑北。
③边：近旁。引申为靠近、接壤。
④蹑：踩；踏。
⑤操：持，拿着。

【原文】

项王闻龙且死，大惧，使盱台人武涉往说齐王信曰[①]：“天下共苦秦久矣，相与戮力击秦[②]。秦已破，计功割地，分土而王之，以休士卒。今汉王复兴兵而东，侵人之分，夺人之地；已破三秦，引兵出关，收诸侯之兵以东击楚，其意非尽吞天下者不休，其不知厌足如是甚也！且汉王不可必：身居项王掌握中数矣，项王怜而活之；然得脱，辄倍约，复击项王，其不可亲信如此。今足下虽自以汉王为厚交，为之尽力用兵，必终为所禽矣[③]。足下所以得须臾至今者，以项王尚存也。当今二王之事，权在足下，足下右投则汉王胜，左投则项王胜。项王今日亡，则次取足下。足下与项王有故，何不反汉与楚连和，参分天下王之[④]！今释此时而自必于汉以击楚，且为智者固若此乎？”韩信谢曰：“臣事项王，官不过郎中[⑤]，位不过执戟；言不听，画不用，故倍楚而归汉[⑥]。汉王授我上将军印，予我数万众，解衣衣我，推食食我，言听计用，故吾得以至于此。夫人深亲信我，我倍之不祥；虽死不易！幸为信谢项王。”

注释

①盱台（xūyí）：即盱眙（yí），县名，在今江苏西部。
②戮（lù）力：合力，并力。
③禽：通“擒”。
④参分：即三分。参，通“三”。
⑤郎中：官名。始于战国，汉代沿置，属郎中令，管理车、骑、门户，并充侍卫，外从作战。
⑥倍：通“背”。背弃。

原文

项羽自知少助；食尽，韩信又进兵击楚，羽患之[①]。汉遣侯公说羽请太公。羽乃与汉约，中分天下，割洪沟以西为汉[②]，以东为楚。九月，楚归太公、吕后，引兵解而东归。汉王欲西归，张良、陈平说曰：“汉有天下太半，而诸侯皆附；楚兵疲食尽，此天亡之时也。今释弗击，此所谓‘养虎自遗患’也[③]。”汉王从之。

注释

①患：忧虑。
②洪沟：即鸿沟，古运河名，楚汉相争时曾划鸿沟为界：东面是楚，西面是汉。
③遗：留。

原文

五年(前202)

冬，十月，汉王追项羽至固陵，与齐王信、魏相国越期会击楚；信、越不至，楚击汉军，大破之。汉王复坚壁自守[①]，谓张良曰：“诸侯不从，奈何？”对曰：“楚兵且破，二人未有分地，其不至固宜。君王能与共天下，可立致也。齐王信之立，非君王意，信亦不自坚；彭越本定梁地，始，君王以魏豹故拜越为相国；今豹死，越亦望王，而君王不早定。今能取睢阳以北至谷城皆以王彭越，从陈以东傅海与韩王信。信家在楚，其意欲复得故邑。能出捐此地以许两人，使各自为战，则楚易破也。”汉王从之。于是韩信、彭越皆引兵来。

十二月，项王至垓下[②]，兵少，食尽，与汉战不胜，入壁；汉军及诸侯兵围之数重。项王夜闻汉军四面皆楚歌，乃大惊曰："汉皆已得楚乎？是何楚人之多也？"则夜起，饮帐中，悲歌慷慨，泣数行下；左右皆泣[3]，莫能仰视。于是项王乘其骏马名骓，麾下壮士骑从者八百馀人，直夜[4]，溃围南出驰走。平明，汉军乃觉之，令骑将灌婴以五千骑追之。项王渡淮，骑能属者才百馀人。至阴陵[5]，迷失道，问一田父，田父绐曰"左"[6]。左，乃陷大泽中，以故汉追及之。

注释

①壁：营垒。
②垓（gāi）下：地名。在今安徽灵璧东南。
③泣：低声哭。
④直：当。
⑤阴陵：县名，秦置，治所在今安徽定远西北。
⑥绐（dài）：欺骗；哄骗。

原文

项王乃复引兵而东，至东城，乃有二十八骑。汉骑追者数千人，项王自度不得脱[1]，谓其骑曰："吾起兵至今，八岁矣；身七十馀战，未尝败北，遂霸有天下。然今卒困于此[2]，此天之亡我，非战之罪也。今日固决死，愿为诸君快战，必溃围，斩将，刈旗[3]，三胜之，令诸君知天亡我，非战之罪也。"乃分其骑以为四队，四乡。汉军围之数重。项王谓其骑曰："吾为公取彼一将！"令四面骑驰下，期山东为三处。于是项王大呼驰下，汉军皆披靡，遂斩汉一将。是时，郎中骑杨喜追项王，项王瞋目而叱之，喜人马俱惊，辟易数里[4]。项王与其骑会为三处，汉军不知项王所在，乃分军为三，复围之。项王乃驰，复斩汉一都尉，杀数十百人。复聚其骑，亡其两骑耳。乃谓其骑曰："何如？"骑皆伏曰："如大王言！"

注释

①度：推测，估计。
②卒：终于。
③刈（yì）：割。引申为砍。
④辟易：惊退。

原文

于是项王欲东渡乌江，乌江亭长舣船待[1]，谓项王曰："江东虽小，地方千里，众数十万人，亦足王也。愿大王急渡！今独臣有船，汉军至，无以渡。"项王笑曰："天之亡我，我何渡为！且籍与江东子弟八千人渡江而西[2]，今无一人还；纵江东父兄怜而王我，我何面目见之！纵彼不言，籍独不愧于心乎！"乃以所乘骓马赐亭长[3]，令骑皆下马步行，持短兵接战。独籍所杀汉军数百人，身亦被十馀创[④]。顾见汉骑司马吕马童，曰："若非吾故人乎？"马童面之[⑤]，指示中郎骑王翳曰："此项王也！"项王乃曰："吾闻汉购我头千金，邑万户，吾为若德[⑥]。"乃自刎而死。王翳取其头，馀骑相蹂践争项王，相杀者数十人。最其后，杨喜、吕马童及郎中吕胜、杨武各得其一体；五人共会其体，皆是，故分其户，封五人皆为列侯。

注释

①舣（yǐ）：使船靠岸。
②籍：项王名籍，字羽。
③骓（zhuī）马：毛色青白相杂的马。
④被：遭，受。
⑤面：通"背"，即不正视，背对着。
⑥德：功德。

原文

太史公曰：羽起陇亩之中[①]，三年，遂将五诸侯灭秦，分裂天下而封王侯，政由羽出；位虽不终，近古以来未尝有也！及羽背关怀楚[②]，放逐义帝而自立；怨王侯叛己，难矣！自矜功伐，奋其私智而不师古，谓霸王之业，欲以力征经营天下[③]。五年，卒亡其国，身死东城[④]，尚不觉悟而不自责，乃引"天亡我，非用兵之罪也"，岂不谬哉！

注释

①陇亩：陇，通"垄"。陇亩，指农田。
②背关：指违背约定不以沛公为关中王。　怀楚：指想东归彭城。
③力征：以武力征伐。
④东城：古县名。秦置，治所在今安徽定远东南。

◎汉与匈奴和亲

题解

西汉初建不久，受到北边匈奴的不断侵扰。当时值大乱后不久，国力衰弱，无力与匈奴抗衡，因此只好以本国公主嫁入匈奴和亲。本文节选自《资治通鉴》卷十二，标题为编者所加。

原文

(汉高帝)八年(前199)

(秋，九月)匈奴冒顿数苦北边①。上患之②，问刘敬，刘敬曰："天下初定，士卒罢于兵③，未可以武服也。冒顿杀父代立，妻群母，以力为威，未可以仁义说也。独可以计久远，子孙为臣耳；然恐陛下不能为。"上曰："奈何？"对曰："陛下诚能以適长公主妻之④，厚奉遗之，彼必慕，以为阏氏⑤，生子，必为太子。陛下以岁时汉所馀，彼所鲜，数问遗，因使辨士风谕以礼节。冒顿在，固为子婿；死，则外孙为单于；岂尝闻外孙敢与大父抗礼者哉！可无战以渐臣也⑥。若陛下不能遣长公主，而令宗室及后宫诈称公主，彼知，不肯贵近，无益也。"帝曰："善！"欲遣长公主。吕后日夜泣曰："妾唯太子、一女，奈何弃之匈奴！"上竟不能遣。

注释

①冒顿（Mòdú）：匈奴单于，公元前209年至前174年在位，是匈奴著名的政治家。西汉初年，匈奴势力强大，经常南下侵扰中国。　苦：这里指侵扰中国。

②患：忧虑。

③罢：通"疲"。

④適：通"嫡"。指皇后所生。

⑤阏氏（yānzhī）：汉时匈奴之妻的称号。

⑥渐臣：慢慢地使之称臣。

原文

九年(前198)

冬，上取家人子名为长公主，以妻单于；使刘敬往结和亲约。

刘敬从匈奴来，因言："匈奴河南白羊、楼烦王，去长安近者七百里，轻骑一日一夜可以至秦中①。秦中新破，少民，地肥饶，可益实②。夫诸侯初起时，非齐诸田、楚昭、屈、景莫能兴。今陛下虽都关中③，实少民，东有六国之强族④，一日有变，陛下亦未得高枕而卧也。臣愿陛下徙六国后及豪杰、名家居关中⑤，无事可以备胡，诸侯有变，亦足率以东伐。此强本弱末之术也。”上曰：“善！”十一月，徙齐、楚大族昭氏、屈氏、景氏、怀氏、田氏五族及豪杰于关中，与利田、宅，凡十馀万口。

注释

①轻骑（qí）：装备轻便、行动迅速的骑兵。　秦中：古地区名。指今陕西中部平原地区。

②益实：迁去人口，使其充实。

③关中：指陕西关中盆地。

④强族：强大的家族。族，聚居并有血统关系的人群的统称。

⑤豪杰：才能出众的人。亦指倚仗权势横行一方的人。

【原文】

(惠帝)三年(前192)

(春)以宗室女为公主，嫁匈奴冒顿单于。是时，冒顿方强，为书①，使使遗高后，辞极亵嫚②。高后大怒，召将相大臣，议斩其使者，发兵击之。樊哙曰：“臣愿得十万众横行匈奴中！”中郎将季布曰：“哙可斩也！前匈奴围高帝于平城，汉兵三十二万，哙为上将军，不能解围。今歌吟之声未绝，伤夷者甫起③，而哙欲摇动天下，妄言以十万众横行，是面谩也④。且夷狄譬如禽兽，得其善言不足喜，恶言不足怒也。”高后曰：“善！”令大谒者张释报书⑤，深自谦逊以谢之，并遗以车二乘，马二驷⑥。冒顿复使使来谢，曰：“未尝闻中国礼义，陛下幸而赦之。”因献马，遂和亲。

注释

①为书：写书信。

②亵嫚（màn）：轻慢；轻视；侮辱。

③甫：刚刚。

④面谩：当面欺骗。

⑤谒者：官名。始置于春秋、战国时，为国君掌管上传下达。秦汉沿置。

⑥驷：古代同拉一车的四匹马为驷。

◎周勃安刘

题解

西汉高祖刘邦死后，大权落在吕后手中，吕后企图通过立吕氏为王的手段来巩固吕家在汉朝的地位。吕后死后，周勃等人铲除诸吕，恢复刘氏的统治地位。本文节选自《资治通鉴》卷十三，标题为编者所加。

原文

（高后）元年（前187）

冬，太后议欲立诸吕为王，问右丞相陵。陵曰："高帝刑白马盟曰[①]：'非刘氏而王，天下共击之。'今王吕氏，非约也。"太后不说[②]，问左丞相平、太尉勃，对曰："高帝定天下，王子弟；今太后称制[③]，王诸吕，无所不可。"太后喜，罢朝。王陵让陈平、绛侯曰[④]："始与高帝啑血盟，诸君不在邪？今高帝崩，太后女主，欲王吕氏；诸君纵欲阿意背约，何面目见高帝于地下乎？"陈平、绛侯曰："于今，面折廷争[⑤]，臣不如君；全社稷，定刘氏之后，君亦不如臣。"陵无以应之。十一月，甲子，太后以王陵为帝太傅，实夺之相权。陵遂病免归。乃以左丞相平为右丞相，以辟阳侯审食其为左丞相，不治事，令监宫中，如郎中令。食其故得幸于太后，公卿皆因而决事。太后怨赵尧为赵隐王谋，乃抵尧罪。上党守任敖尝为沛狱吏，有德于太后，乃以为御史大夫。太后又追尊其父临泗侯吕公为宣王，兄周吕令武侯泽为悼武王，欲以王诸吕为渐。

（夏，四月）太后欲王吕氏，乃先立所名孝惠子强为淮阳王，不疑为恒山王；使大谒者张释风大臣[⑥]。大臣乃请立悼武王长子郦侯台为吕王，割齐之济南郡为吕国。

注释

①刑：杀。

②说：通"悦"。

③称制：即代行皇帝职权。制，指皇帝的诏命。

④让：责备。　绛侯：周勃任太尉，封绛侯。

⑤面折：当面斥责他人过失。　廷争：在朝廷上向皇帝谏诤。

⑥风：通"讽"，用委婉的语言暗示、劝告或指责。

原文

四年（前184）

（夏，四月）少帝浸长[①]，自知非皇后子，乃出言曰："后安能杀吾母而名我！我壮，即为变！"太后闻之，幽之永巷中[②]，言帝病，左右莫得见。太后语群臣曰："今皇帝病久不已，失惑昏乱，不能继嗣治天下；其代之。"群臣皆顿首言："皇太后为天下齐民计[③]，所以安宗庙、社稷甚深。群臣顿首奉诏。"遂废帝，幽杀之。五月，丙辰，立恒山王义为帝，更名曰弘，不称元年，以太后制天下事故也。以轵侯朝为恒山王[④]。

注释

①浸：渐渐。
②幽：囚禁。　永巷：汉代幽禁妃嫔或宫女的处所。
③齐民：旧指平民。
④轵（zhǐ）：古地名，这里用作侯名。

【原文】

七年（前181）

春，正月，太后召赵幽王友。友以诸吕女为后，弗爱，爱他姬。诸吕女怒，去，谗之于太后曰："王言'吕氏安得王！太后百岁后，吾必击之。'"太后以故召赵王，赵王至，置邸，不得见，令卫围守之，弗与食；其群臣或窃馈，辄捕论之[①]。丁丑，赵王饿死，以民礼葬之长安民冢次[②]。

（秋，七月）吕媭女为将军、营陵侯刘泽妻[③]。泽者，高祖从祖昆弟也[④]。齐人田生为之说大谒者张卿曰："诸吕之王也，诸大臣未大服。今营陵侯泽，诸刘最长；今卿言太后王之，吕氏王益固矣。"张卿入言太后，太后然之，乃割齐之琅邪郡封泽为琅邪王。

赵王恢之徙赵，心怀不乐。太后以吕产女为王后，王后从官皆诸吕，擅权[⑤]，微伺赵王[⑥]，赵王不得自恣。王有所爱姬，王后使人鸩杀之[⑦]。六月，王不胜悲愤，自杀。太后闻之，以为王用妇人弃宗庙礼，废其嗣。

注释

①捕论：捕捉论罪。
②次：指所在的地方。
③吕媭（xū）：吕太后的妹妹，樊哙的妻子。
④昆弟：弟兄。
⑤擅权：专权。
⑥微伺：偷偷观察。
⑦鸩（zhèn）：据说鸩鸟黑身赤目，食蝮蛇野葛。以其羽浸酒，饮之立死。

【原文】

是时，诸吕擅权用事。朱虚侯章，年二十，有气力，忿刘氏不得职。尝入侍太后燕饮[①]，太后令章为酒吏。章自请曰："臣将种也，请得以军法行酒。"太后曰："可。"酒酣，章请为《耕田歌》，太后许之。章曰："深耕穊种[②]，立苗欲疏；非其种者，锄而去之！"太后默然。顷之，诸吕有一人醉，亡酒，章追，拔剑斩之而还，报曰："有亡酒一人，臣谨行法斩之！"太后左右皆大惊，业已许其军法，无以罪也，因罢。自是之后，诸吕惮朱虚侯，虽大臣皆依朱虚侯，刘氏为益强。陈平患诸吕，力不能制，恐祸及己。尝燕居深念[③]，陆贾往，直入坐，而陈丞相不见。陆生曰："何念之深也！"陈平曰："生揣我何念？"陆生曰："足下极富贵，无欲矣；然有忧念，不过患诸吕、少主耳。"陈平曰："然！为之奈何？"陆生曰："天下安，注意相；天下危，注意将。将相和调，则士豫附[④]；天下虽有变，权不分。为社稷计，在两君掌握耳。臣常欲谓太尉绛侯，绛侯与我戏，易吾言。君何不交欢太尉，深相结？"因为陈平画吕氏数事[⑤]。陈平用其计，乃以五百金为绛侯寿，厚具乐饮；太尉报亦如之。两人深相结，吕氏谋益衰。陈平以奴婢百人、车马五十乘、钱五百万遗陆生为饮食费。

【注释】

①燕：通"宴"，用酒肉招待客人。

②穊（jì）：稠密。

③燕居深念：指静居独自思考计策。

④豫附：心悦而归附。

⑤因：于是，就。

【原文】

八年(前180)

秋，七月，太后病甚，乃令赵王禄为上将军，居北军；吕王产居南军。太后诫产、禄曰："吕氏之王，大臣弗平。我即崩，帝年少，大臣恐为变。必据兵卫宫，慎毋送丧，为人所制！"辛巳，太后崩，遗诏：大赦天下，以吕王产为相国，以吕禄女为帝后。高后已葬，以左丞相审食其为帝太傅。

诸吕欲为乱，畏大臣绛、灌等，未敢发。朱虚侯以吕禄女为妇，故知其谋，乃阴令人告其兄齐王，欲令发兵西，朱虚侯、东牟侯为内应，以诛诸吕，立齐王为帝。齐王乃与其舅驷钧、郎中令祝午、中尉魏勃阴谋发兵。齐相召平弗听。八月，丙午，齐王欲使人诛相。相闻之，乃发卒卫王宫。魏勃绐召平曰："王欲发兵，非有汉虎符验也[①]。而相君围王固善，勃请为君将兵卫王。"召平信之。勃既将兵，遂围相府，召平自杀。于是齐王以驷钧为相，魏勃为将军，祝午为内史，悉发国中兵[②]。

使祝午东诈琅邪王曰："吕氏作乱，齐王发兵欲西诛之。齐王自以年少，不习兵革之事，愿举国委大王[3]。大王，自高帝将也。请大王幸之临菑，见齐王计事[4]。"琅邪王信之，西驰见齐王。齐王因留琅邪王，而使祝午尽发琅邪国兵，并将之。琅邪王说齐王曰："大王，高皇帝適长孙也[5]，当立。今诸大臣狐疑未有所定，而泽于刘氏最为长年，大臣固待泽决计。今大王留臣，无为也，不如使我入关计事。"齐王以为然，乃益具车送琅邪王。琅邪王既行，齐遂举兵西攻济南。遗诸侯王书，陈诸吕之罪，欲举兵诛之。

相国吕产等闻之，乃遣颍阴侯灌婴将兵击之。灌婴至荥阳，谋曰："诸吕拥兵关中，欲危刘氏而自立。今我破齐还报，此益吕氏之资也。"乃留屯荥阳，使使谕齐王及诸侯与连和[6]，以待吕氏变，共诛之。齐王闻之，乃还兵西界待约。

注释

①虎符：古代帝王授予臣属兵权和调拨军队的信物。

②国：这里指都城。

③国：这里指齐王的封地。

④计事：谋划事宜。

⑤適：通"嫡"。

⑥谕：告诉。　连和：联合。

【原文】

吕禄、吕产欲作乱，内惮绛侯、朱虚等，外畏齐、楚兵，又恐灌婴畔之[1]，欲待灌婴兵与齐合而发，犹豫未决。当是时，济川王太、淮阳王武、常山王朝及鲁王张偃皆年少，未之国[2]，居长安；赵王禄、梁王产各将兵居南、北军；皆吕氏之人也。列侯群臣莫自坚其命[3]。太尉绛侯勃不得主兵[4]。曲周侯郦商老病，其子寄与吕禄善。绛侯乃与丞相陈平谋，使人劫郦商，令其子寄往绐说吕禄曰："高帝与吕后共定天下，刘氏所立九王，吕氏所立三王，皆大臣之议，事已布告诸侯，皆以为宜。今太后崩，帝少，而足下佩赵王印，不急之国守藩，乃为上将，将兵留此，为大臣诸侯所疑。足下何不归将印，以兵属太尉，请梁王归相国印，与大臣盟而之国。齐兵必罢，大臣得安，足下高枕而王千里，此万世之利也。"吕禄信然其计，欲以兵属太尉。使人报吕产及诸吕老人，或以为便[5]，或曰不便，计犹豫未有所决。吕禄信郦寄，时与出游猎，过其姑吕媭。媭大怒曰："若为将而弃军[6]，吕氏今无处矣！"乃悉出珠玉、宝器散堂下，曰："毋为他人守也！"

注释

①畔：通"叛"。

②之：往；到。

③坚：坚持。
④主：掌管。
⑤便：有利。
⑥若：你。

【原文】

九月，庚申旦，平阳侯窋行御史大夫事[①]，见相国产计事。郎中令贾寿使从齐来，因数产曰[②]："王不早之国，今虽欲行，尚可得邪！"具以灌婴与齐、楚合从欲诛诸吕告产，且趣产急入宫。平阳侯颇闻其语，驰告丞相、太尉。太尉欲入北军，不得入。襄平侯纪通尚符节，乃令持节矫内太尉北军。太尉复令郦寄与典客刘揭先说吕禄曰："帝使太尉守北军，欲足下之国，急归将印辞去。不然，祸且起[③]。"吕禄以为郦况不欺己，遂解印属典客，而以兵授太尉。太尉至军，吕禄已去。太尉入军门，行令军中曰："为吕氏右袒，为刘氏左袒！"军中皆左袒，太尉遂将北军。然尚有南军。丞相平乃召朱虚侯章佐太尉；太尉令朱虚侯监军门，令平阳侯告卫尉："毋入相国产殿门。"吕产不知吕禄已去北军，乃入未央宫[④]，欲为乱。至殿门，弗得入，徘徊往来。平阳侯恐弗胜，驰语太尉。太尉尚恐不胜诸吕，未敢公言诛之，乃谓朱虚侯曰："急入宫卫帝！"朱虚侯请卒，太尉予卒千馀人。入未央宫门，见产廷中。日餔时[⑤]，遂击产，产走。天风大起，以故其从官乱，莫敢斗；逐产，杀之郎中府吏厕中。朱虚侯已杀产，帝命谒者持节劳朱虚侯。朱虚侯欲夺其节，谒者不肯。朱虚侯则从与载，因节信驰走[⑥]，斩长乐卫尉吕更始。还，驰入北军报太尉。太尉起拜贺。朱虚侯曰："所患独吕产。今已诛，天下定矣！"遂遣人分部悉捕诸吕男女，无少长皆斩之。辛酉，捕斩吕禄而笞杀吕媭[⑦]，使人诛燕王吕通而废鲁王张偃。戊辰，徙济川王王梁。遣朱虚侯章以诛诸吕事告齐王，令罢兵。灌婴在荥阳，闻魏勃本教齐王举兵，使使召魏勃至，责问之。勃曰："失火之家，岂暇先言丈人而后救火乎[⑧]！"因退立，股战而栗，恐不能言者，终无他语。灌将军熟视笑曰："人谓魏勃勇，妄庸人耳，何能为乎！"乃罢魏勃。灌婴兵亦罢荥阳归。

【注释】

①窋（kū）：同"窟"。
②数：责备。
③且：将要；就要。
④未央宫：遗址在今陕西西安西北郊汉长安故城内西南隅。
⑤日餔（bū）时：即下午三点至五点。餔，通"晡"。
⑥因节信：以谒者所持之节为凭信。因，凭依。
⑦笞：鞭打；杖击。一说用竹板或荆条打人脊背或臀腿的刑罚。
⑧丈人：古代对老人的通称。

【原文】

诸大臣相与阴谋曰[①]：“少帝及梁、淮阳、恒山王，皆非真孝惠子也。吕后以计诈名他人子，杀其母养后宫，令孝惠子之，立以为后及诸王，以强吕氏。今皆已夷灭诸吕，而所立即长，用事，吾属无类矣。不如视诸王最贤者立之。”或言：“齐王，高帝长孙，可立也。”大臣皆曰：“吕氏以外家恶而几危宗庙[②]，乱功臣。今齐王舅驷钧，虎而冠[③]；即立齐王，复为吕氏矣。代王方今高帝见子最长，仁孝宽厚；太后家薄氏谨良[④]。且立长固顺，况以仁孝闻天下乎！”乃相与共阴使人召代王。

【注释】

①阴谋：暗中计议。
②外家：即外戚。指帝王的母亲、妻子方面的亲戚。
③虎而冠：如虎而着冠，指非常凶恶。
④谨良：恭敬贤良。

【原文】

代王问左右，郎中令张武等曰：“汉大臣皆故高帝时大将，习兵，多谋诈。此其属意非止此也，特畏高帝、吕太后威耳。今已诛诸吕，新啑血京师[①]，此以迎大王为名，实不可信。愿大王称疾毋往，以观其变。”中尉宋昌进曰：“群臣之议皆非也。夫秦失其政，诸侯、豪桀并起，人人自以为得之者以万数，然卒践天子之位者，刘氏也，天下绝望[②]，一矣。高帝封王子弟，地犬牙相制，此所谓磐石之宗也，天下服其强，二矣。汉兴，除秦苛政，约法令，施德惠，人人自安，难动摇，三矣。夫以吕太后之严，立诸吕为三王，擅权专制；然而太尉以一节入北军一呼[③]，士皆左袒为刘氏，叛诸吕，卒以灭之。此乃天授，非人力也。今大臣虽欲为变，百姓弗为使[④]，其党宁能专一邪？方今内有朱虚、东牟之亲，外畏吴、楚、淮阳、琅邪、齐、代之强。方今高帝子，独淮南王与大王。大王又长，贤圣仁孝闻于天下，故大臣因天下之心而欲迎立大王。大王勿疑也。”代王报太后计之。犹豫未定，卜之，兆得大横。占曰：“大横庚庚，余为天王，夏启以光。”代王曰：“寡人固已为王矣，又何王？”卜人曰：“所谓天王者，乃天子也。”于是代王遣太后弟薄昭往见绛侯，绛侯等具为昭言所以迎立王意。薄昭还报曰：“信矣，无可疑者。”代王乃笑谓宋昌曰：“果如公言。”

乃命宋昌参乘[⑤]，张武等六人乘传[⑥]，从诣长安。至高陵，休止，而使宋昌先驰之长安观变。昌至渭桥，丞相以下皆迎。昌还报。代王驰至渭桥，群臣拜谒称臣，代王下车答拜。太尉勃进曰：“愿请闲[⑦]。”宋昌曰：“所言公，公言之；所言私，王者无私。”太尉乃跪上天子玺、符。代王谢曰[⑧]：“至代邸而议之。”

注释

①喋（shà）血：践血而行。指杀人很多。
②绝望：断绝希望。
③节：符节。这里指调动军队的信物。
④使：使用。
⑤参乘（shèng）：陪乘或陪乘的人。古代乘车，尊者在左，御者在中，又一人在右，称参乘或车右。
⑥乘传（chéngzhuàn）：乘驿站的传车。
⑦愿请闲：闲，安静；清静。愿请闲，指找个安静的地方，即没人的地方。
⑧谢：推辞；谢绝。

【原文】

后九月，己酉晦[1]，代王至长安，舍代邸[2]，群臣从至邸。丞相陈平等皆再拜言曰："子弘等皆非孝惠子，不当奉宗庙。大王，高帝长子，宜为嗣。愿大王即天子位。"代王西乡让者三[3]，南乡让者再，遂即天子位。群臣以礼次侍。

东牟侯兴居曰："诛吕氏，臣无功，请得除宫。"乃与太仆汝阴侯滕公入宫，前谓少帝曰："足下非刘氏子，不当立！"乃顾麾左右执戟者掊兵罢去[4]；有数人不肯去兵，宦者令张释谕告，亦去兵。滕公乃召乘舆车载少帝出。少帝曰："欲将我安之乎？"滕公曰："出就舍。"舍少府。乃奉天子法驾迎代王于邸，报曰："宫谨除。"代王即夕入未央宫。有谒者十人持戟卫端门[5]，曰："天子在也，足下何为者而入？"代王乃谓太尉。太尉往谕，谒者十人皆掊兵而去，代王遂入。夜，拜宋昌为卫将军，镇抚南北军；以张武为郎中令，行殿中。有司分部诛灭梁、淮阳、恒山王及少帝于邸。文帝还坐前殿，夜，下诏书赦天下。

注释

①晦：阴历月终。
②舍：住宿；止宿。　邸：汉诸郡王侯为朝见而在京都设置的住所。
③乡：通"向"。面向，朝着。
④掊兵：指放下兵器。
⑤端门：宫殿的正门。

◎七国之叛

题解

西汉初年，采用秦的郡县制和周的分封制，在中央所直辖的郡县之外，又分封同姓子弟，成立若干王国。到了汉文帝时，逐渐出现尾大不掉之势，为此贾谊主张把这些王国分裂开来。到了汉景帝时削弱诸侯的要求更加迫切，晁错又提出这项计划。这时吴楚七国叛变的形势已成，打出“诛晁错，清君侧”的旗号，晁错被杀。但由于周亚夫的卓越智谋，汉统治者很快就把叛乱平定下去。本文节选自《资治通鉴》卷十六，标题为编者所加。

原文

(汉景帝)前三年(前154)

冬，十月，梁王来朝[①]。时上未置太子[②]，与梁王宴饮，从容言曰[③]：“千秋万岁后传于王。”王辞谢，虽知非至言[④]，然心内喜，太后亦然。詹事窦婴引卮酒进上曰[⑤]：“天下者，高祖之天下，父子相传，汉之约也，上何以得传梁王！”太后由此憎婴。婴因病免；太后除婴门籍[⑥]，不得朝请[⑦]。梁王以此益骄。

注释

①梁王：汉景帝幼弟，有宠于太后。
②上：指汉景帝。
③从容：舒缓；不急迫。
④至言：包含着深刻道理而又很有价值的话语。
⑤卮（zhī）：古代一种盛酒的器皿。
⑥门籍：汉代书有朝臣姓名的门证，凭以出入宫门。
⑦朝请：汉朝的制度。诸侯入朝，在春季的叫朝，在秋季的叫请。后来泛指朝见。

原文

初，孝文时[①]，吴太子入见，得侍皇太子饮、博。吴太子博争道[②]，不恭；皇太子引博局提吴太子[③]，杀之。遣其丧归葬，至吴，吴王愠曰[④]：“天下同宗，死长安即葬长安，何必来葬为！”复遣丧之长安葬。吴王由此稍失藩臣之礼，称疾不朝。京师知其以子故，系治、验问吴使者[⑤]；吴王恐，始有反谋。后使人为秋请，文帝复问之，使者对曰：“王实不病；汉系治使者数辈，吴王恐，以故遂称病。夫‘察见渊中鱼不祥’；唯上弃前过，与之更始。”于是文帝乃赦吴使者，归之，而赐吴王几杖[⑥]，老，不朝。吴得释其罪，谋亦益解。然其居国，以铜、盐故，百姓无赋；卒践更[⑦]，辄予平贾；岁时存问茂材[8]，赏赐闾里[9]；他郡国吏欲来捕亡人者[10]，公共禁弗予[11]。如此者四十馀年。

注释

①孝文：即汉文帝。
②争道：赌博时为了著棋所走的路子发生争执。
③博局：围棋盘，博戏所用之枰。　提：掷。
④愠：怒。
⑤系治、验问：拘押、审讯。
⑥几杖：老人居则凭几，行则携杖。古时常用以表示敬老。
⑦践更：汉代的特别名词，意思是应征服役。
⑧茂材：即“秀才”。东汉时为避光武帝刘秀名讳，改秀才为茂才。
⑨闾里：乡里。
⑩亡人：逃亡在外的人。
⑪ 公共禁弗予：公然包庇亡命的人不交出。

原文

晁错数上书言吴过，可削[1]；文帝宽，不忍罚，以此吴日益横。及帝即位，错说上曰：“昔高帝初定天下，昆弟少，诸子弱，大封同姓，齐七十馀城，楚四十馀城，吴五十馀城；封三庶孽[2]，分天下半。今吴王前有太子之郤[3]，诈称病不朝，于古法当诛。文帝弗忍，因赐几杖，德至厚，当改过自新；反益骄溢，即山铸钱，煮海水为盐，诱天下亡人谋作乱。今削之亦反，不削亦反。削之，其反亟[4]，祸小；不削，反迟，祸大。”上令公卿、列侯、宗室杂议[5]，莫敢难；独窦婴争之，由此与错有郤。及楚王戊来朝，错因言：“戊往年为薄太后服，私奸服舍，请诛之。”诏赦，削东海郡。及前年，赵王有罪，削其常山郡；胶西王卬以卖爵事有奸，削其六县。

注释

①削：分割。这里指削减封地。
②庶孽：即“庶子”。旧时指妾媵所生之子。
③郤：通“隙”。空隙。引申为嫌隙。
④亟：急迫。
⑤杂议：互相议论。

原文

廷臣方议削吴。吴王恐削地无已，因发谋举事。念诸侯无足与计者，闻胶西王勇，好兵，诸侯皆畏惮之，于是使中大夫应高口说胶西王曰[1]：“今者，主上任用邪臣，听信谗贼，侵削诸侯，诛罚良重[2]，日以益甚。语有之曰：‘狧穅及米[3]。’吴与胶西，知名诸侯也，一时见察，不得安肆矣。吴王身有内疾，不能朝请二十馀年，常患见疑，无以自白，胁肩累足[4]，犹惧不见释。窃闻大王以爵事有过。所闻诸侯削地，罪不至此；此恐不止削地而已。"王曰："有之。子将奈何？"高曰："吴王自以为与大王同忧，愿因时循理，弃躯以除患于天下，意亦可乎？"胶西王瞿然骇曰[5]："寡人何敢如是！主上虽急，固有死耳，安得不事！"高曰："御史大夫晁错，营惑天子[6]，侵夺诸侯，朝廷疾怨，诸侯皆有背叛之意，人事极矣。彗星出，蝗虫起，此万世一时；而愁劳，圣人所以起也。吴王内以晁错为诛，外从大王后车，方洋天下[7]，所向者降，所指者下，莫敢不服。大王诚幸而许之一言，则吴王率楚王略函谷关，守荥阳、敖仓之粟，距汉兵，治次舍，须大王。大王幸而临之，则天下可并，两主分割，不亦可乎！"王曰："善！"归，报吴王，吴王犹恐其不果，乃身自为使者，至胶西面约之。胶西群臣或闻王谋，谏曰："诸侯地不能当汉十二，为叛逆以忧太后，非计也。今承一帝，尚云不易；假令事成，两主分争，患乃益生。"王不听，遂发使约齐、菑川、胶东、济南，皆许诺。

注释

①中大夫：宫内的官。

②良重：甚重。

③舐（tà）糠及米：先舔外面的糠，以后就轮到米了。比喻蚕食不已，得寸进尺。舐，本指狗吃东西，引申为以舌舔食。

④胁肩累足：胁肩，耸肩。累足，两只脚叠起来，表示畏惧。

⑤瞿然：惊愕的样子。

⑥营惑：犹迷惑、炫惑。

⑦方洋：翱翔；遨游；驰骋。

原文

初，楚元王好书，与鲁申公、穆生、白生俱受《诗》于浮丘伯；及王楚，以三人为中大夫。穆生不耆酒[1]；元王每置酒，常为穆生设醴[2]。及子夷王、孙王戊即位，常设，后乃忘设焉。穆生退，曰："可以逝矣！醴酒不设，王之意怠；不去，楚人将钳我于市[3]。"遂称疾卧。申公、白生强起之，曰："独不念先王之德与！今王一旦失小礼，何足至此！"穆生曰："《易》称：'知幾其神乎[4]！幾者，动之微，吉凶之先见者也。君子见幾而作，不俟终日。'先王之所以礼吾三人者，为道存也；今而忽之，是忘道也。忘道之人，胡可与久处，岂为区区之礼哉！"遂谢病去。申公、白生独留。王戊稍淫暴，太傅韦孟作诗讽谏，不听，亦去，居于邹。戊因坐削地事，遂与吴通谋。申公、白生谏戊，戊胥靡之[5]，衣之赭衣[6]，使雅舂于市[7]。休侯富使人谏王。王曰："季父不吾与[8]，我起，先取季父矣！"休侯惧，乃与母太夫人奔京师。

注释

①耆：通“嗜”。爱好。
②醴：甜酒。
③钳：即髡（kūn）钳。古代刑罚名。剃去头发叫髡，用铁圈束颈叫钳。
④幾：细微；隐微。
⑤胥靡：古代称囚犯为胥靡。这里用作动词。
⑥赭衣：古代囚犯所穿的赤褐色的衣服。亦以为罪人的代称。
⑦舂（chōng）：用杵臼捣去谷物的皮壳。
⑧季父：叔父。

【原文】

及削吴会稽、豫章郡书至，吴王遂先起兵，诛汉吏二千石以下[1]；胶西、胶东、菑川、济南、楚、赵亦皆反。楚相张尚、太傅赵夷吾谏王戊，戊杀尚、夷吾。赵相建德、内史王悍谏王遂，遂烧杀建德、悍。齐王后悔，背约城守。济北王城坏未完，其郎中令劫守，王不得发兵。胶西王、胶东王为渠率，与菑川、济南共攻齐，围临菑。赵王遂发兵住其西界，欲待吴、楚俱进，北使匈奴与连兵。

吴王悉其士卒，下令国中曰：“寡人年六十二，身自将；少子年十四，亦为士卒先。诸年上与寡人同，下与少子等，皆发[2]。”凡二十馀万人。南使闽、东越，闽、东越亦发兵从。吴王起兵于广陵，西涉淮，因并楚兵，发使遗诸侯书，罪状晁错，欲合兵诛之。吴、楚共攻梁，破棘壁[3]，杀数万人；乘胜而前，锐甚。梁孝王遣将军击之，又败梁两军，士卒皆还走。梁王城守睢阳[4]。

注释

①吏二千石以下：指郡守以下的官。二千石，汉代对郡守的通称。汉郡守俸禄为二千石，即月俸百二十斛，因有此称。
②发：动员征发。
③棘壁：地名。约在今河南宁陵附近。
④睢阳：治所在今河南商丘南，时为梁都城。

【原文】

初，文帝且崩，戒太子曰：“即有缓急，周亚夫真可任将兵。”及七国反书闻，上乃拜中尉周亚夫为太尉，将三十六将军往击吴、楚，遣曲周侯郦寄击赵，将军栾布击齐；复召窦婴，拜为大将军，使屯荥阳监齐、赵兵。

初，晁错所更令三十章，诸侯讙哗[1]。错父闻之，从颍川来，谓错曰：“上初即位，公为政用事，侵削诸侯，疏人骨肉，口语多怨，公何为也？”错曰：“固也；不如此，天子不尊，宗庙不安。”父曰：“刘氏安矣而晁氏危，吾去公归矣！”遂饮药死，曰：

“吾不忍见祸逮身[②]！”后十馀日，吴、楚七国俱反，以诛错为名。

上与错议出军事，错欲令上自将兵而身居守；又言：“徐、僮之旁吴所未下者，可以予吴。”错素与吴相袁盎不善，错所居坐，盎辄避；盎所居坐，错亦避；两人未尝同堂语。及错为御史大夫，使吏按盎受吴王财物，抵罪；诏赦以为庶人。吴、楚反，错谓丞、史曰[③]：“袁盎多受吴王金钱，专为蔽匿[④]，言不反；今果反，欲请治盎，宜知其计谋。”丞、史曰：“事未发，治之有绝[⑤]；今兵西向，治之何益！且盎不宜有谋。”错犹与未决[⑥]。人有告盎，盎恐，夜见窦婴，为言吴所以反，愿至前，口对状。婴入言，上乃召盎。盎入见，上方与错调兵食。上问盎：“今吴、楚反，于公意何如？”对曰：“不足忧也！”上曰：“吴王即山铸钱，煮海为盐，诱天下豪杰；白头举事，此其计不百全，岂发乎！何以言其无能为也？”对曰：“吴铜盐之利则有之，安得豪杰而诱之！诚令吴得豪杰，亦且辅而为谊，不反矣。吴所诱皆无赖子弟、亡命、铸钱奸人，故相诱以乱。”错曰：“盎策之善。”上曰：“计安出？”盎对曰：“愿屏左右。”上屏人，独错在。盎曰：“臣所言，人臣不得知。”乃屏错。错趋避东厢，甚恨。上卒问盎，对曰：“吴、楚相遗书，言高皇帝王子弟各有分地，今贼臣晁错擅適诸侯[⑦]，削夺之地，以故反，欲西共诛错，复故地而罢。方今计独有斩错，发使赦吴、楚七国，复其故地，则兵可毋血刃而俱罢。”于是上默然良久，曰：“顾诚何如？吾不爱一人以谢天下。”盎曰：“愚计出此，唯上孰计之！”乃拜盎为太常，密装治行。后十馀日，上令丞相青、中尉嘉、廷尉欧劾奏错：“不称主上德信，欲疏群臣、百姓，又欲以城邑予吴，无臣子礼，大逆无道。错当要斩[⑧]，父母、妻子、同产无少长皆弃市[⑨]。”制曰：“可。”错殊不知。壬子，上使中尉召错，绐载行市，错衣朝衣斩东市。上乃使袁盎与吴王弟子宗正德侯通使吴。

注释

①讙哗：同“喧哗”。大声说笑或喊叫。

②逮：及；到。

③丞、史：是御史大夫的属官。

④蔽匿：掩饰；隐藏。

⑤“事未发”句：意为事情在未发生之前，及时整治能够杜绝事情的发生。

⑥犹与：即犹豫。

⑦適：同“谪”。责罚。

⑧要斩：即腰斩。古代的一种酷刑，从腰部将人斩断。

⑨弃市：古代在闹市执行死刑，并将尸体暴露街头，称为弃市。

原文

谒者仆射邓公为校尉，上书言军事，见上，上问曰：“道军所来[①]，闻晁错死，吴、楚罢不？”邓公曰：“吴为反数十岁矣；发怒削地，以诛错为名，其意不在错也。且臣恐天下之士拑口不敢复言矣[②]。”上曰：“何哉？”邓公曰：“夫晁错患诸侯强大不可制，故请削之以尊京师，万世之利也。计画始行，卒受大戮。内杜忠臣之口[③]，外为诸侯报仇，臣窃为陛下不取也。”于是帝喟然长息曰：“公言善，吾亦恨之[④]！”

袁盎、刘通至吴，吴、楚兵已攻梁壁矣。宗正以亲故[⑤]，先入见，谕吴王，令拜受诏。吴王闻袁盎来，知其欲说，笑而应曰：“我已为东帝，尚谁拜！”不肯见盎，而留军中，欲劫使将；盎不肯，使人围守，且杀之。盎得间[⑥]，脱亡归报。

【注释】

①道军所来：指从吴军那里前来。道，由的意思。

②拑口：闭嘴。

③杜：堵塞。

④恨：懊悔。

⑤宗正：官名。掌管皇室亲族事务。秦始设，汉代沿设，为九卿之一。汉魏以后多用皇族担任。这里指刘通。

⑥得间：得到空隙，乘机。

【原文】

太尉亚夫言于上曰：“楚兵剽轻[①]，难与争锋，愿以梁委之，绝其食道，乃可制也。”上许之。亚夫乘六乘传，将会兵荥阳[②]。发至霸上，赵涉遮说亚夫曰[③]：“吴王素富，怀辑死士久矣[④]。此知将军且行，必置间人于殽、渑阸陿之间[⑤]；且兵事尚神密，将军何不从此右去[⑥]，走蓝田，出武关，抵洛阳！间不过差一二日，直入武库，击鸣鼓。诸侯闻之，以为将军从天而下也。”太尉如其计，至洛阳，喜曰：“七国反，吾乘传至此，不自意全。今吾据荥阳，荥阳以东，无足忧者。”使吏搜殽、渑间，果得吴伏兵。乃请赵涉为护军。

【注释】

①剽轻：行动敏捷。

②荥阳：在今河南郑州西部、黄河南岸。

③遮：阻遏；拦住。

④怀辑死士：安抚聚集不畏惧死亡的人。

⑤间人：刺客。　阸：同“厄”（è），狭隘。　陿：同“狭”。

⑥右：方位名，与“左”相对。文中所指是面向北，则西为左，东为右。

【原文】

太尉引兵东北走昌邑。吴攻梁急，梁数使使条侯求救[①]，条侯不许。又使使愬条侯于上[②]。上使告条侯救梁，亚夫不奉诏，坚壁不出；而使弓高侯等将轻骑兵出淮泗口，绝吴、楚兵后，塞其饷道。梁使中大夫韩安国及楚相张尚弟羽为将军；羽力战，安国持重，乃得颇败吴兵。吴兵欲西，梁城守，不敢西；即走条侯军，会下邑，欲战。条侯坚壁不肯战；吴粮绝卒饥，数挑战，终不出。条侯军中夜惊，内相攻击，扰乱至帐下，亚夫坚卧不起，顷之，复定。吴奔壁东南陬[③]，亚夫使备西北；已而其精兵果奔西北[④]，不得入。吴、楚士卒多饥死叛散，乃引而去。二月，亚夫出精兵追击，大破之。吴王濞弃其军，与壮士数千人夜亡走；楚王戊自杀。

注释

①条侯：即周亚夫，其初封条侯。

②愬：同“诉”。

③东南陬（zōu）：东南角。

④已而：过了不久。

原文

吴王之初发也，吴臣田禄伯为大将军。田禄伯曰：“兵屯聚而西，无他奇道，难以立功。臣愿得五万人，别循江、淮而上，收淮南、长沙，入武关，与大王会，此亦一奇也。”吴王太子谏曰：“王以反为名，此兵难以借人，人亦且反王，奈何？且擅兵而别[①]，徒自损耳！”吴王即不许田禄伯。

吴少将桓将军说王曰：“吴多步兵，步兵利险[②]；汉多车骑，车骑利平地。愿大王所过城不下，直去，疾西据洛阳武库，食敖仓粟，阻山河之险以令诸侯，虽无入关，天下固已定矣。大王徐行留下城邑，汉军车骑至，驰入梁、楚之郊，事败矣。”吴王问诸老将，老将曰：“此年少，椎锋可耳[③]，安知大虑！”于是王不用桓将军计。

注释

①擅兵：掌握兵权。

②利：有利于。

③椎锋：捶打器物的尖端，指做小事。

原文

王专并将兵。兵未度淮，诸宾客皆得为将、校尉、候、司马，独周丘不用。周丘者，下邳人，亡命吴，酤酒无行[①]；王薄之[②]，不任。周丘乃上谒[③]，说王曰：“臣以无能，不得待罪行间。臣非敢求有所将也，愿请王一汉节，必有以报。”王乃予之。周丘得节，夜驰入下邳；下邳时闻吴反，皆城守。至传舍，召令入户，使从者以罪斩令，遂召昆弟所善豪吏告曰：“吴反，兵且至，屠下邳不过食顷；今先下，家室必完，能者封侯矣。”出，乃相告，下邳皆下。周丘一夜得三万人，使人报吴王，遂将其兵北略城邑[④]；比至阳城，兵十馀万，破阳城中尉军；闻吴王败走，自度无与共成功，即引兵归下邳，未至，疽发背死⑤。

注释

①酤（gū）酒：买酒；卖酒。
②薄：鄙视。
③谒：请见，进见。一般用于下对上、幼对长，或用作谦辞。
④略：侵夺，夺取。
⑤疽（jū）：痈疽，毒疮。

原文

吴王之弃军亡也，军遂溃，往往稍降太尉条侯及梁军。吴王渡淮，走丹徒，保东越，兵可万馀人，收聚亡卒。汉使人以利啖东越①，东越即绐吴王出劳军②，使人鏦杀吴王③，盛其头，驰传以闻。吴太子驹亡走闽越。吴、楚反，凡三月，皆破灭，于是诸将乃以太尉谋为是；然梁王由此与太尉有隙。

三王之围临菑也，齐王使路中大夫告于天子。天子复令路中大夫还报，告齐王坚守，“汉兵今破吴楚矣”。路中大夫至，三国兵围临菑数重，无从入。三国将与路中大夫盟曰：“若反言：‘汉已破矣，齐趣下三国④，不⑤，且见屠。’”路中大夫既许，至城下，望见齐王曰：“汉已发兵百万，使太尉亚夫击破吴、楚，方引兵救齐，齐必坚守无下！”三国将诛路中大夫。齐初围急，阴与三国通谋，约未定；会路中大夫从汉来，其大臣乃复劝王无下三国。会汉将栾布、平阳侯等兵至齐，击破三国兵。解围已，后闻齐初与三国有谋，将欲移兵伐齐。齐孝王惧，饮药自杀。

注释

①啖：利诱，引诱。
②绐（dài）：欺骗。
③鏦（cōng）：古兵器，短矛。
④趣：趋向；奔赴。
⑤不：否。

原文

胶西、胶东、菑川王各引兵归国。胶西王徒跣、席藁、饮水谢太后。王太子德曰：“汉兵还，臣观之，已罢，可袭，愿收王馀兵击之！不胜而逃入海，未晚也。”王曰：“吾士卒皆已坏，不可用。”弓高侯韩颓当遗胶西王书曰：“奉诏诛不义，降者赦除其罪，复故；不降者灭之。王何处？须以从事。”王肉袒叩头①，诣汉军壁谒曰：“臣卬奉法不谨，惊骇百姓，乃苦将军远道至于穷国②，敢请菹醢之罪③！”弓高侯执金鼓见之曰：“王苦军事，愿闻王发兵状。”王顿首膝行，对曰：“今者晁错，天子用事臣，变更高皇帝法令，侵夺诸侯地。卬等以为不义，恐其败乱天下，七国发兵且诛错。今闻错已诛，卬等谨已罢兵归。”将军曰：“王苟以错为不善，何不以闻？及未有诏、虎符，擅发兵击义国？以此观之，意非徒欲诛错也。”乃出诏书，为王读之，曰：“王其自图！”王曰：“如卬等死有馀罪！”遂自杀，太后、太子皆死。胶东王、菑川王、济南王皆伏诛。

郦将军兵至赵，赵王引兵还邯郸城守[4]。郦寄攻之，七月不能下。匈奴闻吴、楚败，亦不肯入边。栾布破齐还，并兵引水灌赵城。城坏，王遂自杀。

帝以齐首善，以迫劫有谋，非其罪也，召立齐孝王太子寿，是为懿王。

注释

①肉袒：脱去上衣，裸露肢体。古人在祭祀或谢罪时，常脱衣露体，表示自己的虔诚或惶恐。

②苦：辛苦；劳苦。

③菹醢（zūhǎi）：古代一种酷刑，把人剁成肉酱。

④邯郸：今河北邯郸，时为赵的都城。

原文

济北王亦欲自杀，幸全其妻子。齐人公孙玃谓济北王曰[1]：“臣请试为大王明说梁王，通意天子；说而不用，死未晚也。”公孙玃遂见梁王曰：“夫济北之地，东接强齐，南牵吴、越，北胁燕、赵。此四分五裂之国，权不足以自守[2]，劲不足以捍寇，又非有奇怪云以待难也；虽坠言于吴，非其正计也。乡使济北见情实，示不从之端，则吴必先历齐[3]，毕济北，招燕、赵而总之，如此，则山东之从结而无隙矣。今吴王连诸侯之兵，驱白徒之众[4]，西与天子争衡；济北独底节不下，使吴失与而无助，跬步独进[5]，瓦解土崩，破败而不救者，未必非济北之力也。夫以区区之济北而与诸侯争强，是以羔犊之弱而扞虎狼之敌也[6]。守职不桡[7]，可谓诚一矣。功义如此，尚见疑于上，胁肩低首，累足抚衿，使有自悔不前之心，非社稷之利也。臣恐藩臣守职者疑之。臣窃料之，能历西山，径长乐，抵未央，攘袂而正议者[8]，独大王耳。上有全亡之功，下有安百姓之名，德沦于骨髓，恩加于无穷，愿大王留意详惟之。”孝王大说，使人驰以闻；济北王得不坐，徙封于菑川。

河间王太傅卫绾击吴、楚有功，拜为中尉。绾以中郎将事文帝，醇谨无他[9]。上为太子时，召文帝左右饮，而绾称病不行。文帝且崩，属上曰：“绾长者，善遇之。”故上亦宠任焉。

注释

①公孙玃（jué）：济北王的谋士。

②权：权谋。

③历：过。

④白徒：指没有经过军事训练的人。
⑤跬步：半步；跨一脚。
⑥扞：同“捍”。
⑦桡：同“挠”。弯曲。
⑧攘袂：捋起袖子。
⑨醇谨无他：厚重谨慎。

【原文】

夏，六月，乙亥，诏：“吏民为吴王濞等所诖误当坐及逋逃亡军者[①]，皆赦之。”帝欲以吴王弟德哀侯广之子续吴，以楚元王子礼续楚。窦太后曰：“吴王，老人也，宜为宗室顺善[②]；今乃首率七国纷乱天下，奈何续其后！”不许吴，许立楚后。乙亥，徙淮阳王馀为鲁王；汝南王非为江都王，王故吴地；立宗正礼为楚王[③]；立皇子端为胶西王，胜为中山王。

【注释】

①“吏民”句：诖（guà）误，没有过错而被连累受处罚或损害。逋逃，逃亡的罪人。
②顺善：顺从亲善。
③宗正：官名。始于秦，汉沿置，九卿之一，多由皇族中人充任，为皇族事务机关的长官。

【原文】

四年(前153)

(冬，十月)初，吴、楚七国反，吴使者至淮南，淮南王欲发兵应之。其相曰：“王必欲应吴，臣愿为将。”王乃属之[①]。相已将兵，因城守，不听王而为汉，汉亦使曲城侯将兵救淮南，以故得完[②]。

吴使者至庐江，庐江王不应，而往来使越。至衡山，衡山王坚守无二心。及吴、楚已破，衡山王入朝。上以为贞信[③]，劳苦之，曰：“南方卑湿[④]。”徙王王于济北以褒之。庐江王以边越，数使使相交，徙为衡山王，王江北。

【注释】

①属：通“嘱”。委托；交付。
②完：完好。
③贞信：坚定，有操守，诚实。
④卑：低。

◎张骞通西域

题解

汉武帝时，为了解除匈奴对汉西北部的威胁，必须破坏匈奴与西域的联合，而当时汉和西域的交通完全掌握在匈奴手里，要打通这条通道是非常困难的。这时，张骞毅然出使西域。他的行动开辟了汉与西域的交通，开启了汉与西域的文化交流，也使他成为中国历史上一位杰出的探险家。本文节选自《资治通鉴》卷十八至二十，标题为编者所加。

原文

(汉武帝)元朔三年(前126)

(夏，四月)初，匈奴降者言："月氏故居敦煌、祁连间[①]，为强国，匈奴冒顿攻破之。老上单于杀月氏王[②]，以其头为饮器[③]。馀众遁逃远去，怨匈奴，无与共击之。"上募能通使月氏者，汉中张骞以郎应募[④]，出陇西，径匈奴中；单于得之，留骞十馀岁。骞得间亡[⑤]，乡月氏西走[⑥]，数十日，至大宛。大宛闻汉之饶财，欲通不得，见骞，喜，为发导译抵康居[⑦]，传致大月氏。大月氏太子为王，既击大夏，分其地而居之，地肥饶，少寇，殊无报胡之心。骞留岁馀，竟不能得月氏要领，乃还；并南山[⑧]，欲从羌中归，复为匈奴所得，留岁馀。会伊稚斜逐于单，匈奴国内乱，骞乃与堂邑氏奴甘父逃归。上拜骞为太中大夫，甘父为奉使君。骞初行时百馀人，去十三岁，唯二人得还。

注释

①月氏（yuèzhī）：西域一个国家的名称。
②老上单（chán）于：冒顿单于的儿子，老上是称号。单于，汉时匈奴的君长。
③饮器：饮酒的觞，一说溺器。
④郎：帝王侍从官的通称。
⑤间：引申为机会。
⑥乡：同"向"。
⑦康居：当时西域的大国。
⑧并："傍"的古字。　南山：今阿尔金山及祁连山北麓。

原文

(汉武帝)元狩元年(前122)

(五月)初，张骞自月氏还，具为天子言西域诸国风俗："大宛在汉正西，可万里。

其俗土著[1]，耕田；多善马，马汗血；有城郭、室屋，如中国。其东北则乌孙，东则于阗。于阗之西，则水皆西流注西海，其东，水东流注盐泽[2]。盐泽潜行地下，其南则河源出焉。盐泽去长安可五千里。匈奴右方居盐泽以东，至陇西长城，南接羌，鬲汉道焉[3]。乌孙、康居、奄蔡、大月氏，皆行国，随畜牧，与匈奴同俗。大夏在大宛西南，与大宛同俗。臣在大夏时，见邛竹杖[4]、蜀布，问曰：'安得此？'大夏国人曰：'吾贾人往市之身毒[5]。'身毒在大夏东南可数千里，其俗土著，与大夏同。以骞度之，大夏去汉万二千里，居汉西南；今身毒国又居大夏东南数千里，有蜀物，此其去蜀不远矣。今使大夏，从羌中，险，羌人恶之；少北，则为匈奴所得；从蜀，宜径[6]，又无寇。"

注释

①土著：世代定居于一地。

②盐泽：今罗布泊。

③鬲：同"隔"。

④邛：今四川邛崃山。

⑤身毒：今印度。

⑥径：这里指直道。

原文

天子既闻大宛及大夏、安息之属皆大国，多奇物，土著，颇与中国同业，而兵弱，贵汉财物。其北有大月氏、康居之属，兵强，可以赂遗设利朝也。诚得而以义属之，则广地万里，重九译[1]，致殊俗[2]，威德遍于四海，欣然以骞言为然。乃令骞因蜀、犍为发间使王然于等四道并出[3]，出駹，出冉，出徙，出邛、僰[4]，指求身毒国，各行一二千里，其北方闭氐、莋，南方闭巂、昆明。昆明之属无君长，善寇盗，辄杀略汉使，终莫得通。于是汉以求身毒道，始通滇国[5]。滇王当羌谓汉使者曰："汉孰与我大？"及夜郎侯亦然[6]。以道不通，故各自以为一州主，不知汉广大。使者还，因盛言滇大国，足事亲附；天子注意焉，乃复事西南夷。

注释

①九译：多次辗转翻译。

②殊俗：不同的风俗。

③蜀：郡名，治今四川成都。　犍（qián）为：郡名，治今四川宜宾西南。

④出駹，出冉，出徙，出邛、僰：駹（máng）、冉、徙、邛、僰（bó），都是当时居住在四川一带的少数民族。

⑤滇：古族名、国名。在今云南东部滇池附近。

⑥夜郎：古族名、国名。战国至汉时，主要在今贵州西部及北部，并包括云南东北部、四川南部及广西北部部分地区。

【原文】

（汉武帝）元鼎二年（前115）

浑邪王既降汉，汉兵击逐匈奴于幕北[①]，自盐泽以东空无匈奴，西域道可通。于是张骞建言："乌孙王昆莫本为匈奴臣，后兵稍强，不肯复朝事匈奴，匈奴攻不胜而远之。今单于新困于汉，而故浑邪地空无人，蛮夷俗恋故地，又贪汉财物，今诚以此时厚币赂乌孙，招以益东，居故浑邪之地，与汉结昆弟，其势宜听，听则是断匈奴右臂也。既连乌孙，自其西大夏之属皆可招来而为外臣。"天子以为然，拜骞为中郎将，将三百人，马各二匹，牛羊以万数，赍金币帛直数千巨万；多持节副使，道可便，遣之他旁国。

骞既至乌孙，昆莫见骞，礼节甚倨[②]。骞谕指曰[③]："乌孙能东居故地，则汉遣公主为夫人，结为兄弟，共距匈奴[④]，匈奴不足破也。"乌孙自以远汉，未知其大小；素服属匈奴日久，且又近之，其大臣皆畏匈奴，不欲移徙。骞留久之，不能得其要领，因分遣副使使大宛、康居、大月氏、大夏、安息、身毒、于阗及诸旁国。乌孙发译道送骞还，使数十人，马数十匹，随骞报谢，因令窥汉大小。是岁，骞还，到，拜为大行[⑤]。后岁馀，骞所遣使通大夏之属者，皆颇与其人俱来，于是西域始通于汉矣。

【注释】

①幕北：即漠北，指大戈壁以北。
②倨：傲慢。
③谕指：以汉朝廷的意旨晓谕他们。指，通"旨"。
④距：同"拒"。
⑤大行：汉代九卿之一，职掌外交及处理国内少数民族事务。

【原文】

西域凡三十六国，南北有大山，中央有河，东西六千馀里，南北千馀里，东则接汉玉门、阳关[①]，西则限以葱岭。河有两源，一出葱岭，一出于阗，合流东注盐泽。盐泽去玉门、阳关三百馀里。自玉门、阳关出西域有两道：从鄯善傍南山北，循河西行至莎车，为南道；南道西逾葱岭，则出大月氏、安息。自车师前王廷随北山循河西行至疏勒，为北道；北道西逾葱岭，则出大宛、康居、奄蔡焉。故皆役属匈奴[②]，匈奴西边日逐王，置僮仆都尉[③]，使领西域，常居焉耆、危须、尉黎间，赋税诸国，取富给焉。

乌孙王既不肯东还，汉乃于浑邪王故地置酒泉郡，稍发徙民以充实之；后又分置武威郡，以绝匈奴与羌通之道。

天子得宛汗血马，爱之，名曰"天马"。使者相望于道以求之。诸使外国，一辈大者数百[4]，少者百馀人，人所赍操大放博望侯时[5]，其后益习而衰少焉[6]。汉率一岁中使多者十馀，少者五六辈；远者八九岁，近者数岁而反[7]。

注释

①玉门：即玉门关。故址在今甘肃敦煌西北小方盘城。　阳关：位于玉门关之南，和玉门关同为当时与西域交通的门户。

②故：旧。

③僮仆都尉：官名，匈奴所置。

④一辈：一批。

⑤放：通“仿”，仿照。　博望侯：指张骞。

⑥益习而衰少焉：对于外国情形知道得更清楚，派遣的使者就不像从前那样多了。

⑦反：通“返”。

原文

元鼎六年(前111)

博望侯既以通西域尊贵，其吏士争上书言外国奇怪利害求使。天子为其绝远，非人所乐往，听其言，予节[1]，募吏民，毋问所从来[2]，为具备人众遣之，以广其道。来还，不能毋侵盗币物及使失指[3]，天子为其习之，辄覆按致重罪，以激怒令赎，复求使，使端无穷，而轻犯法。其吏卒亦辄复盛推外国所有[4]，言大者予节，言小者为副，故妄言无行之徒皆争效之。其使皆贫人子，私县官赍物[5]，欲贱市以私其利。外国亦厌汉使，人人有言轻重，度汉兵远不能至，而禁其食物以苦汉使。汉使乏绝，积怨至相攻击。而楼兰、车师，小国当空道[6]，攻劫汉使王恢等尤甚，而匈奴奇兵又时遮击之。使者争言西域皆有城邑，兵弱易击。于是天子遣浮沮将军公孙贺将万五千骑[7]，出九原二千馀里，至浮沮井而还；匈河将军赵破奴将万馀骑[8]，出令居数千里，至匈河水而还；以斥逐匈奴，不使遮汉使，皆不见匈奴一人。乃分武威、酒泉地置张掖、敦煌郡，徙民以实之。

注释

①予节：给予使者代表国家的符节，表示代表国家。

②毋问所从来：不追问参加使团的人们的出身履历。

③使失指：执行使命犯了错误。

④其吏卒亦辄复盛推外国所有：下级官吏士兵也都极力夸张外国的物产。

⑤县官：汉代人称政府为县官。

⑥空道：必经之道。空，孔也；引申为必经之道。

⑦浮沮将军：出军时，期望公孙贺能至浮沮井，故以为将军之号。

⑧匈河将军：出军时，期望赵破奴能至匈河，故以为将军之号。

◎霍光废立

题解

汉武帝去世后，霍光、上官桀、桑弘羊等大臣和皇室之间发生了权力之争，霍光在汉昭帝的支持下最后取得胜利。本文节选自《资治通鉴》卷二十三，标题为编者所加。

原文

（汉昭帝）始元元年（前86）

（秋，七月）武帝初崩，赐诸侯王玺书。燕王旦得书不肯哭，曰："玺书封小，京师疑有变。"遣幸臣寿西长、孙纵之、王孺等之长安，以问礼仪为名，阴刺候朝廷事①。及有诏褒赐旦钱三十万，益封万三千户，旦怒曰："我当为帝，何赐也！"遂与宗室中山哀王子长、齐孝王孙泽等结谋，诈言以武帝时受诏②，得职吏事，修武备，备非常。郎中成轸谓旦曰："大王失职，独可起而索，不可坐而得也③。大王壹起，国中虽女子皆奋臂随大王。"旦即与泽谋，为奸书④，言："少帝非武帝子，大臣所共立；天下宜共伐之！"使人传行郡国以摇动百姓。泽谋归发兵临菑，杀青州刺史隽不疑。旦招来郡国奸人，赋敛铜铁作甲兵，数阅其车骑、材官卒⑤，发民大猎以讲士马⑥，须期日⑦。郎中韩义等数谏旦，旦杀义等凡十五人。会缾侯成知泽等谋⑧，以告隽不疑。八月，不疑收捕泽等以闻。天子遣大鸿胪丞治，连引燕王。有诏，以燕王至亲，勿治；而泽等皆伏诛。迁隽不疑为京兆尹。

注释

①刺：探。

②"诈言以武帝时受诏"句：当时诸侯不能参与国家政事，所以谎称得到诏书，获得参政权，为出兵作准备。

③"大王失职"句：失职，指应当为汉嗣而不被用。索，求。

④奸书：即怀有恶意的伪书。

⑤车骑：汉代将军的名号，位次于上卿。　材官：西汉时根据地方特点训练各个兵种，内郡平原及山阻地区训练步卒，称材官。

⑥讲：练习。

⑦须：通"需"，需要。　期日：规定的日子。

⑧缾（píng）：汉属琅玡郡。其地在今山东临淄北。

原文

九月，丙子，秺敬侯金日磾薨①。初，武帝病，有遗诏，封金日磾为秺侯，上官桀为安阳侯，霍光为博陆侯[②]；皆以前捕反者马何罗等功封。日䃅以帝少，不受封，光等亦不敢受。及日䃅病困，光白封[③]，日䃅卧受印绶；一日薨。日䃅两子赏、建俱侍中，与帝略同年，共卧起。赏为奉车，建驸马都尉。及赏嗣侯[④]，佩两绶[⑤]，上谓霍将军曰："金氏兄弟两人，不可使俱两绶邪？"对曰："赏自嗣父为侯耳。"上笑曰："侯不在我与将军乎？"对曰："先帝之约，有功乃得封侯。"遂止。

【注释】

①秺（dù）敬侯金日䃅（mìdī）薨（hōng）：秺敬侯金日䃅去世。薨，君王时代称诸侯大臣等的死。

②博陆侯：博，大。陆，平。博陆侯，没有博陆这个县，封霍光为博陆侯是取博陆所表示的美好之意。

③白：告诉。

④嗣：继承，接续。

⑤绶：古代系帷幕或印纽的丝带。

【原文】

二年(前85)

春，正月，封大将军光为博陆侯，左将军桀为安阳侯。

或说霍光曰："将军不见诸吕之事乎？处伊尹、周公之位[①]，摄政擅权，而背宗室，不与共职，是以天下不信，卒至于灭亡。今将军当盛位[②]，帝春秋富[③]，宜纳宗室，又多与大臣共事，反诸吕道。如是，则可以免患。"光然之，乃择宗室可用者，遂拜楚元王孙辟疆及宗室刘长乐皆为光禄大夫，辟疆守长乐卫尉[④]。

【注释】

①伊尹：商初大臣。名伊，尹是官名。帮助汤攻灭夏桀，汤去世后，历佐卜丙、仲壬二王。 周公：西周初年政治家。姬姓，周武王之弟，名旦，曾助武王灭商。武王死后，成王年幼，由他摄政。

②盛：极点，顶点。

③春秋富：指年龄小。春秋，年龄。富，宽裕、丰厚。

④长乐卫尉：汉代长乐、建章、甘泉各有卫尉来掌管宫卫，但不常设。

【原文】

三年(前84)

（冬，十一月）初，霍光与上官桀相亲善。光每休沐出[①]，桀常代光入决事。光女为桀子安妻，生女，年甫五岁[②]，安欲因光内之宫中；光以为尚幼，不听。盖长公主私近子客河间丁外人[③]，安素与外人善，说外人曰："安子容貌端正，诚因长主时得入为后，以臣父子在朝而有椒房之重[④]，成之在于足下[⑤]。汉家故事，常以列侯尚主，足下何忧不封侯乎！"外人喜，言于长主。长主以为然，诏召安女为婕妤[⑥]，安为骑都尉。

五年(前82)

(秋)谏大夫杜延年见国家承武帝奢侈、师旅之后⑦,数为大将军光言:"年岁比不登⑧,流民未尽还,宜修孝文时政,示以俭约、宽和,顺天心,说民意⑨,年岁宜应。"光纳其言。延年,故御史大夫周之子也。

六年(前81)

(秋,七月)武帝之末,海内虚耗,户口减半,霍光知时务之要,轻徭薄赋,与民休息。至是匈奴和亲,百姓充实,稍复文、景之业焉。

【注释】

①休沐:汉代制度,大臣每隔五天有例假一天,供休息、沐浴之用。

②甫:才,方。

③盖长公主:即下文的盖主,指汉武帝的长女、汉昭帝的姐姐,因她嫁给盖侯,所以称为盖长公主或盖主、长公主。

④椒房:汉代后妃所住的宫殿,用椒和泥涂壁,取其温暖有香气,兼有多子之意,故名。

⑤足下:敬辞,称对方。古代下称上或同辈相称都用"足下"。

⑥婕妤:妃嫔的称号。汉武帝时始置,以后朝代多沿置。

⑦师旅:古代军队的通称。这里用如动词,指征战、打仗。

⑧比:连续。 不登:歉收。

⑨说:通"悦"。

【原文】

(汉昭帝)元凤元年(前80)

(八月)上官桀父子既尊盛,德长公主①,欲为丁外人求封侯,霍光不许。又为外人求光禄大夫②,欲令得召见,又不许。长主大以是怨光,而桀、安数为外人求官爵弗能得,亦惭。又桀妻父所幸充国为太医监③,阑入殿中④,下狱当死;冬月且尽,盖主为充国入马二十匹赎罪,乃得减死论。于是桀、安父子深怨光而重德盖主。自先帝时,桀已为九卿⑤,位在光右,及父子并为将军,皇后亲安女,光乃其外祖,而顾专制朝事,由是与光争权。燕王旦自以帝兄不得立,常怀怨望。及御史大夫桑弘羊建造酒榷、盐铁⑥,为国兴利,伐其功,欲为子弟得官,亦怨恨光。于是盖主、桀、安、弘羊皆与旦通谋。

【注释】

①德:感恩。

②光禄大夫:当时供皇帝顾问的官员。

③太医监:皇室的医生叫太医,太医监是太医们的办公机构。

④阑入:擅入。汉制度规定,凡入宫殿门者皆著籍;无籍而入的,称为阑入。

⑤九卿:秦汉通常以奉常(太常)、郎中令(光禄勋)、卫尉、太仆、廷尉、典客(大鸿胪)、宗正、

治粟内史（大司农）、少府为九卿，实即中央各行政机关的总称。

⑥建造：创设。　酒榷（què）：酒类专卖。　盐铁：指盐铁国营。

【原文】

旦遣孙纵之等前后十馀辈，多赍金宝、走马赂遗盖主、桀、弘羊等。桀等又诈令人为燕王上书，言“光出都肄郎、羽林，道上称跸，太官先置”①。又引“苏武使匈奴二十年不降，乃为典属国②；大将军长史敞无功，为搜粟都尉③；又擅调益莫府校尉④。光专权自恣，疑有非常。臣旦愿归符玺，入宿卫，察奸臣变。”候司光出沐日奏之⑤，桀欲从中下其事，弘羊当与诸大臣共执退光。书奏，帝不肯下。明旦，光闻之，止画室中不入⑥。上问：“大将军安在？”左将军桀对曰：“以燕王告其罪，故不敢入。”有诏：“召大将军。”光入，免冠、顿首谢。上曰：“将军冠！朕知是书诈也，将军无罪。”光曰：“陛下何以知之？”上曰：“将军之广明都郎，近耳；调校尉以来，未能十日，燕王何以得知之！且将军为非，不须校尉。”是时帝年十四，尚书、左右皆惊。而上书者果亡，捕之甚急。桀等惧，白上：“小事不足遂。”上不听。后桀党与有谮光者⑦，上辄怒曰：“大将军忠臣，先帝所属以辅朕身，敢有毁者坐之⑧！”自是桀等不敢复言。

【注释】

①都肄（yì）：总的检阅武装力量。　郎、羽林：郎官、羽林骑都是当时皇帝的侍从警卫。　跸（bì）：皇帝出行称跸，以禁止行人。　太官：汉代负责皇帝饮食的官。　先置：皇帝出行，太官要提前到休息处准备好饮食。这里是指责霍光僭越天子的仪式。

②典属国：汉代负责掌管少数民族以及外国交往事情的官。

③搜粟都尉：汉代负责军事时期财务的官，级别同典属国，不常设。

④调益：增选。　莫府：即幕府，军队出征施用帐幕，所以称大将军府为幕府。

⑤司（sì）：同“伺”。

⑥画室：近臣入朝时暂时停留的房间，壁上有雕刻绘画。

⑦谮（zèn）：诬陷。

⑧毁：诋毁。　坐：治罪。

【原文】

桀等谋令长公主置酒请光，伏兵格杀之，因废帝，迎立燕王为天子。旦置驿书往来相报，许立桀为王，外连郡国豪桀以千数。旦以语相平，平曰：“大王前与刘泽结谋，事未成而发觉者，以刘泽素夸，好侵陵也。平闻左将军素轻易，车骑将军少而骄，臣恐其如刘泽时不能成，又恐既成反大王也。”旦曰：“前日一男子诣阙，自谓故太子，长安中民趣乡之①，正讙不可止。大将军恐，出兵陈之，以自备耳。我，帝长子，天下所信，何忧见反！”后谓群臣：“盖主报言，独患大将军与右将军王莽。

今右将军物故[2]，丞相病，幸事必成[3]，征不久。”令群臣皆装[4]。

注释

①乡：通“向”。趋向。
②物故：亡故。
③幸：希冀。
④装：准备行装。

原文

安又谋诱燕王至而诛之，因废帝而立桀。或曰：“当如皇后何？”安曰：“逐麋之狗[1]，当顾菟邪[2]！且用皇后为尊，一旦人主意有所移，虽欲为家人亦不可得[3]。此百世之一时也！”会盖主舍人父稻田使者燕仓知其谋[4]，以告大司农杨敞。敞素谨，畏事，不敢言，乃移病卧，以告谏大夫杜延年；延年以闻。九月，诏丞相部中二千石逐捕孙纵之及桀、安、弘羊、外人等，并宗族悉诛之；盖主自杀。燕王旦闻之，召相平曰：“事败，遂发兵乎？”平曰：“左将军已死，百姓皆知之，不可发也。”王忧懑[5]，置酒与群臣、妃妾别。会天子以玺书让旦[6]，旦以绶自绞死，后、夫人随旦自杀者二十馀人。天子加恩，赦王太子建为庶人，赐旦谥曰刺王。皇后以年少，不与谋，亦霍光外孙，故得不废。

注释

①麋（mí）：麋鹿。
②菟（tù）：同“兔”。
③家人：普通老百姓。
④舍人：汉代皇后、公主的属官。　稻田使者：征收稻田赋税的官。
⑤懑（mèn）：愤慨。
⑥让：责备。

原文

大将军光以朝无旧臣，光禄勋张安世自先帝时为尚书令，志行纯笃[1]，乃白用安世为右将军兼光禄勋以自副焉。安世，故御史大夫汤之子也。光又以杜延年有忠节，擢为太仆、右曹、给事中[2]。光持刑罚严，延年常辅之以宽。吏民上书言便宜[3]，辄下延年平处复奏。言可官试者，至为县令；或丞相、御史除用[4]，满岁，以状闻；或抵其罪法[5]。

注释

①志行纯笃：志向和操行纯朴而敦厚。
②擢：选拔；提升。

③便宜：指有利国家，合乎时宜之事。
④除：拜官授职。
⑤抵：抵偿。

【原文】

四年(前77)

(春，正月)甲戌，富民定侯田千秋薨。时政事一决大将军光[1]；千秋居丞相位，谨厚自守而已。

【注释】

①一：一概。 决：决定。

◎光武中兴

题解

王莽末年爆发了农民大起义，刘秀和兄刘縯乘机起兵，加入绿林起义军。之后力量逐渐壮大。公元25年，刘秀称帝。后镇压农民起义军，削平各地割据势力，统一全国。本文节选自《资治通鉴》卷三十九、卷四十，标题为编者所加。

原文

(汉淮阳王)更始元年(23)

(夏，五月)诸将见寻、邑兵盛[①]，皆反走[②]，入昆阳，惶怖，忧念妻孥，欲散归诸城。刘秀曰："今兵谷既少而外寇强大，并力御之，功庶可立；如欲分散，势无俱全。且宛城未拔，不能相救；昆阳即拔，一日之间，诸部亦灭矣。今不同心胆，共举功名，反欲守妻子财物邪！"诸将怒曰："刘将军何敢如是！"秀笑而起。会候骑还[③]，言："大兵且至城北，军陈数百里，不见其后。"诸将素轻秀，及迫急，乃相谓曰："更请刘将军计之。"秀复为图画成败[④]，诸将皆曰："诺。"时城中唯有八九千人，秀使王凤与廷尉大将军王常守昆阳，夜与五威将军李轶等十三骑出城南门，于外收兵。

注释

①寻、邑：指王莽政权的大司徒王寻、大司空王邑。
②反走：转身逃跑。
③会：恰巧，适逢。　候骑：侦察敌情的骑兵。
④图画成败：策划战争的胜败。画，通"划"。

原文

时莽兵到城下者且十万[①]，秀等几不得出。寻、邑纵兵围昆阳，严尤说邑曰："昆阳城小而坚，今假号者在宛[②]，亟进大兵，彼必奔走。宛败，昆阳自服。"邑曰："吾昔围翟义，坐不生得以见责让。今将百万之众，遇城而不能下，非所以示威也。当先屠此城，蹀血而进[③]，前歌后舞，顾不快邪[④]！"遂围之数十重，列营百数，钲鼓之声闻数十里[⑤]，或为地道、冲輣撞城[⑥]；积弩乱发，矢下如雨，城中负户而汲[⑦]。王凤等乞降，不许。寻、邑自以为功在漏刻[⑧]，不以军事为忧。严尤曰："《兵法》：'围城为之阙[⑨]。'宜使得逸出以怖宛下。"邑又不听。

注释

①且：将近。

②假号者：冒称帝号的人，指刘玄。
③蹀（dié）：蹈；顿足。
④顾：副词。表示轻微转折，相当于“而”。
⑤钲（zhēng）：古代行军用青铜打击乐器，像狭长、有柄的镛。
⑥棚（péng）：古代攻城用的楼车。
⑦负户而汲：为了防箭，背着门板出去取水。汲，从井中取水。
⑧漏刻：顷刻。
⑨阙（quē）：通“缺”。

【原文】

刘秀至郾、定陵，悉发诸营兵。诸将贪惜财物，欲分兵守之。秀曰：“今若破敌，珍宝万倍，大功可成；如为所败，首领无馀，何财物之有！”乃悉发之。六月，己卯朔，秀与诸营俱进，自将步骑千馀为前锋，去大军四五里而陈；寻、邑亦遣兵数千合战，秀奔之，斩首数十级。诸将喜曰：“刘将军平生见小敌怯，今见大敌勇，甚可怪也！且复居前，请助将军！”秀复进，寻、邑兵却，诸部共乘之，斩首数百、千级。连胜，遂前，诸将胆气益壮，无不一当百，秀乃与敢死者三千人从城西水上冲其中坚。寻、邑易之[①]，自将万馀人行陈，敕诸营皆按部毋得动，独迎与汉兵战，不利，大军不敢擅相救。寻、邑陈乱，汉兵乘锐崩之[②]，遂杀王寻。城中亦鼓噪而出，中外合势，震呼动天地。莽兵大溃，走者相腾践[③]，伏尸百馀里。会大雷、风，屋瓦皆飞，雨下如注，滍川盛溢[④]，虎豹皆股战，士卒赴水溺死者以万数，水为不流。王邑、严尤、陈茂轻骑乘死人渡水逃去，尽获其军实辎重，不可胜算，举之连月不尽，或燔烧其馀[⑤]。士卒奔走，各还其郡，王邑独与所将长安勇敢数千人还洛阳，关中闻之震恐。于是海内豪桀翕然响应[⑥]，皆杀其牧守，自称将军，用汉年号以待诏命。旬月之间，遍于天下。

【注释】

①易：轻视。
②崩：败坏。用作动词。
③走者相腾践：逃跑的人互相被马跳跃踩踏。走，逃跑。腾践，马跳跃踩踏。
④滍（zhì）川：水名。源出河南鲁山，东流经昆阳城北入汝水。
⑤燔（fán）烧：焚烧。
⑥翕（xī）然：迅疾。

【原文】

刘秀复徇颍川[①]，攻父城不下，屯兵巾车乡。颍川郡掾冯异监五县，为汉兵所获。异曰：“异有老母在父城，愿归，据五城以效功报德！”秀许之。异归，谓父城长苗萌曰：“诸将多暴横，独刘将军所到不虏略，观其言语举止，非庸人也。”遂与萌率五县以降。

新市、平林诸将以刘𬙂兄弟威名益盛，阴劝更始除之[②]。秀谓𬙂曰："事欲不善。"𬙂笑曰："常如是耳。"更始大会诸将，取𬙂宝剑视之。绣衣御史申徒建随献玉玦，更始不敢发。𬙂舅樊宏谓𬙂曰："建得无有范增之意乎？"𬙂不应。李轶初与𬙂兄弟善，后更谄事新贵。秀戒𬙂曰："此人不可复信。"𬙂不从。𬙂部将刘稷，勇冠三军，闻更始立，怒曰："本起兵图大事者，伯升兄弟也。今更始何为者邪！"更始以稷为抗威将军，稷不肯拜。更始乃与诸将陈兵数千人，先收稷，将诛之，𬙂固争。李轶、朱鲔因劝更始并执𬙂，即日杀之；以族兄光禄勋赐为大司徒。秀闻之，自父城驰诣宛谢。司徒官属迎吊秀[③]，秀不与交私语，惟深引过而已[④]，未尝自伐昆阳之功；又不敢为𬙂服丧，饮食言笑如平常。更始以是惭[⑤]，拜秀为破虏大将军，封武信侯。

注释

①徇（xùn）：略地。

②阴：暗中。　更始：为刘玄称帝的年号。这里代指刘玄。

③吊：慰问丧家或遭遇不幸者。

④深引过：自己大大地承担过失。深，甚。

⑤惭：羞愧。

原文

（冬，十月）更始将都洛阳，以刘秀行司隶校尉[①]，使前整修宫府。秀乃致僚属，作文移，从事司察，一如旧章。时三辅吏士东迎更始[②]，见诸将过，皆冠帻而服妇人衣[③]，莫不笑之。及见司隶僚属，皆欢喜不自胜，老吏或垂涕曰："不图今日复见汉官威仪！"由是识者皆属心焉。

更始欲令亲近大将徇河北，大司徒赐言："诸家子独有文叔可用。"朱鲔等以为不可，更始狐疑，赐深劝之；更始乃以刘秀行大司马事，持节北渡河，镇慰州郡[④]。

大司马秀至河北，所过郡县，考察官吏，黜陟能否[⑤]，平遣囚徒，除王莽苛政，复汉官名。吏民喜悦，争持牛酒迎劳，秀皆不受。

注释

①司隶校尉：纠察卫戍京都和附近郡县的长官。

②三辅：长安附近的京兆、左冯翊、右扶风三郡，治所都在长安城内，故称"三辅"。

③冠帻（zé）：戴头巾。帻，古代的一种头巾。

④镇慰：压制安慰。

⑤黜陟（chùzhì）能否：按官吏的能力来决定进退升降。黜陟，指官吏的进退升降。

【原文】

南阳邓禹杖策追秀[1]，及于邺。秀曰："我得专封拜，生远来，宁欲仕乎？"禹曰："不愿也。"秀曰："即如是，何欲为？"禹曰："但愿明公威德加于四海[2]，禹得效其尺寸，垂功名于竹帛耳！"秀笑，因留宿间语[3]。禹进说曰："今山东未安，赤眉、青犊之属动以万数。更始既是常才而不自听断，诸将皆庸人屈起[4]，志在财币，争用威力。朝夕自快而已，非有忠良明智、深虑远图、欲尊主安民者也。历观往古圣人之兴，二科而已，天时与人事也。今以天时观之，更始既立而灾变方兴；以人事观之，帝王大业非凡夫所任，分崩离析，形势可见。明公虽建藩辅之功，犹恐无所成立也。况明公素有盛德大功，为天下所向服，军政齐肃，赏罚明信[5]。为今之计，莫如延揽英雄，务悦民心，立高祖之业，救万民之命。以公而虑，天下不足定也。"秀大悦，因令禹常宿止于中，与定计议。每任使诸将，多访于禹，皆当其才。

【注释】

①杖策：拄着拐杖。
②加：施加。
③间语：私下谈话。
④屈：通"崛"。
⑤明信：明白确实。

【原文】

秀自兄縯之死，每独居辄不御酒肉[1]，枕席有涕泣处，主簿冯异独叩头宽譬[2]，秀止之曰："卿勿妄言！"异因进说曰："更始政乱，百姓无所依戴。夫人久饥渴，易为充饱。今公专命方面[3]，宜分遣官属徇行郡县，宣布惠泽。"秀纳之。

骑都尉宋子耿纯谒秀于邯郸，退，见官属将兵法度不与他将同，遂自结纳。

故赵缪王子林说秀决列人河水以灌赤眉，秀不从；去之真定。林素任侠于赵、魏间。王莽时，长安中有自称成帝子子舆者，莽杀之。邯郸卜者王郎缘是诈称真子舆，云："母故成帝讴者[4]，尝见黄气从上下，遂任身；赵后欲害之，伪易他人子，以故得全。"林等信之，与赵国大豪李育、张参等谋共立郎。会民间传赤眉将渡河，林等因此宣言"赤眉当立刘子舆"，以观众心，百姓多信之。十二月，林等率车骑数百晨入邯郸城，止于王宫，立郎为天子；分遣将帅徇下幽、冀，移檄州郡[5]，赵国以北、辽东以西皆望风响应。

【注释】

①御：用，引申为"吃"。

②宽譬：宽慰劝解。

③方面：一方的军政事务。

④讴：唱歌。

⑤移檄：移，移送；传递。檄，布告文书。

原文

二年(24)

春，正月，大司马秀以王郎新盛，乃北徇蓟。

耿况遣其子弇奉奏诣长安，弇时年二十一。行至宋子，会王郎起，弇从吏孙仓、卫包曰："刘子舆，成帝正统；舍此不归，远行安之！"弇按剑曰："子舆弊贼[①]，卒为降虏耳！我至长安，与国家陈上谷、渔阳兵马，归发突骑[②]，以辚乌合之众[③]，如摧枯折腐耳。观公等不识去就，族灭不久也！"仓、包遂亡，降王郎。

弇闻大司马秀在卢奴，乃驰北上谒；秀留署长史，与俱北至蓟。王郎移檄购秀十万户[④]，秀令功曹令史颍川王霸至市中募人击王郎，市人皆大笑，举手邪揄之[⑤]，霸惭愧而反[⑥]。秀将南归，耿弇曰："今兵从南方来，不可南行。渔阳太守彭宠，公之邑人；上谷太守，即弇父也。发此两郡控弦万骑，邯郸不足虑也。"秀官属腹心皆不肯，曰："死尚南首，奈何北行入囊中！"秀指弇曰："是我北道主人也。"

注释

①弊贼：疲困之贼。

②突骑：冲锋陷阵的精锐骑兵。

③辚：车轮。这里作动词。

④购秀十万户：悬赏十万户捉拿刘秀。购，悬赏捉拿。

⑤邪揄：同"揶揄"。嘲笑，戏弄。

⑥惭愧（jù）：羞愧惶恐。

原文

进至下博城西，惶惑不知所之。有白衣老父在道旁[①]，指曰："努力！信都郡为长安城守[②]，去此八十里。"秀即驰赴之。是时郡国皆已降王郎，独信都太守南阳任光、和成太守信都邳肜不肯从[③]。光自以孤城独守，恐不能全，闻秀至，大喜，吏民皆称万岁。邳肜亦自和成来会，议者多言可因信都兵自送，西还长安。邳肜曰："吏民歌吟思汉久矣，故更始举尊号而天下响应，三辅清宫除道以迎之。今卜者王郎，假名因势[④]，驱集乌合之众，遂振燕、赵之地，无有根本之固。明公奋二郡之兵以讨之，何患不克！今释此而归，岂徒空失河北，必更惊动三辅，堕损威重，非计之得者也。若明公无复征伐之意，则虽信都之兵，犹难会也。何者？明公既西，则邯郸势成，民不肯捐父母、背成主而千里送公，其离散亡逃可必也！"秀乃止。

注释

①白衣老父：白衣，古代平民着白衣。老父，对老人的尊称。
②信都郡为长安城守：意思是说信都郡站在更始方面，不肯归附王郎。
③邳肜（pīróng）：信都人，字伟君。初为王莽和成郡卒正，不久举城归光武帝，拜太守，以功封灵寿侯。
④假名因势：假借名号势力。假，借助。因，依靠；凭借。

原文

秀以二郡兵弱，欲入城头子路、力子都军中，任光以为不可。乃发傍县，得精兵四千人，拜任光为左大将军，信都都尉李忠为右大将军，邳肜为后大将军、和成太守如故，信都令万修为偏将军，皆封列侯。留南阳宗广领信都太守事[①]；使任光、李忠、万修将兵以从，邳肜将兵居前。任光乃多作檄文曰："大司马刘公将城头子路、力子都兵百万众从东方来，击诸反虏！"遣骑驰至巨鹿界中。吏民得檄，传相告语。秀投暮入堂阳界[②]，多张骑火，弥满泽中，堂阳即降；又击贳县[③]，降之。城头子路者，东平爰曾也，寇掠河、济间，有众二十馀万，力子都有众六七万，故秀欲依之。昌城人刘植聚兵数千人据昌城，迎秀；秀以植为骁骑将军。耿纯率宗族宾客二千馀人，老病者皆载木自随[④]，迎秀于育；拜纯为前将军。进攻下曲阳，降之。众稍合，至数万人，复北击中山。耿纯恐宗家怀异心，乃使从弟䜣宿归，烧庐舍以绝其反顾之望。

秀进拔卢奴，所过发奔命兵[⑤]，移檄边郡共击邯郸；郡县还复响应。时真定王杨起兵附王郎，众十馀万，秀遣刘植说杨，杨乃降。秀因留真定，纳杨甥郭氏为夫人以结之[⑥]。进击元氏、防子，皆下之。至鄗，击斩王郎将李恽；至柏人，复破郎将李育。育还保城；攻之，不下。

注释

①领信都太守事：兼任信都太守。
②投暮：傍晚。
③贳（shì）县：治所在今山东曹县南。
④木：这里指棺材。
⑤奔命兵：汉时郡国有材官（步兵）、骑士（骑兵），如有急难，就选调其中骁勇者，听候命令，急速奔赴前方，故称"奔命兵"。
⑥纳：娶。

原文

南郑人延岑起兵据汉中，汉中王嘉击降之，有众数十万。校尉南阳贾复见更始政乱，乃说嘉曰："今天下未定，而大王安守所保，所保得无不可保乎[①]？"嘉曰：

"卿言大，非吾任也[②]。大司马在河北，必能相用。"乃为书荐复及长史南阳陈俊于刘秀。复等见秀于柏人，秀以复为破虏将军，俊为安集掾。

秀舍中儿犯法，军市令颍川祭遵格杀之，秀怒，命收遵。主簿陈副谏曰："明公常欲众军整齐，今遵奉法不避，是教令所行也。"乃贳之[③]，以为刺奸将军，谓诸将曰："当备祭遵！吾舍中儿犯法尚杀之，必不私诸卿也[④]。"

或说大司马秀以守柏人不如定巨鹿，秀乃引兵东北拔广阿。秀披舆地图[⑤]，指示邓禹曰："天下郡国如是，今始乃得其一。子前言以吾虑天下不足定，何也？"禹曰："方今海内殽乱[⑥]，人思明君，犹赤子之慕慈母。古之兴者在德薄厚，不以大小也。"

注释

①得无：莫非，岂不是。
②任：担当，承担。
③贳（shì）：赦免。
④私：偏爱；偏向。
⑤披舆地图：翻阅地图。披，翻阅。舆，地图，也称舆图、地图。
⑥海内殽乱：国内混乱。

原文

蓟中之乱，耿弇与刘秀相失，北走昌平，就其父况，因说况击邯郸。时王郎遣将徇渔阳、上谷，急发其兵。北州疑惑，多欲从之。上谷功曹寇恂、门下掾闵业说况曰："邯郸拔起，难可信向。大司马，刘伯升母弟，尊贤下士，可以归之。"况曰："邯郸方盛，力不能独拒，如何？"对曰："今上谷完实[①]，控弦万骑[②]，可以详择去就。恂请东约渔阳，齐心合众，邯郸不足图也！"况然之，遣恂东约彭宠，欲各发突骑二千匹、步兵千人诣大司马秀。

安乐令吴汉、护军盖延、狐奴令王梁亦劝宠从秀，宠以为然；而官属皆欲附王郎，宠不能夺[③]。汉出止外亭，遇一儒生，召而食之，问以所闻。生言："大司马刘公，所过为郡县所称，邯郸举尊号者，实非刘氏。"汉大喜，即诈为秀书，移檄渔阳，使生赍以诣宠，令具以所闻说之。会寇恂至，宠乃发步骑三千人，以吴汉行长史，与盖延、王梁将之，南攻蓟，杀王郎大将赵闳[④]。

注释

①完实：完好充实。
②控弦：拉弓。引申为持弓箭作战的骑兵。
③夺：做出决定。
④赵闳（hóng）：阆中（今属四川）人。

原文

寇恂还，遂与上谷长史景丹及耿弇将兵俱南，与渔阳军合，所过击斩王郎大将、九卿、校尉以下，凡斩首三万级，定涿郡、中山、巨鹿、清河、河间凡二十二县。前及广阿，闻城中车骑甚众，丹等勒兵问曰[①]："此何兵？"曰："大司马刘公也。"诸将喜，即进至城下。城下初传言二郡兵为邯郸来，众皆恐。刘秀自登西城楼勒兵问之；耿弇拜于城下，即召入，具言发兵状[②]。秀乃悉召景丹等入，笑曰："邯郸将帅数言我发渔阳、上谷兵，吾聊应言'我亦发之'，何意二郡良为吾来！方与士大夫共此功名耳。"乃以景丹、寇恂、耿弇、盖延、吴汉、王梁皆为偏将军，使还领其兵，加耿况、彭宠大将军；封况、宠、丹、延皆为列侯。吴汉为人，质厚少文[③]，造次不能以辞自达[④]，然沉厚有智略，邓禹数荐之于秀，秀渐亲重之。

注释

①勒：这里指约束的意思。

②具：陈述。

③质厚少文：朴实淳厚不善表面应酬。

④造次：这里指急促匆忙之时。

原文

耿纯言于秀曰："久守巨鹿，士众疲弊；不如及大兵精锐，进攻邯郸。若王郎已诛，巨鹿不战自服矣。"秀从之。夏，四月，留将军邓满守巨鹿。进军邯郸，连战，破之。郎乃使其谏大夫杜威请降，威雅称郎实成帝遗体[①]。秀曰："设使成帝复生，天下不可得，况诈子舆者乎！"威请求万户侯，秀曰："顾得全身可矣！"威怒而去。秀急攻之[②]，二十馀日。五月，甲辰，郎少傅李立开门内汉兵，遂拔邯郸。郎夜亡走，王霸追斩之。秀收郎文书，得吏民与郎交关谤毁者数千章。秀不省[③]，会诸将军烧之，曰："令反侧子自安[④]！"

秀部分吏卒各隶诸军，士皆言愿属大树将军。大树将军者，偏将军冯异也，为人谦退不伐[⑤]，敕吏士非交战受敌，常行诸营之后。每所止舍，诸将并坐论功，异常独屏树下，故军中号曰"大树将军"。

护军宛人朱祜从容言于秀曰："长安政乱，公有日角之相[⑥]，此天命也！"秀曰："召刺奸收护军！"祜乃不敢复言。

注释

①雅：平素；向来；常常。　遗体：旧谓身体为父母所生，因而称自己的身体为父母的"遗体"。

②急：很快而且猛烈。

③省：察看。

④反侧子：三心二意的人。

⑤谦退不伐：伐，夸；炫耀。谦退不伐，谦虚不炫耀。

⑥日角之相：相面术中的一种面相。即指额骨中央部分隆起，是帝王之相。

原文

更始遣使立秀为萧王，悉令罢兵，与诸将有功者诣行在所①。遣苗曾为幽州牧，韦顺为上谷太守，蔡充为渔阳太守，并北之部。

萧王居邯郸宫，昼卧温明殿，耿弇入，造床下请间②，因说曰："吏士死伤者多，请归上谷益兵。"萧王曰："王郎已破，河北略平，复用兵何为？"弇曰："王郎虽破，天下兵革乃始耳。今使者从西方来，欲罢兵，不可听也。铜马、赤眉之属数十辈，辈数十百万人，所向无前，圣公不能办也，败必不久。"萧王起坐曰："卿失言，我斩卿！"弇曰："大王哀厚弇如父子，故敢披赤心③。"萧王曰："我戏卿耳，何以言之？"弇曰："百姓患苦王莽，复思刘氏，闻汉兵起，莫不欢喜，如去虎口得归慈母。今更始为天子，而诸将擅命于山东，贵戚纵横于都内，虏掠自恣，元元叩心，更思莽朝，是以知其必败也。公功名已著，以义征伐，天下可传檄而定也。天下至重，公可自取，毋令他姓得之。"萧王乃辞以河北未平，不就征，始贰于更始④。

注释

①行在所：古代皇帝所在的地方。

②造：前往，到。

③披赤心：披露真心诚意，披露忠心。

④贰：离异，有二心。

原文

（秋）初，谢躬与萧王共灭王郎，数与萧王违戾①，常欲袭萧王，畏其兵强而止。虽俱在邯郸，遂分城而处，然萧王每有以慰安之。躬勤于吏职，萧王常称之曰："谢尚书，真吏也！"故不自疑。其妻知之，常戒之曰："君与刘公积不相能②，而信其虚谈③，终受制矣。"躬不纳。既而躬率其兵数万还屯于邺。及萧王南击青犊，使躬邀击尤来于隆虑山，躬兵大败。萧王因躬在外，使吴汉与刺奸大将军岑彭袭据邺城④。躬不知，轻骑还邺，汉等收斩之，其众悉降。

注释

①违戾：违背；违反。

②积不相能：长期不和。

③虚谈：虚假的话。

④袭：掩袭。谓军事上乘人不备而进攻。

【原文】

（冬）萧王将北徇燕、赵，度赤眉必破长安，又欲乘衅并关中[①]，而未知所寄，乃拜邓禹为前将军，中分麾下精兵二万人，遣西入关，令自选偏裨以下可与俱者[②]。时朱鲔、李轶、田立、陈侨将兵号三十万，与河南太守武勃共守洛阳；鲍永、田邑在并州。萧王以河内险要富实，欲择诸将守河内者而难其人，问于邓禹。邓禹曰："寇恂文武备足，有牧人御众之才，非此子莫可使也！"乃拜恂河内太守，行大将军事。萧王谓恂曰："昔高祖留萧何关中，吾今委公以河内。当给足军粮，率厉士马，防遏他兵，勿令北渡而已[③]！"拜冯异为孟津将军，统魏郡、河内兵于河上，以拒洛阳。萧王亲送邓禹至野王，禹既西，萧王乃复引兵而北。寇恂调糇粮、治器械以供军[④]；军虽远征，未尝乏绝。

【注释】

①衅（xìn）：事端。
②偏裨（pí）：偏将；副将。
③渡：通"度"。过，越过。
④糇（hóu）粮：干粮。

【原文】

（光武帝）建武元年(25)

（夏，四月）萧王北击尤来、大枪、五幡于元氏，追至北平，连破之；又战于顺水北，乘胜轻进，反为所败。王自投高岸[①]，遇突骑王丰下马授王，王仅而得免。散兵归保范阳。军中不见王，或云已殁[②]，诸将不知所为，吴汉曰："卿曹努力！王兄子在南阳，何忧无主！"众恐惧，数日乃定。贼虽战胜，而惮王威名，夜，遂引去。大军复追至安次，连战，破之。贼退入渔阳，所过虏掠。强弩将军陈俊言于王曰："贼无辎重[③]，宜令轻骑出贼前，使百姓各自坚壁以绝其食，可不战而殄也[④]。"王然之，遣俊将轻骑驰出贼前，视人保壁坚完者，敕令固守；放散在野者，因掠取之。贼至，无所得，遂散败。王谓俊曰："困此虏者，将军策也。"

冯异遗李轶书，为陈祸福，劝令归附萧王；轶知长安已危，而以伯升之死，心不自安，乃报书曰："轶本与萧王首谋造汉，今轶守洛阳，将军镇孟津，俱据机轴[⑤]，千载一会，思成断金。唯深达萧王，愿进愚策以佐国安民。"轶自通书之后，不复与异争锋，故异得北攻天井关，拔上党两城，又南下河南成皋以东十三县，降者十馀万。武勃将万馀人攻诸畔者，异与战于士乡下，大破，斩勃；轶闭门不救。异见其信效，具以白王。王报异曰："季文多诈[⑥]，人不能得其要领。今移其书告守、尉当警备者。"众皆怪王宣露轶书；朱鲔闻之，使人刺杀轶，由是城中乖离[⑦]，多有降者。

注释

①自投高岸：从高坡上跳下来。

②殁：终；死。

③辎重：军队出战时携带的军用器械、粮草、营帐、服装等物资的统称。

④殄：灭绝。

⑤机轴：重要之地。机，事物的关键。轴，指中心，枢纽。

⑥季文：李轶字季文。

⑦乖离：背离。

【原文】

异、恂移檄上状，诸将入贺，因上尊号。将军南阳马武先进曰："大王虽执谦退[1]，奈宗庙社稷何！宜先即尊位，乃议征伐。今此谁贼而驰骛击之乎[2]？"王惊曰："何将军出此言！可斩也！"乃引军还蓟。复遣吴汉率耿弇、景丹等十三将军追尤来等，斩首万三千馀级，遂穷追至浚靡而还。贼散入辽西、辽东，为乌桓、貊人所钞击略尽[3]。

注释

①执：保持。

②今此谁贼而驰骛击之乎：意思是称帝之后，那些不服从命令的人就是贼；如今不即帝位，就分不出谁是贼，你跑去打谁呢？驰骛，纵横奔驰。

③貊（mò）：古代称居住在东北地区的少数民族。　钞：通"抄"。强取，掠夺。

【原文】

都护将军贾复与五校战于真定，复伤创甚。王大惊曰："我所以不令贾复别将者，为其轻敌也。果然，失吾名将！闻其妇有孕，生女邪，我子娶之；生男邪，我女嫁之；不令其忧妻子也。"复病寻愈，追及王于蓟，相见甚欢。

还至中山，诸将复上尊号；王又不听。行到南平棘，诸将复固请之；王不许。诸将且出，耿纯进曰："天下士大夫，捐亲戚，弃土壤[1]，从大王于矢石之间者[2]，其计固望攀龙鳞，附凤翼，以成其所志耳。今大王留时逆众，不正号位，纯恐士大夫望绝计穷，则有去归之思，无为久自苦也。大众一散，难可复合。"纯言甚诚切，王深感曰："吾将思之。"

行至鄗[3]，召冯异，问四方动静。异曰："更始必败，宗庙之忧在于大王[4]，宜从众议！"会儒生强华自关中奉《赤伏符》来诣王曰："刘秀发兵捕不道，四夷云集龙斗野，四七之际火为主。"群臣因复奏请。六月，己未，王即皇帝位于鄗南；改元，大赦。

注释

①弃土壤：背井离乡。土壤，指乡土。
②矢石：箭与礌（lèi）石，古时守城的武器。
③鄗（hào）：汉县名，治所在今河北柏乡。
④宗庙：王室的代称。

原文

先是，赤眉过式，掠故式侯萌之子恭、茂、盆子三人自随。恭少习《尚书》，随樊崇等降更始于洛阳，复封式侯，为侍中，在长安。茂与盆子留军中，属右校卒史刘侠卿，主牧牛。及崇等欲立帝，求军中景王后，得七十馀人，唯茂、盆子及前西安侯孝最为近属。崇等曰："闻古者天子将兵称上将军。"乃书札为符曰"上将军"。又以两空札置笥中[①]，于郑北设坛场，祠城阳景王，诸三老、从事皆大会。列盆子等三人居中立，以年次探札，盆子最幼，后探，得符；诸将皆称臣，拜。盆子时年十五，被发徒跣[②]，敝衣赭汗[③]，见众拜，恐畏欲啼。茂谓曰："善臧符！"盆子即啮折[④]，弃之。以徐宣为丞相，樊崇为御史大夫，逄安为左大司马，谢禄为右大司马，其馀皆列卿、将军。盆子虽立，犹朝夕拜刘侠卿，时欲出从牧儿戏；侠卿怒止之，崇等亦不复候视也[⑤]。

注释

①笥（sì）：盛饭食或衣物的竹器。
②被发徒跣（xiǎn）：披散着头发，光着脚。跣，光着脚。
③敝衣赭（zhě）汗：破旧肮脏的衣服。
④啮折：咬弯。
⑤候视：问候；探望。

原文

秋，七月，辛未，帝使使持节拜邓禹为大司徒，封酂侯，食邑万户；禹时年二十四。又议选大司空，帝以《赤伏符》曰"王梁主卫作玄武"，丁丑，以野王令王梁为大司空。又欲以谶文用平狄将军孙咸行大司马[①]，众咸不悦。壬午，以吴汉为大司马。

初，更始以琅邪伏湛为平原太守。时天下兵起，湛独晏然[②]，抚循百姓[③]。门下督谋为湛起兵，湛收斩之。于是吏民信向，平原一境赖湛以全。帝征湛为尚书，使典定旧制[④]。又以邓禹西征，拜湛为司直，行大司徒事；车驾每出征伐，常留镇守。

辛未，诏封更始为淮阳王；吏民敢有贼害者[⑤]，罪同大逆[⑥]；其送诣吏者封列侯。

注释

①谶（chèn）：预言，预兆。
②晏然：平静、安逸的样子。
③抚循：抚慰。
④典：主管，执掌。
⑤贼害：作强盗杀人。
⑥大逆：古代刑律中“十恶”罪行之一，即毁坏皇家宗庙、祖墓及宫殿的行为。

原文

诸将围洛阳数月，朱鲔坚守不下。帝以廷尉岑彭尝为鲔校尉，令往说之。鲔在城上，彭在城下，为陈成败[①]。鲔曰：“大司徒被害时，鲔与共谋，又谏更始无遣萧王北伐，诚自知罪深，不敢降！”彭还，具言于帝。帝曰：“举大事者不忌小怨。鲔今若降，官爵可保，况诛罚乎！河水在此，吾不食言！”彭复往告鲔，鲔从城上下索曰：“必信，可乘此上。”彭趣索欲上，鲔见其诚，即许降。辛卯，朱鲔面缚[②]，与岑彭俱诣河阳。帝解其缚，召见之，复令彭夜送鲔归城。明旦，与苏茂等悉其众出降。拜鲔为平狄将军，封扶沟侯；后为少府，传封累世[③]。

帝使侍御史河内杜诗安集洛阳。将军萧广纵兵士暴横，诗敕晓不改，遂格杀广。还，以状闻。上召见，赐以棨戟[④]，遂擢任之。

冬，十月，癸丑，车驾入洛阳，幸南宫，遂定都焉。

注释

①陈：陈述。
②面缚：当面捆绑。
③累世：历代。
④棨（qǐ）戟：有黑色帛衣或油漆的木戟。是古代官吏出行所用仪仗之一。

原文

二年(26)

(春，正月)庚辰，悉封诸功臣为列侯；梁侯邓禹、广平侯吴汉皆食四县[①]。博士丁恭议曰[②]：“古者封诸侯不过百里，强干弱枝，所以为治也。今封四县，不合法制。”帝曰：“古之亡国皆以无道，未尝闻功臣地多而灭亡者也。”阴乡侯阴识，贵人之兄也，以军功当增封，识叩头让曰：“天下初定，将帅有功者众，臣托属掖廷[③]，仍加爵邑，不可以示天下；此为亲戚受赏，国人计功也。”帝从之。帝令诸将各言所乐，皆占美县；河南太守颍川丁綝独求封本乡。或问其故，綝曰：“綝能薄功微，得乡亭厚矣！”帝从其志，封新安乡侯。帝使郎中魏郡冯勤典诸侯封事，勤差量功次轻重[④]，国土远近，地势丰薄，不相逾越，莫不厌服焉[5]。帝以为能，尚书众事皆令总录之。故事：尚书郎以令史久次补之，帝始用孝廉为尚书郎。

注释

①食：俸禄。
②博士：中国古代学官名。源于战国。
③掖廷：皇宫中的旁舍，宫嫔所居的地方。
④差量：衡量、度量。
⑤厌服：满足和信服。

【原文】

起高庙于洛阳[1]，四时合祀高祖、太宗、世宗；建社稷于宗庙之右；立郊兆于城南[2]。

注释

①起：兴建。　高庙：宗庙。
②郊兆：祭祀天地之所。

◎党锢之祸

题解

东汉末年，统治阶层中外戚、宦官和士人集团的矛盾激化。宦官集团左右朝政，在汉桓帝延熹九年(166)逮捕了以李膺为首的士人，下令禁锢终身，不许做官。到汉灵帝建宁二年(169)，又捕杀李膺、杜密等所谓“党人”，史称“党锢之祸”。本文节选自《资治通鉴》卷五十五、卷五十六，标题为编者所加。

原文

(汉桓帝)延熹七年(164)

春，二月，丙戌，邟乡忠侯黄琼薨[①]。将葬，四方远近名士会者六七千人。

初，琼之教授于家。徐稺从之咨访大义，及琼贵，稺绝不复交。至是，稺往吊之，进酹[②]，哀哭而去，人莫知者。诸名士推问丧宰，宰曰：“先时有一书生来，衣粗薄而哭之哀，不记姓字[③]。”众曰：“必徐孺子也。”于是选能言者陈留茅容轻骑追之，及于涂[④]。容为沽酒市肉，稺为饮食。容问国家之事，稺不答。更问稼穑之事，稺乃答之。容还，以语诸人，或曰：“孔子云：‘可与言而不与言，失人。’然则孺子其失人乎？”太原郭泰曰：“不然。孺子之为人，清洁高廉，饥不可得食，寒不可得衣，而为季伟饮酒食肉[⑤]，此为已知季伟之贤故也。所以不答国事者，是其智可及，其愚不可及也。”

泰博学，善谈论。初游雒阳，时人莫识，陈留符融一见嗟异，因以介于河南尹李膺[⑥]。膺与相见，曰：“吾见士多矣，未有如郭林宗者也[⑦]。其聪识通朗，高雅密博，今之华夏，鲜见其俦[⑧]。”遂与为友，于是名震京师。后归乡里，衣冠诸儒送至河上[⑨]，车数千两，膺唯与泰同舟而济，众宾望之，以为神仙焉。

注释

①邟（káng）乡：古地名。在今河南临汝东。东汉时，黄琼、袁绍曾封为邟乡侯。

②进酹（lèi）：祭奠时以酒浇地。

③不记姓字：不肯留下姓名。

④涂：同“途”。

⑤季伟：茅容字季伟。

⑥介：介绍。

⑦郭林宗：郭泰字林宗。

⑧俦（chóu）：伴侣，同辈。

⑨衣冠：古代士以上戴冠，衣冠是士以上的服装。后引申指世族、士绅。

【原文】

泰性明知人，好奖训士类，周游郡国。茅容，年四十馀，耕于野，与等辈避雨树下，众皆夷踞相对①，容独危坐愈恭②；泰见而异之，因请寓宿。旦日，容杀鸡为馔，泰谓为己设；容分半食母，馀半庋置③，自以草蔬与客同饭。泰曰："卿贤哉远矣④！郭林宗犹减三牲之具以供宾旅⑤，而卿如此，乃我友也。"起，对之揖，劝令从学，卒为盛德。巨鹿孟敏，客居太原，荷甑堕地⑥，不顾而去。泰见而问其意，对曰："甑已破矣，视之何益！"泰以为有分决⑦，与之言，知其德性，因劝令游学，遂知名当世。陈留申屠蟠，家贫，佣为漆工；鄢陵庾乘，少给事县廷为门士⑧；泰见而奇之，其后皆为名士。自馀或出于屠沽、卒伍，因泰奖进成名者甚众。

【注释】

①夷踞：蹲在地上。
②危坐：端正地坐着。
③庋（guǐ）置：置放；收藏。
④卿贤哉远矣：你真是个了不起的贤人啊。
⑤三牲：古代指用于祭祀的牛、羊、猪。后世以鸡、鱼、猪为"三牲"。
⑥甑（zèng）：古代蒸饭的一种瓦器。
⑦有分决：爽快、果断。
⑧县廷：汉代称郡县政府为县廷、府廷。

【原文】

陈国童子魏昭请于泰曰："经师易遇①，人师难遭②，愿在左右，供给洒扫。"泰许之。泰尝不佳③，命昭作粥，粥成，进泰，泰呵之曰④："为长者作粥，不加意敬，使不可食！"以杯掷地。昭更为粥重进，泰复呵之。如此者三，昭姿容无变。泰乃曰："吾始见子之面，而今而后，知卿心耳！"遂友而善之。

陈留左原，为郡学生，犯法见斥，泰遇诸路，为设酒肴以慰之。谓曰："昔颜涿聚，梁甫之巨盗，段干木，晋国之大驵⑤，卒为齐之忠臣，魏之名贤；蘧瑗、颜回尚不能无过，况其馀乎！慎勿恚恨，责躬而已！"原纳其言而去。或有讥泰不绝恶人者，泰曰："人而不仁，疾之已甚，乱也⑥。"原后忽更怀忿结客，欲报诸生。其日，泰在学，原愧负前言，因遂罢去。后事露，众人咸谢服焉。

【注释】

①经师：指学问可以为人师表者。
②人师：指品行道德可以为人师表者。
③不佳：不舒服。

④呵：斥责。

⑤驵（zǎng）：壮马。引申为马匹交易的经纪人，泛指经纪人。

⑥“人而不仁”句：语出《论语·泰伯》，意思是不仁的人，如果过分加以仇恨，就要造成祸乱。

【原文】

或问范滂曰："郭林宗何如人？"滂曰："隐不违亲，贞不绝俗[①]，天子不得臣，诸侯不得友，吾不知其他。"

泰尝举有道[②]，不就，同郡宋冲素服其德，以为自汉元以来，未见其匹，尝劝之仕。泰曰："吾夜观乾象，昼察人事，天之所废，不可支也，吾将优游卒岁而已。"然犹周旋京师，诲诱不息。徐稚以书戒之曰："大木将颠，非一绳所维，何为栖栖不遑宁处[③]！"泰感寤曰："谨拜斯言，以为师表。"

济阴黄允，以儁才知名，泰见而谓曰："卿高才绝人，足成伟器，年过四十，声名著矣。然至于此际，当深自匡持[④]，不然，将失之矣！"后司徒袁隗欲为从女求姻，见允，叹曰："得婿如是，足矣。"允闻而黜遣其妻。妻请大会宗亲为别，因于众中攘袂数允隐慝十五事而去[⑤]，允以此废于时。

【注释】

①隐不违亲，贞不绝俗：虽然隐居却并不抛弃父母，虽然性情高尚却并不摒绝世事。

②有道：汉代选举科目之　。

③大木将颠，非一绳所维，何为栖栖不遑宁处：意为大局将坏，一个人的力量是维持不住的，何必东奔西走，不暇安居呢？

④匡持：自己检点约束行为。

⑤攘袂：挽起袖子。　隐慝（tè）十五事：十五件邪恶的隐私。

【原文】

初，允与汉中晋文经并恃其才智，曜名远近，征辟不就[①]。托言疗病京师，不通宾客，公卿大夫遣门生旦暮问疾，郎吏杂坐其门[②]，犹不得见；三公所辟召者[③]，辄以询访之，随所臧否，以为与夺[④]。符融谓李膺曰："二子行业无闻，以豪桀自置[⑤]，遂使公卿问疾，王臣坐门，融恐其小道破义，空誉违实，特宜察焉。"膺然之。二人自是名论渐衰，宾徒稍省，旬日之间，惭叹逃去，后并以罪废弃。

【注释】

①征辟：征召；荐举。旧指朝廷或三公以下召举布衣之士授以官职。

②郎吏：泛指中央政府的官属。

③三公：东汉时以太尉、司徒、司空合称三公。为辅助皇帝掌握政权的最高官员。

④随所臧否（zāngpǐ），以为与夺：意为依照他们的品评，来决定是否任用征召者。随，依据，按照。与夺，赐予和剥夺。臧否，品评，褒贬。

⑤以豪桀自置：自命为豪杰。桀，同“杰”。

【原文】

陈留仇香，至行纯嘿[①]，乡党无知者。年四十，为蒲亭长。民有陈元，独与母居，母诣香告元不孝。香惊曰：“吾近日过元舍，庐落整顿，耕耘以时，此非恶人，当是教化未至耳。母守寡养孤，苦身投老[②]，奈何以一旦之忿，弃历年之勤乎！且母养人遗孤，不能成济，若死者有知，百岁之后，当何以见亡者！”母涕泣而起。香乃亲到元家，为陈人伦孝行，譬以祸福之言，元感悟，卒为孝子。考城令河内王奂署香主簿[③]，谓之曰：“闻在蒲亭，陈元不罚而化之，得无少鹰鹯之志邪[④]？”香曰：“以为鹰鹯不若鸾凤，故不为也。”奂曰：“枳棘之林非鸾凤所集，百里非大贤之路。”乃以一月奉资香[⑤]，使入太学。郭泰、符融赍刺谒之[⑥]，因留宿。明旦，泰起，下床拜之曰：“君，泰之师，非泰之友也。”香学毕归乡里，虽在宴居，必正衣服，妻子事之若严君；妻子有过，免冠自责，妻子庭谢思过，香冠，妻子乃敢升堂，终不见其喜怒声色之异。不应征辟，卒于家。

【注释】

①至行纯嘿：品行非常好。至，最好的。行，品行。纯，善，美好。

②苦身投老：辛苦了一辈子。

③署：委派。　主簿：官名。汉代中央及郡县官署多置之。其职责为主管文书，办理事务。

④鹰鹯（zhān）：喻勇猛。

⑤奉：通“俸”。

⑥赍刺：携带名帖。刺，名帖。

【原文】

八年(165)

（三月）宛陵大姓羊元群罢北海郡，臧污狼籍；郡舍溷轩有奇巧[①]，亦载之以归。河南尹李膺表按其罪；元群行赂宦官，膺竟反坐。单超弟迁为山阳太守，以罪系狱，廷尉冯绲考致其死[②]；中官相党，共飞章诬绲以罪[③]。中常侍苏康、管霸，固天下良田美业[④]，州郡不敢诘，大司农刘祐移书所在，依科品没入之[⑤]；帝大怒，与膺、绲俱输作左校[⑥]。

【注释】

①溷（hùn）轩：厕所。

②考致其死：拷打致其死亡。

③飞章：纷纷上奏。

④固：把持，垄断。

⑤依科品：根据法律条文。

⑥左校：东汉官署名。凡大臣犯法，常遣送到左校劳作。

【原文】

（十一月）陈蕃数言李膺、冯绲、刘祐之枉，请加原宥，升之爵任，言及反覆，诚辞恳切，以至流涕；帝不听。应奉上疏曰："夫忠贤武将，国之心膂①。窃见左校弛刑徒冯绲、刘祐、李膺等②，诛举邪臣，肆之以法；陛下既不听察，而猥受谮诉，遂令忠臣同愆元恶③，自春迄冬，不蒙降恕，遐迩观听，为之叹息。夫立政之要，记功忘失④；是以武帝舍安国于徒中，宣帝征张敞于亡命。绲前讨蛮荆，均吉甫之功；祐数临督司，有不吐茹之节⑤；膺著威幽、并，遗爱度辽。今三垂蠢动⑥，王旅未振，乞原膺等，以备不虞。"书奏，乃悉免其刑。久之，李膺复拜司隶校尉。时小黄门张让弟朔为野王令，贪残无道，畏膺威严，逃还京师，匿于兄家合柱中。膺知其状，率吏卒破柱取朔，付雒阳狱，受辞毕⑦，即杀之。让诉冤于帝，帝召膺，诘以不先请便加诛之意。对曰："昔仲尼为鲁司寇，七日而诛少正卯。今臣到官已积一旬，私惧以稽留为愆，不意获速疾之罪。诚自知衅责，死不旋踵，特乞留五日，克殄元恶，退就鼎镬⑧，始生之愿也。"帝无复言，顾谓让曰："此汝弟之罪，司隶何愆！"乃遣出。自此诸黄门、常侍皆鞠躬屏气，休沐不敢出宫省⑨。帝怪问其故，并叩头泣曰："畏李校尉。"时朝廷日乱，纲纪颓弛，而膺独持风裁，以声名自高，士有被其容接者，名为登龙门云。

【注释】

①膂（lǚ）：脊骨。

②弛刑徒：解除枷锁的刑徒。

③忠臣同愆元恶：忠臣和最坏的人同样治罪。愆，罪过。

④记功忘失：记人之功忘人之过。

⑤吐茹之节：出自《诗经·大雅·烝民》："柔亦不茹，刚亦不吐。"意思是软弱的不欺压，强横的不畏惧。

⑥三垂：这里指北、东北、西北三个方面的边境。垂，同"陲"，边境。

⑦受辞：接受供词。

⑧鼎镬：古代烹饪的器具，也用作把人煮死的酷刑刑具。

⑨宫省：宫禁。

【原文】

九年（166）

（七月）初，帝为蠡吾侯，受学于甘陵周福，及即位，擢福为尚书。时同郡河南尹房植有名当朝，乡人为之谣曰："天下规矩，房伯武；因师获印，周仲进。"二家宾客[1]，互相讥揣，遂各树朋徒，渐成尤隙[2]。由是甘陵有南北部，党人之议自此始矣。

汝南太守宗资以范滂为功曹[3]，南阳太守成瑨以岑晊为功曹，皆委心听任，使之褒善纠违，肃清朝府。滂尤刚劲[4]，疾恶如仇。滂甥李颂，素无行，中常侍唐衡以属资，资用为吏；滂寝而不召。资迁怒，捶书佐朱零[5]，零仰曰："范滂清裁，今日宁受笞而死，滂不可违。"资乃止。郡中中人以下，莫不怨之。于是二郡为谣曰："汝南太守范孟博，南阳宗资主画诺；南阳太守岑公孝，弘农成瑨但坐啸。"

太学诸生三万馀人，郭泰及颍川贾彪为其冠，与李膺、陈蕃、王畅更相褒重。学中语曰："天下模楷，李元礼；不畏强御，陈仲举；天下俊秀，王叔茂。"于是中外承风，竞以臧否相尚[6]，自公卿以下，莫不畏其贬议，屣履到门[7]。

注释

①宾客：东汉以后世家豪族对依附人口的一种称谓。

②尤：怨恨。

③功曹：相当于郡守的总务长，除掌人事外，还参与一郡的政务。

④刚劲：坚强有力。

⑤书佐：两汉郡县各曹都有书佐，负责起草和缮写文书。

⑥臧否：褒贬；评议。

⑦屣履：鞋跟没提上，这里比喻趋附唯恐不及。

原文

宛有富贾张汎者，与后宫有亲，又善雕镂玩好之物，颇以赂遗中官，以此得显位，用势纵横。岑晊与贼曹史张牧劝成瑨收捕汎等[1]；既而遇赦，瑨竟诛之，并收其宗族宾客，杀二百馀人，后乃奏闻。小黄门晋阳赵津，贪暴放恣，为一县巨患[2]。太原太守平原刘瓆使郡吏王允讨捕，亦于赦后杀之。于是中常侍侯览使张汎妻上书讼冤，宦者因缘谮诉瑨、瓆。帝大怒，征瑨、瓆，皆下狱。有司承旨，奏瑨、瓆罪当弃市[3]。

符节令汝南蔡衍、议郎刘瑜表救成瑨、刘瓆[4]，言甚切厉，亦坐免官。瑨、瓆竟死狱中。瑨、瓆素刚直，有经术，知名当时，故天下惜之。岑晊、张牧逃窜获免。

注释

①贼曹史：官名，主要掌管缉捕贼盗的事。

②患：祸害。

③弃市：古代在闹市执行死刑，并将尸体暴露街头，称为弃市。

④符节令：掌管符节的官。　议郎：议论朝政的官。

【原文】

河南张成，善风角[①]，推占当赦，教子杀人。司隶李膺督促收捕，既而逢宥获免；膺愈怀愤疾，竟按杀之。成素以方伎交通宦官，帝亦颇讯其占；宦官教成弟子牢修上书，告“膺等养太学游士，交结诸郡生徒，更相驱驰，共为部党，诽讪朝廷，疑乱风俗”。于是天子震怒，班下郡国，逮捕党人，布告天下，使同忿疾。案经三府，太尉陈蕃却之曰：“今所按者，皆海内人誉，忧国忠公之臣，此等犹将十世宥也[②]，岂有罪名不章而致收掠者乎！”不肯平署[③]。帝愈怒，遂下膺等于黄门北寺狱，其辞所连及，太仆颍川杜密、御史中丞陈翔及陈寔、范滂之徒二百馀人[④]。或逃遁不获，皆悬金购募，使者四出相望。陈寔曰：“吾不就狱，众无所恃。”乃自往请囚。范滂至狱，狱吏谓曰：“凡坐系者，皆祭皋陶。”滂曰：“皋陶，古之直臣，知滂无罪，将理之于帝；如其有罪，祭之何益！”众人由此亦止。陈蕃复上书极谏，帝讳其言切，托以蕃辟召非其人，策免之[⑤]。

时党人狱所染逮者[⑥]，皆天下名贤，度辽将军皇甫规，自以西州豪桀，耻不得与，乃自上言：“臣前荐故大司农张奂[⑦]，是附党也。又，臣昔论输左校时，太学生张凤等上书讼臣，是为党人所附也，臣宜坐之。”朝廷知而不问。

【注释】

①风角：利用四方四隅的风占卜吉凶的术数。
②犹将十世宥也：即使到了十代以后，有罪还该赦免。
③平署：联名签署。
④太仆：管车马和马政的官，九卿之一。
⑤策：通“册”。这里指对陈蕃的免官，记其语于简册。
⑥染逮：牵连逮捕。
⑦大司农：掌管财政的官，九卿之一。

【原文】

（汉桓帝）永康元年（167）

（五月）陈蕃既免，朝臣震栗[①]，莫敢复为党人言者。贾彪曰：“吾不西行，大祸不解。”乃入雒阳，说城门校尉窦武、尚书魏郡霍谞等[②]，使讼之。武上疏曰：“陛下即位以来，未闻善政，常侍、黄门，竞行谲诈，妄爵非人。伏寻西京[③]，佞臣执政，终丧天下。今不虑前事之失，复循覆车之轨。臣恐二世之难[④]，必将复及，赵高之变[⑤]，不朝则夕。近者奸臣牢修造设党议，遂收前司隶校尉李膺等逮考，连及数百人，旷年拘录，事无效验。臣惟膺等建忠抗节，志经王室，此诚陛下稷、卨、伊、吕之佐[⑥]；而虚为奸臣贼子之所诬枉，天下寒心，海内失望。惟陛下留神澄省，时见理出，以厌人鬼喁喁之心[7]。今台阁近臣，尚书朱寓、荀绲、刘祐、魏朗、刘矩、尹勋等，皆国之贞士，朝之良佐；尚书郎张陵、妫皓、苑康、杨乔、边韶、戴恢等，文质彬彬，明达国典，内外之职，群才并列。而陛下委任近习，专树饕餮[8]，外典州郡，内干心膂，宜以次贬黜，案罪纠罚；信任忠良，平决臧否，使邪正毁誉，各得其所，宝爱天官，唯善是授，如此，咎征可消，天应可待。间者有嘉禾、芝草、黄龙之见。夫瑞生必于嘉士，福至实由善人，在德为瑞，无德为灾。陛下所行不合天意，不宜称庆。"书奏，因以病上还城门校尉、槐里侯印绶。霍谞亦为表请。帝意稍解，使中常侍王甫就狱讯党人范滂等，皆三木囊头[9]，暴于阶下[10]，甫以次辩诘曰："卿等更相拔举，迭为唇齿，其意如何？"滂曰："仲尼之言：'见善如不及，见恶如探汤。'滂欲使善善同其清，恶恶同其污，谓王政之所愿闻，不悟更以为党。古之修善，自求多福。今之修善，身陷大戮。身死之日，愿埋滂于首阳山侧，上不负皇天，下不愧夷、齐。"甫愍然为之改容，乃得并解桎梏[11]。李膺等又多引宦官子弟，宦官惧，请帝以天时宜赦。六月，庚申，赦天下，改元；党人二百馀人皆归田里，书名三府，禁锢终身。

注释

①震栗：发抖，哆嗦。

②城门校尉：掌首都城门守卫的官。

③西京：指西汉时代，因当时都城在西京长安。

④二世之难：指秦传二世而亡。

⑤赵高：秦宦官。始皇死，与李斯伪造遗诏，逼始皇长子扶苏自杀，立胡亥为二世皇帝。

⑥稷：后稷，舜时名臣。 卨（xiè）：商代始祖。 伊：伊尹，汤时名臣。 吕：吕尚，姜太公，周文王、周武王时名臣。

⑦喁喁（yóngyóng）：比喻众人景仰归向。

⑧饕餮（tāotiè）：本为恶兽之名，贪吃。借指凶恶的人或贪婪的人。

⑨三木囊头：指头、手、足皆戴以木械，并以物蒙盖其头。

⑩暴：通"曝"。晾，展示。

⑪ 桎梏（zhìgù）：刑具。用在手上的叫桎，用在脚上的叫梏。

【原文】

范滂往候霍谞而不谢。或让之，滂曰："昔叔向不见祁奚，吾何谢焉！"滂南归汝南，南阳士大夫迎之者，车数千两[1]，乡人殷陶、黄穆侍卫于旁，应对宾客。滂谓陶等曰："今子相随，是重吾祸也！"遂遁还乡里。

初，诏书下举钩党，郡国所奏相连及者，多至百数，唯平原相史弼独无所上。诏书前后迫切州郡，髡笞掾史[2]，从事坐传舍责曰[3]："诏书疾恶党人，旨意恳恻[4]。青州六郡，其五有党，平原何治而得独无？"弼曰："先王疆理天下[5]，画界分境，水土异齐，风俗不同。他郡自有，平原自无，胡可相比[6]！若承望上司[7]，诬陷良善，淫刑滥罚，以逞非理[8]，则平原之人，户可为党。相有死而已，所不能也！”从事大怒，即收郡僚职送狱，遂举奏弼。会党禁中解，弼以俸赎罪。所脱者甚众。

窦武所荐：朱寓，沛人；苑康，勃海人；杨乔，会稽人；边韶，陈留人。乔容仪伟丽，数上言政事，帝爱其才貌，欲妻以公主，乔固辞，不听，遂闭口不食，七日而死。

冬，十月，先零羌寇三辅，张奂遣司马尹端、董卓拒击，大破之，斩其酋豪[9]，首虏万馀人，三州清定。奂论功当封，以不事宦官故不果封，唯赐钱二十万，除家一人为郎。奂辞不受，请徙属弘农。

注释

①两：通“辆”。

②髡（kūn）笞掾史：对各级属吏用刑。髡，古代一种剃去头发的刑罚。笞，用竹板或荆条打人脊背或臂腿的刑罚。掾史，各级属吏。

③从事：官名。汉及汉以后三公及州郡长官皆自辟僚属，多以从事为称。到宋代废止。

④恳恻：由衷地感到悲痛。恳，忠诚、诚恳。恻，忧伤、悲痛。

⑤疆理：划分界限治理。

⑥胡：何。

⑦承望：指顺承观望脸色。

⑧逞：放任。

⑨酋豪：豪强首领。

原文

（汉灵帝）建宁元年（168）

（六月）癸巳，录定策功，封窦武为闻喜侯，武子机为渭阳侯，兄子绍为鄠侯[1]，靖为西乡侯，中常侍曹节为长安乡侯，侯者凡十一人。

涿郡卢植上书说武曰：“足下之于汉朝，犹旦、奭之在周室[2]，建立圣主，四海有系，论者以为吾子之功，于斯为重。今同宗相后，披图案牒[3]，以次建之，何勋之有！岂可横叨天功以为己力乎[4]！宜辞大赏，以全身名。”武不能用。植身长八尺二寸，音声如钟，性刚毅，有大节。少事马融，融性豪侈，多列女倡歌舞于前，植侍讲积年，未尝转盼[5]，融以是敬之。

注释

①鄠（hù）：地名，在陕西。今作鄠邑区。

②旦、奭（shì）：周公旦和召公奭。曾佐周武王灭商。

③披图案牒：查看图牒。

④横叨（tāo）天功：意外地贪得大功。叨，贪。

⑤转盼：转过身看。

【原文】

太后以陈蕃旧德，特封高阳乡侯。蕃上疏让曰："臣闻割地之封，功德是为。臣虽无素洁之行，窃慕君子'不以其道得之，不居也'。若受爵不让，掩面就之，使皇天震怒，灾流下民，于臣之身，亦何所寄！"太后不许。蕃固让，章前后十上，竟不受封。

（八月）初，窦太后之立也，陈蕃有力焉。及临朝，政无大小，皆委于蕃。蕃与窦武同心戮力，以奖王室，征天下名贤李膺、杜密、尹勋、刘瑜等，皆列于朝廷，与共参政事。于是天下之士，莫不延颈想望太平。而帝乳母赵娆及诸女尚书，旦夕在太后侧，中常侍曹节、王甫等共相朋结，谄事太后。太后信之，数出诏命，有所封拜。蕃、武疾之，尝共会朝堂，蕃私谓武曰："曹节、王甫等，自先帝时操弄国权，浊乱海内，今不诛之，后必难图。"武深然之。蕃大喜，以手椎席而起[①]。武于是引同志尚书令尹勋等共定计策。

会有日食之变，蕃谓武曰："昔萧望之困一石显，况今石显数十辈乎！蕃以八十之年，欲为将军除害，今可因日食斥罢宦官，以塞天变。"武乃白太后曰："故事，黄门、常侍但当给事省内门户[②]，主近署财物耳[③]；今乃使与政事，任重权，子弟布列，专为贪暴。天下匈匈[④]，正以此故，宜悉诛废以清朝廷。"太后曰："汉元以来故事，世有宦官，但当诛其有罪者，岂可尽废邪！"时中常侍管霸，颇有才略，专制省内，武先白收霸及中常侍苏康等，皆坐死。武复数白诛曹节等，太后冘豫未忍[⑤]，故事久不发。蕃上疏曰："今京师嚣嚣[⑥]，道路喧哗，言侯览、曹节、公乘昕、王甫、郑飒等，与赵夫人、诸尚书并乱天下，附从者升进，忤逆者中伤[⑦]，一朝群臣如河中木耳，泛泛东西，耽禄畏害。陛下今不急诛此曹，必生变乱，倾危社稷，其祸难量。愿出臣章宣示左右，并令天下诸奸知臣疾之。"太后不纳。

【注释】

①椎（chuí）：敲打。
②省内：指禁中。
③近署财物：指少府所掌中藏府、尚方、内者等署的财物。
④匈匈：骚动。
⑤冘（yóu）豫：迟疑不决。
⑥嚣嚣：喧闹，喧哗。
⑦中伤：攻击和陷害别人。

【原文】

是月，太白犯房之上将[①]，入太微[②]。侍中刘瑜素善天官，恶之，上书皇太后曰：

"案《占书》：宫门当闭，将相不利，奸人在主傍，愿急防之。"又与武、蕃书，以星辰错缪，不利大臣，宜速断大计。于是武、蕃以朱寓为司隶校尉，刘祐为河南尹，虞祁为雒阳令。武奏免黄门令魏彪，以所亲小黄门山冰代之，使冰奏收长乐尚书郑飒[3]，送北寺狱。蕃谓武曰："此曹子便当收杀[4]，何复考为！"武不从，令冰与尹勋、侍御史祝瑨杂考飒，辞连及曹节、王甫。勋、冰即奏收节等，使刘瑜内奏[5]。

注释

①太白：即金星。　房：星宿名，即房宿，亦称"天马四"。二十八宿之一，青龙七宿的第四宿。有星四颗，即上将、次将、次相、上相。

②太微：星宿名，象天子之庭。

③长乐尚书：长乐是太后宫名，太后临朝听政，所以设长乐尚书。

④此曹子：这班小人。

⑤内：同"纳"。

原文

九月，辛亥，武出宿归府。典中书者先以告长乐五官史朱瑀，瑀盗发武奏，骂曰："中官放纵者，自可诛耳，我曹何罪，而当尽见族灭！"因大呼曰："陈蕃、窦武奏白太后废帝，为大逆！"乃夜召素所亲壮健者长乐从官史共普、张亮等十七人，歃血共盟，谋诛武等。曹节白帝曰："外间切切[1]，请出御德阳前殿。"令帝拔剑踊跃，使乳母赵娆等拥卫左右，取棨信[2]，闭诸禁门，召尚书官属，胁以白刃，使作诏板，拜王甫为黄门令，持节至北寺狱，收尹勋、山冰。冰疑，不受诏，甫格杀之[3]，并杀勋；出郑飒，还兵劫太后，夺玺绶。令中谒者守南宫[4]，闭门绝复道。使郑飒等持节及侍御史谒者捕收武等。武不受诏，驰入步兵营，与其兄子步兵校尉绍共射杀使者。召会北军五校士数千人屯都亭，下令军士曰："黄门、常侍反，尽力者封侯重赏。"陈蕃闻难，将官属诸生八十馀人，并拔刃突入承明门，到尚书门，攘臂呼曰："大将军忠以卫国，黄门反逆，何云窦氏不道邪！"王甫时出与蕃相遇，适闻其言，而让蕃曰："先帝新弃天下，山陵未成，武有何功，兄弟父子并封三侯！又设乐饮宴，多取掖廷宫人[5]，旬日之间，赀财巨万，大臣若此，为是道邪[6]！公为宰辅，苟相阿党，复何求贼！"使剑士收蕃，蕃拔剑叱甫，辞色逾厉。遂执蕃，送北寺狱。黄门从官驺蹋蹴蕃曰[7]："死老魅！复能损我曹员数、夺我曹禀假不[8]！"即日，杀之。时护匈奴中郎将张奂征还京师，曹节等以奂新至，不知本谋，矫制以少府周靖行车骑将军、加节[9]，与奂率五营士讨武。夜漏尽[10]，王甫将虎贲、羽林等合千馀人，出屯朱雀掖门，与奂等合，已而悉军阙下，与武对陈。甫兵渐盛，使其士大呼武军曰："窦武反，汝皆禁兵，当宿卫宫省，何故随反者乎！先降有赏！"营府兵素畏服中官，于是武军稍稍归甫，自旦至食时，兵降略尽。武、绍走，诸军追围之，皆自杀，枭首雒阳都亭；收捕宗亲宾客姻属，悉诛之，及侍中刘瑜、屯骑校尉冯述，皆夷其族。宦官又谮虎贲中郎将河间刘淑、故尚书会稽魏朗，云与武等通谋，皆自杀。迁皇太后于南宫，徙武家属于日南；自公卿以下尝为蕃、武所举者及门生故吏，皆免官禁锢。议郎勃海巴肃，始与武等同谋，曹节等不知，但坐禁锢，后乃知而收之。肃自载诣县，县令见肃，入阁，解印绶，欲与俱去。肃曰："为人臣者，有谋不敢隐，有罪不逃刑，既不隐其谋矣，又敢逃其刑乎！"遂被诛。

注释

①切切：急迫。
②棨（qǐ）信：也称棨传，古代作通行凭证用的一种木制信符。
③格杀：击杀。相拒而杀曰格。
④中谒者：内廷掌门户的官。
⑤掖廷：皇宫中的旁舍，宫嫔所居的地方。
⑥为是道邪：难道这样做是正当的吗？
⑦驺（zōu）：骑士。
⑧禀假：指当时官员的福利待遇。禀，通"廪"，给予粮食，引申指给官员俸禄。假，休息日、假期。
⑨矫制：假托君命，发布诏敕。
⑩夜漏尽：古代用铜壶滴漏记时，称夜漏。夜漏尽，刻漏已尽，谓夜深或天将晓。

【原文】

王甫迁中常侍，黄门令如故。朱瑀、共普、张亮等六人皆为列侯，十一人为关内侯。于是群小得志，士大夫皆丧气[①]。蕃友人陈留朱震收葬蕃尸，匿其子逸，事觉，系狱，合门桎梏[②]。震受考掠[③]，誓死不言，逸由是得免。武府掾桂阳胡腾殡敛武尸[④]，行丧，坐以禁锢。武孙辅，年二岁，腾诈以为己子，与令史南阳张敞共匿之于零陵界中，亦得免。张奂迁大司农，以功封侯。奂深病为曹节等所卖[⑤]，固辞不受。

以司徒胡广为太傅，录尚书事，司空刘宠为司徒，大鸿胪许栩为司空。

注释

①丧气：意气沮丧。
②桎梏：脚镣手铐，古代用来拘系罪人手脚的刑具。
③考掠：审问拷打。
④掾（yuàn）：古代属官的通称。
⑤病：不满。

【原文】

建宁二年(169)

(九月)初，李膺等虽废锢，天下士大夫皆高尚其道而污秽朝廷[①]，希之者唯恐不及[2]，更共相标榜，为之称号：以窦武、陈蕃、刘淑为三君，君者，言一世之所宗也[3]；李膺、荀翌、杜密、王畅、刘祐、魏朗、赵典、朱寓为八俊，俊者，言人之英也；郭泰、范滂、尹勋、巴肃及南阳宗慈、陈留夏馥、汝南蔡衍、泰山羊陟为八顾，顾者，言能以德行引人者也；张俭、翟超、岑晊、苑康及山阳刘表、汝南陈翔、鲁国孔昱、山阳檀敷为八及，及者，言其能导人追宗者也；度尚及东平张邈、王孝、东郡刘儒、泰山胡母班、陈留秦周、鲁国蕃嚮、东莱王章为八厨，厨者，言能以财救人者也。及陈、窦用事，复举拔膺等；陈、窦诛，膺等复废。

注释

①污秽朝廷：贱视朝廷。
②希：通“睎（xī）”。企望，仰慕。
③宗：尊崇；尊仰。

原文

宦官疾恶膺等，每下诏书，辄申党人之禁。侯览怨张俭尤甚，览乡人朱並素佞邪，为俭所弃，承览意指，上书告俭与同乡二十四人别相署号，共为部党，图危社稷，而俭为之魁。诏刊章捕俭等[1]。冬，十月，大长秋曹节因此讽有司奏“诸钩党者故司空虞放及李膺、杜密、朱寓、荀翌、翟超、刘儒、范滂等[2]，请下州郡考治。”是时上年十四，问节等曰：“何以为钩党[3]？”对曰：“钩党者，即党人也。”上曰：“党人何用为恶而欲诛之邪？”对曰：“皆相举群辈，欲为不轨[4]。”上曰：“不轨欲如何？”对曰：“欲图社稷。”上乃可其奏。

或谓李膺曰：“可去矣！”对曰：“事不辞难，罪不逃刑，臣之节也。吾年已六十，死生有命，去将安之！”乃诣诏狱[5]，考死；门生故吏并被禁锢。侍御史蜀郡景毅子顾为膺门徒，未有录牒[6]，不及于谴，毅慨然曰：“本谓膺贤，遣子师之，岂可以漏脱名籍，苟安而已！”遂自表免归。

注释

①刊章：是当时行政上的术语，即削去奏章上告密者的姓名而下发其奏章。 刊，削。
②大长秋：官名。主要负责宣达皇后旨意，管理宫中事宜，为皇后的近侍，多由宦官充任。
③钩党：互相牵引而聚为朋党。
④不轨：不法。
⑤诏狱：奉皇帝诏令特设的监狱。
⑥录牒：记录言行事物的档案簿籍。

原文

汝南督邮吴导受诏捕范滂，至征羌，抱诏书闭传舍[1]，伏床而泣，一县不知所为。滂闻之曰："必为我也。"即自诣狱。县令郭揖大惊，出，解印绶[②]，引与俱亡，曰："天下大矣，子何为在此！"滂曰："滂死则祸塞[③]，何敢以罪累君。又令老母流离乎！"其母就与之诀，滂白母曰："仲博孝敬，足以供养。滂从龙舒君归黄泉[④]，存亡各得其所。惟大人割不可忍之恩，勿增感戚！"仲博者，滂弟也。龙舒君者，滂父龙舒侯相显也。母曰："汝今得与李、杜齐名，死亦何恨！既有令名，复求寿考，可兼得乎！"[⑤]滂跪受教，再拜而辞。顾其子曰："吾欲使汝为恶，恶不可为；使汝为善，则我不为恶。"行路闻之，莫不流涕。

凡党人死者百馀人，妻子皆徙边，天下豪桀及儒学有行义者，宦官一切指为党人；有怨隙者，因相陷害，睚眦之忿[⑥]，滥入党中。州郡承旨，或有未尝交关，亦离祸毒[⑦]，其死、徙、废、禁者又六七百人。

注释

①传舍：古时驿站的房舍。
②解印绶：表示弃官不做。印绶，印和系印的丝带。指官吏的印章。
③塞：停止。
④黄泉：地下的流水，指葬身之地。
⑤"母曰"句：李杜，指李膺、杜密。寿考，高年长寿。
⑥睚眦（yázì）：怒目而视，引申为指小怨隙。
⑦离：同"罹"，遭受。

原文

张俭亡命困迫，望门投止，莫不重其名行，破家相容。后流转东莱，止李笃家。外黄令毛钦操兵到门，笃引钦就席曰[①]："张俭负罪亡命，笃岂得藏之！若审在此，此人名士，明廷宁宜执之乎！"钦因起抚笃曰："蘧伯玉耻独为君子[②]，足下如何专取仁义！"笃曰："今欲分之，明廷载半去矣。"钦叹息而去。笃导俭经北海戏子然家，遂入渔阳出塞。其所经历，伏重诛者以十数，连引收考者布遍天下，宗亲并皆殄灭[③]，郡县为之残破。俭与鲁国孔褒有旧，亡抵褒，不遇，褒弟融，年十六，匿之。后事泄，俭得亡走，国相收褒、融送狱，未知所坐。融曰："保纳舍藏者，融也，当坐。"褒曰："彼来求我，非弟之过。"吏问其母，母曰："家事任长，妾当其辜[④]。"一门争死，郡县疑不能决，乃上谳之[⑤]，诏书竟坐褒。及党禁解，俭乃还乡里，后为卫尉[⑥]，卒，年八十四。夏馥闻张俭亡命，叹曰："孽自己作，空污良善，一人逃死，祸及万家，何以生为！"乃自翦须变形，入林虑山中，隐姓名，为冶家佣，亲突烟炭，形貌毁瘁[⑦]，积二三年，人无知者。馥弟静载缣帛追求饷之[⑧]，馥不受曰："弟奈何载祸相饷乎！"党禁未解而卒。

注释

①就席：跪坐在席子上。
②蘧（qú）伯玉：名瑗，春秋时卫国大夫。
③殄：绝。
④辜：罪。
⑤谳（yàn）：审判定案。
⑥卫尉：汉代九卿之一，掌管宫门警卫。
⑦瘁（cuì）：憔悴。
⑧缣（jiān）：双丝所织的细绢。　饷：赠送。

原文

初，中常侍张让父死，归葬颍川，虽一郡毕至，而名士无往者，让甚耻之，陈寔独吊焉。及诛党人，让以寔故，多所全宥①。南阳何颙②，素与陈蕃、李膺善，亦被收捕，乃变名姓匿汝南间，与袁绍为奔走之交③，常私入雒阳，从绍计议，为诸名士罹党事者求救援④，设权计，使得逃隐，所全免甚众。

注释

①宥（yòu）：饶恕。
②南阳：郡名。约相当于今河南南阳地区。
③奔走：为一定的目的而各处活动；也指互相游扬。
④罹（lí）：遭受。

◎黄巾起义

题解

东汉末年，宦官专政，政治腐败，农民大量破产逃亡，成为流民。公元184年，太平道首领张角率众起义，因起义军以黄巾裹头，而被称为“黄巾军”，这次起义即被称为“黄巾起义”。虽然起义军最终在东汉王朝和豪强地主武装的联合镇压下以失败告终，但是它沉重打击了地主阶级，动摇了东汉王朝的统治。本文节选自《资治通鉴》卷五十八，标题为编者所加。

原文

(汉灵帝)光和四年(181)

是岁，帝作列肆于后宫[①]，使诸采女贩卖，更相盗窃争斗；帝著商贾服，从之饮宴为乐。又于西园弄狗，著进贤冠，带绶。又驾四驴，帝躬自操辔，驱驰周旋；京师转相仿效，驴价遂与马齐。

帝好为私稸[②]，收天下之珍货，每郡国贡献，先输中署[③]，名为“导行费”。中常侍吕强上疏谏曰[④]：“天下之财，莫不生之阴阳，归之陛下，岂有公私！而今中尚方敛诸郡之宝[⑤]，中御府积天下之缯，西园引司农之藏，中厩聚太仆之马；而所输之府，辄有导行之财，调广民困，费多献少，奸吏因其利，百姓受其敝。又，阿媚之臣，好献其私，容谄姑息，自此而进。旧典：选举委任三府[⑥]，尚书受奏御而已；受试任用，责以成功，功无可察，然后付之尚书举劾，请下廷尉覆按虚实[⑦]，行其罪罚。于是三公每有所选，参议掾属[⑧]，咨其行状，度其器能；然犹有旷职废官，荒秽不治。今但任尚书，或有诏用，如是，三公得免选举之负，尚书亦复不坐，责赏无归，岂肯空自劳苦乎！”书奏，不省。

何皇后性强忌，后宫王美人生皇子协，后鸩杀美人。帝大怒，欲废后；诸中官固请，得止。

注释

①帝：即汉灵帝。 列肆：列设商铺。
②稸：同“蓄”。
③中署：内署。
④中常侍：东汉时专用宦官为中常侍，以传达诏令和掌理文书，权力极大。
⑤尚方：官署名。属少府。
⑥三府：即三公，东汉把太尉、司徒、司空合称三公。
⑦廷尉：九卿之一，掌司法。

⑧掾（yuàn）属：属官。汉以后职权较重的长官都有掾属，分曹治事。

【原文】

六年(183)

(秋)初，巨鹿张角奉事黄、老[①]，以妖术教授，号“太平道”。咒符水以疗病，令病者跪拜首过[②]，或时病愈，众共神而信之。角分遣弟子周行四方，转相诳诱，十馀年间，徒众数十万，自青、徐、幽、冀、荆、扬、兖、豫八州之人，莫不毕应。或弃卖财产、流移奔赴，填塞道路，未至病死者亦以万数。郡县不解其意，反言角以善道教化，为民所归。

太尉杨赐时为司徒，上书言：“角诳曜百姓，遭赦不悔，稍益滋蔓。今若下州郡捕讨，恐更骚扰，速成其患。宜切敕刺史、二千石，简别流民，各护归本郡，以孤弱其党，然后诛其渠帅[③]，可不劳而定。”会赐去位，事遂留中[④]。司徒掾刘陶复上疏申赐前议，言：“角等阴谋益甚，四方私言，云角等窃入京师，觇视朝政[⑤]。鸟声兽心，私共鸣呼。州郡忌讳，不欲闻之，但更相告语，莫肯公文[⑥]。宜下明诏，重募角等，赏以国土，有敢回避，与之同罪。”帝殊不为意，方诏陶次第《春秋条例》。

角遂置三十六方；方，犹将军也。大方万馀人，小方六七千，各立渠帅。讹言：“苍天已死，黄天当立，岁在甲子，天下大吉。”以白土书京城寺门及州郡官府，皆作“甲子”字。大方马元义等先收荆、扬数万人，期会发于邺[⑦]。元义数往来京师，以中常侍封谞、徐奉等为内应，约以三月五日内外俱起。

【注释】

①巨鹿：郡名，治今河北平乡南。
②首过：道家所施符水。
③渠帅：首领。旧时统治阶级称武装反抗者的首领或部落首长为渠帅。
④留中：皇帝把臣下的奏章留在宫禁中，不交议也不批答。
⑤觇（chān）：看；窥视。
⑥公文：写成公文上报。
⑦期：约定。

【原文】

(汉灵帝)中平元年(184)

春，角弟子济南唐周上书告之。于是收马元义，车裂于雒阳[①]。诏三公、司隶按验宫省直卫及百姓有事角道者，诛杀千馀人；下冀州逐捕角等。角等知事已露，晨夜驰敕诸方[②]，一时俱起，皆著黄巾以为标帜，故时人谓之“黄巾贼”。二月，角自称天公将军，角弟宝称地公将军，宝弟梁称人公将军。所在燔烧官府[③]，劫略聚邑，州郡失据，长吏多逃亡；旬月之间，天下响应，京师震动。安平、甘陵人各执其王应贼。

三月，戊申，以河南尹何进为大将军，封慎侯，率左右羽林、五营营士屯都亭[④]，修理器械，以镇京师；置函谷、太谷、广成、伊阙、轘辕、旋门、孟津、小平津八关都尉[⑤]。

注释

①车裂：古代酷刑之一，以车辆分别拴住人体四肢及头部，让牲口从五个不同方向将人体撕裂。雒（luò）阳：即洛阳。

②驰敕：飞快下令。

③燔（fán）：焚烧。

④羽林：皇帝的禁卫军。

⑤轘（huán）辕：关名，在今河南偃师东南轘辕山。

原文

帝召群臣会议。北地太守皇甫嵩以为宜解党禁，益出中藏钱、西园厩马以班军士[①]。嵩，规之兄子也。上问计于中常侍吕强，对曰："党锢久积，人情怨愤，若不赦宥，轻与张角合谋，为变滋大，悔之无救。今请先诛左右贪浊者，大赦党人，料简刺史、二千石能否[②]，则盗无不平矣。"帝惧而从之。壬子，赦天下党人，还诸徙者[③]；唯张角不赦。发天下精兵，遣北中郎将卢植讨张角，左中郎将皇甫嵩、右中郎将朱儁讨颍川黄巾。

是时中常侍赵忠、张让、夏恽、郭胜、段珪、宋典等皆封侯贵宠，上常言："张常侍是我公[④]，赵常侍是我母。"由是宦官无所惮畏，并起第宅，拟则宫室。上尝欲登永安候台，宦官恐望见其居处，乃使中大人尚但谏曰："天子不当登高，登高则百姓虚散。"上自是不敢复升台榭[⑤]。及封谞、徐奉事发，上诘责诸常侍曰："汝曹常言党人欲为不轨，皆令禁锢，或有伏诛者。今党人更为国用，汝曹反与张角通，为可斩未？"皆叩头曰："此王甫、侯览所为也！"于是诸常侍人人求退，各自征还宗亲、子弟在州郡者。

注释

①中藏钱：汉设有中藏府，主管金钱、货物等。中藏钱即中藏府所贮备的钱币。班：分发。

②"料简"句：料简，品评选择。 二千石，汉代对郡守的通称。汉郡守俸禄为二千石，即月俸百二十斛，因有此称。

③徙者：这里指被迁徙到边境的党人的妻子。

④公：父亲。

⑤台榭：台，高而平的建筑物，一般供眺望或游观之用。 榭，建在高土台上的敞屋。

【原文】

赵忠、夏恽等遂共谮吕强，云与党人共议朝廷，数读《霍光传》。强兄弟所在并皆贪秽。帝使中黄门持兵召强。强闻帝召，怒曰："吾死，乱起矣！丈夫欲尽忠国家，岂能对狱吏乎！"遂自杀。忠、恽复谮曰："强见召，未知所问而就外自屏①，有奸明审。"遂收捕其宗亲，没入财产。

侍中河内向栩上便宜，讥刺左右。张让诬栩与张角同心，欲为内应，收送黄门北寺狱，杀之。郎中中山张钧上书曰："窃惟张角所以能兴兵作乱，万民所以乐附之者，其源皆由十常侍多放父兄、子弟、婚亲、宾客典据州郡②，辜榷财利③，侵掠百姓，百姓之冤，无所告诉，故谋议不轨，聚为盗贼。宜斩十常侍，县头南郊④，以谢百姓，遣使者布告天下，可不须师旅而大寇自消。"帝以钧章示诸常侍，皆免冠徒跣顿首⑤，乞自致雒阳诏狱，并出家财以助军费。有诏，皆冠履视事如故。帝怒钧曰："此真狂子也！十常侍固当有一人善者不！"御史承旨，遂诬奏钧学黄巾道，收掠⑥，死狱中。

【注释】

①自屏：即自杀。

②十常侍：指当时被汉灵帝封为中常侍的张让、赵忠等宦官。　放：放置，安置。　典据：占据。

③辜榷：垄断，独占。

④县：同"悬"。

⑤徒跣（xiǎn）：赤脚。　顿首：磕头。

⑥收掠：拘押拷打。

【原文】

庚子，南阳黄巾张曼成攻杀太守褚贡①。

帝问太尉杨赐以黄巾事，赐所对切直②，帝不悦。

皇甫嵩、朱儁合将四万馀人，共讨颍川黄巾，嵩、儁各统一军。儁与贼波才战，败；嵩进保长社。

汝南黄巾败太守赵谦于邵陵。广阳黄巾杀幽州刺史郭勋及太守刘卫。

波才围皇甫嵩于长社。嵩兵少，军中皆恐。贼依草结营，会大风，嵩约敕军士皆束苣乘城③，使锐士间出围外，纵火大呼，城上举燎应之④，嵩从城中鼓噪而出⑤，奔击贼陈⑥，贼惊，乱走。会骑都尉沛国曹操将兵适至，五月，嵩、操与朱儁合军，更与贼战，大破之，斩首数万级。封嵩都乡侯。

【注释】

①南阳：郡名，治所在今河南南阳。

②切直：切要且坦率。

③束苣（jù）：捆扎芦苇。苣，芦苇。

④燎：火炬。

⑤鼓噪：擂鼓和呐喊。

⑥陈：同“阵”。

【原文】

朱儁之击黄巾也，其护军司马北地傅燮上疏曰[①]：“臣闻天下之祸不由于外，皆兴于内。是故虞舜先除四凶，然后用十六相，明恶人不去，则善人无由进也。今张角起于赵、魏，黄巾乱于六州，此皆衅发萧墙而祸延四海者也。臣受戎任，奉辞伐罪，始到颍川，战无不克。黄巾虽盛，不足为庙堂忧也。臣之所惧，在于治水不自其源，末流弥增其广耳。陛下仁德宽容，多所不忍，故阉竖弄权，忠臣不进。诚使张角枭夷[②]，黄巾变服，臣之所忧，甫益深耳。何者？夫邪正之人不宜共国，亦犹冰炭不可同器。彼知正人之功显而危亡之兆见，皆将巧辞饰说，共长虚伪。夫孝子疑于屡至[③]，市虎成于三夫[④]，若不详察真伪，忠臣将复有杜邮之戮矣！陛下宜思虞舜四罪之举，速行谗佞之诛，则善人思进，奸凶自息。”赵忠见其疏而恶之。燮击黄巾，功多当封，忠谮诉之。帝识燮言，得不加罪，竟亦不封。

【注释】

①傅燮（xiè）：灵州人，字幼起。后出为汉阳太守。

②枭夷：杀戮诛灭。

③“夫孝子”句：《战国策·秦策二》：“费人有与曾子同名族者而杀人。人告曾子母曰：‘曾参杀人。’曾子之母曰：‘吾子不杀人。’织自若。有顷焉，人又曰：‘曾参杀人。’其母尚织自若也。顷之，一人又告之曰：‘曾参杀人。’其母惧，投杼逾墙而走。夫以曾参之贤与母之信也，而三人疑之，则慈母不能信也。”

④市虎成于三夫：城市内本来无虎，由于传说的人多，令人信以为真。比喻流言可以耸动视听。《战国策·魏策二》：“夫市之无虎明矣，然而三人言而成虎。”

【原文】

皇甫嵩、朱儁乘胜进讨汝南、陈国黄巾，追波才于阳翟，击彭脱于西华，并破之，馀贼降散，三郡悉平。嵩乃上言其状，以功归儁，于是进封儁西乡侯，迁镇贼中郎将。诏嵩讨东郡，儁讨南阳。

北中郎将卢植连战破张角，斩获万馀人，角等走保广宗[①]。植筑围凿堑[②]，造作云梯[③]，垂当拔之。帝遣小黄门左丰视军，或劝植以赂送丰，植不肯。丰还，言于帝曰：“广宗贼易破耳，卢中郎固垒息军，以待天诛。”帝怒，槛车征植[④]，减死一等；遣东中郎将陇西董卓代之。

八月，皇甫嵩与黄巾战于苍亭，获其帅卜巳。董卓攻张角无功，抵罪。己巳，诏嵩讨角。

九月，安平王续坐不道[5]，诛，国除。

初，续为黄巾所虏，国人赎之得还，朝廷议复其国。议郎李燮曰："续守藩不称，损辱圣朝，不宜复国。"朝廷不从。燮坐谤毁宗室，输作左校，未满岁，王坐诛，乃复拜议郎。京师为之语曰："父不肯立帝，子不肯立王。"

注释

①广宗：县名，属巨鹿郡，在今河北威县东。
②围：土木筑成的防守设备。　堑：护城河。
③云梯：古代攻城时攀登城墙的长梯。
④槛（jiàn）车：装载猛兽或囚禁罪犯的车子。其车为槛形，以板四周之，不能通见。
⑤坐：犯罪。　不道：封建时代刑律中所称"十恶"罪行之一，指杀无死罪者或杀人后肢解的不道德的行为。

原文

冬，十月，皇甫嵩与张角弟梁战于广宗，梁众精勇，嵩不能克。明日，乃闭营休士以观其变，知贼意稍懈，乃潜夜勒兵，鸡鸣，驰赴其陈，战至晡时[1]，大破之，斩梁，获首三万级，赴河死者五万许人。角先已病死，剖棺戮尸，传首京师。十一月，嵩复攻角弟宝于下曲阳，斩之，斩获十馀万人。即拜嵩为左车骑将军，领冀州牧，封槐里侯。嵩能温恤士卒[2]，每军行顿止，须营幔修立[3]，然后就舍，军士皆食，尔乃尝饭，故所向有功。

张曼成馀党更以赵弘为帅，众复盛，至十馀万，据宛城。朱儁与荆州刺史徐璆等合兵围之[4]，自六月至八月不拔。有司奏征儁，司空张温上疏曰："昔秦用白起，燕任乐毅，皆旷年历载，乃能克敌。儁讨颍川已有功效，引师南指，方略已设[5]；临军易将，兵家所忌，宜假日月，责其成功。"帝乃止。儁击弘，斩之。

注释

①晡（bū）：申时；黄昏时。
②温恤：温和体恤。
③修立：建造设置。
④徐璆（qiú）：字孟玉，徐淑之子。少博学，辟公府。破黄巾有功。后拜太常。
⑤方略：方针策略。

原文

贼帅韩忠复据宛拒儁[1]，儁鸣鼓攻其西南，贼悉众赴之；儁自将精卒掩其东北[2]，乘城而入。忠乃退保小城，惶惧乞降。诸将皆欲听之[3]，儁曰："兵固有形同而势异者。昔秦、项之际，民无定主，故赏附以劝来耳。今海内一统，唯黄巾造逆。纳降无以劝善，讨之足以惩恶。今若受之，更开逆意，贼利则进战，钝则乞降，纵敌长寇，非良计也。”因急攻，连战不克。儁登土山望之，顾谓司马张超曰：“吾知之矣。贼今外围周固，内营逼急，乞降不受，欲出不得，所以死战也。万人一心，犹不可当，况十万乎！不如彻围[4]，并兵入城[5]，忠见围解，势必自出。自出则意散，破之道也。”既而解围，忠果出战，儁因击，大破之，斩首万馀级。南阳太守秦颉杀忠，馀众复奉孙夏为帅，还屯宛。儁急攻之，司马孙坚率众先登；癸巳，拔宛城。孙夏走，儁追至西鄂精山，复破之，斩万馀级。于是黄巾破散，其馀州郡所诛，一郡数千人。

十二月，己巳，赦天下，改元。

注释

①拒：抵御，抵抗。

②掩：乘人不备而进攻。

③听：听任，任凭。

④彻：通“撤”。撤除。

⑤并：合。

◎火烧赤壁

题解

东汉末年，群雄割据，曹操挟天子以令诸侯，统一北方后率大军南下，想一举平定江南，于是退居江夏的刘备和割据江东的孙权联合抗曹，在赤壁大败曹军，从而奠定了三分天下的局面。本文节选自《资治通鉴》卷六十五，标题为编者所加。

原文

(汉献帝)建安十二年(207)

(十一月)初，琅邪诸葛亮寓居襄阳隆中，每自比管仲、乐毅。时人莫之许也，惟颍川徐庶与崔州平谓为信然。

刘备在荆州，访士于襄阳司马徽。徽曰："儒生俗士，岂识时务，识时务者在乎俊杰。此间自有伏龙、凤雏[①]。"备问为谁，曰："诸葛孔明、庞士元也。"徐庶见备于新野，备器之[②]。庶谓备曰："诸葛孔明，卧龙也，将军岂愿见之乎？"备曰："君与俱来。"庶曰："此人可就见，不可屈致也[③]，将军宜枉驾顾之[④]。"

注释

①伏龙、凤雏：龙凤用来比喻奇才。伏龙、凤雏比喻奇才还不曾发挥作用。伏龙指诸葛亮、凤雏指庞统。
②器：器重。
③屈：委屈。
④枉驾：敬辞。屈驾，屈尊相访。

原文

备由是诣亮，凡三往，乃见。因屏人曰："汉室倾颓，奸臣窃命，孤不度德量力，欲信大义于天下[①]，而智术浅短，遂用猖蹶[②]，至于今日。然志犹未已，君谓计将安出？"亮曰："今曹操已拥百万之众，挟天子而令诸侯，此诚不可与争锋。孙权据有江东，已历三世，国险而民附，贤能为之用，此可与为援而不可图也[③]。荆州北据汉、沔[④]，利尽南海，东连吴会，西通巴、蜀，此用武之国，而其主不能守，此殆天所以资将军也。益州险塞，沃野千里，天府之土；刘璋暗弱[⑤]，张鲁在北，民殷国富而不知存恤[⑥]，智能之士思得明君。将军既帝室之胄[⑦]，信义著于四海，若跨有荆、益，保其岩阻，抚和戎、越，结好孙权，内修政治，外观时变，则霸业可成，汉室可兴矣。"备曰："善！"于是与亮情好日密。关羽、张飞不悦，备解之曰："孤之有孔明，犹鱼之有水也。愿诸君勿复言。"羽、飞乃止。

注释

①信：通“伸”。
②猖蹶：狼狈。
③援：救助。
④沔（miǎn）：水名，在今陕西省，为汉水的上游。古代通称汉水为沔水。
⑤暗弱：愚昧软弱。
⑥存恤：慰问救济。
⑦胄：指帝王或贵族的后裔。

原文

十三年(208)

(八月)初，刘表二子琦、琮。表为琮娶其后妻蔡氏之侄，蔡氏遂爱琮而恶琦。表妻弟蔡瑁、外甥张允并得幸于表，日相与毁琦而誉琮。琦不自宁，与诸葛亮谋自安之术，亮不对。后乃共升高楼，因令去梯，谓亮曰：“今日上不至天，下不至地，言出子口，而入吾耳，可以言未？”亮曰：“君不见申生在内而危，重耳居外而安乎？”琦意感悟，阴规出计[①]。会黄祖死，琦求代其任，表乃以琦为江夏太守。表病甚，琦归省疾。瑁、允恐其见表而父子相感[②]，更有托后之意，乃谓琦曰：“将军命君抚临江夏，其任至重；今释众擅来[③]，必见谴怒[④]。伤亲之欢，重增其疾，非孝敬之道也。”遂遏于户外，使不得见。琦流涕而去。表卒，瑁、允等遂以琮为嗣。琮以侯印授琦。琦怒，投之地，将因奔丧作难[⑤]。会曹操军至，琦奔江南。

章陵太守蒯越及东曹掾傅巽等劝刘琮降操[⑥]，曰：“逆顺有大体，强弱有定势。以人臣而拒人主，逆道也；以新造之楚而御中国，必危也；以刘备而敌曹公，不当也。三者皆短，将何以待敌？且将军自料何如刘备？若备不足御曹公，则虽全楚不能以自存也；若足御曹公，则备不为将军下也。”琮从之。九月，操至新野，琮遂举州降，以节迎操。诸将皆疑其诈，娄圭曰：“天下扰攘，各贪王命以自重，今以节来，是必至诚。”操遂进兵。

注释

①阴：暗中。　规：规划打算。
②感：感动。
③擅：自作主张。
④谴：责备，责罚。
⑤将：欲，打算。
⑥掾（yuàn）：古代属官的通称。多由长官自行辟举。唐宋以后废辟举制，掾之名渐移于胥吏。

原文

时刘备屯樊，琮不敢告备。备久之乃觉，遣所亲问琮，琮令官属宋忠诣备宣旨。时曹操已在宛，备乃大惊骇，谓忠曰："卿诸人作事如此，不早相语，今祸至方告我，不亦太剧乎[①]！"引刀向忠曰："今断卿头，不足以解忿，亦耻丈夫临别复杀卿辈！"遣忠去。乃呼部曲共议[②]。或劝备攻琮，荆州可得。备曰："刘荆州临亡托我以孤遗，背信自济，吾所不为，死何面目以见刘荆州乎！"备将其众去，过襄阳，驻马呼琮；琮惧，不能起。琮左右及荆州人多归备。备过辞表墓，涕泣而去。比到当阳[③]，众十余万人，辎重数千两，日行十馀里，别遣关羽乘船数百艘，使会江陵。或谓备曰："宜速行保江陵，今虽拥大众[④]，被甲者少，若曹公兵至，何以拒之！"备曰："夫济大事必以人为本，今人归吾，吾何忍弃去！"

刘琮将王威说琮曰："曹操闻将军既降，刘备已走，必懈弛无备，轻行单进。若给威奇兵数千，徼之于险[⑤]，操可获也。获操，即威震四海，非徒保守今日而已。"琮不纳。

注释

①剧：甚。

②部曲：古时军队的编制单位，也指豪门大族私人的军队。

③比：及；等到。

④大众：指参加军旅或工役的多数人。

⑤徼（jiào）：拦截。

原文

操以江陵有军实[①]，恐刘备据之，乃释辎重[②]，轻军到襄阳。闻备已过，操将精骑五千急追之，一日一夜行三百馀里，及于当阳之长坂。备弃妻子，与诸葛亮、张飞、赵云等数十骑走，操大获其人众辎重。

徐庶母为操所获，庶辞备，指其心曰："本欲与将军共图王霸之业者，以此方寸之地也[③]。今已失老母，方寸乱矣，无益于事，请从此别。"遂诣操。

张飞将二十骑拒后[④]，飞据水断桥，瞋目横矛曰："身是张益德也，可来共决死！"操兵无敢近者。

或谓备："赵云已北走。"备以手戟擿之曰[⑤]："子龙不弃我走也。"顷之，云身抱备子禅，与关羽船会，得济沔，遇刘琦众万馀人，与俱到夏口。

注释

①军实：粮储、器械之类。
②辎（zī）重：军用器械、粮草、营帐、服装等的统称。
③方寸之地：指心。也作“方寸”。
④拒后：殿后。
⑤手戟：手用的小戟。　擿（zhì）：同“掷”。

原文

曹操进军江陵，以刘琮为青州刺史，封列侯，并蒯越等，侯者凡十五人。释韩嵩之囚，待以交友之礼，使条品州人优劣[①]，皆擢而用之。以嵩为大鸿胪，蒯越为光禄勋，刘先为尚书，邓羲为侍中。

荆州大将南阳文聘别屯在外，琮之降也，呼聘，欲与俱。聘曰：“聘不能全州，当待罪而已！”操济汉[②]，聘乃诣操。操曰：“来何迟邪？”聘曰：“先日不能辅弼刘荆州以奉国家；荆州虽没，常愿据守汉川，保全土境。生不负于孤弱，死无愧于地下。而计不在己，以至于此，实怀悲惭，无颜早见耳！”遂歔欷流涕[③]。操为之怆然[④]，字谓之曰：“仲业[⑤]，卿真忠臣也！”厚礼待之，使统本兵，为江夏太守。

注释

①条品：鉴别评定。
②济：渡过。　汉：指汉水，也称沔水。长江最长支流。源出陕西宁强，东南流经陕西南部、湖北西北部和中部，在武汉入长江。
③歔欷：同“欷歔”，叹气，抽噎声。
④怆（chuàng）然：伤悲的样子。
⑤仲业：文聘字仲业。

原文

（冬，十月）初，鲁肃闻刘表卒，言于孙权曰：“荆州与国邻接，江山险固，沃野万里，士民殷富，若据而有之，此帝王之资也。今刘表新亡，二子不协[①]，军中诸将，各有彼此[②]。刘备天下枭雄，与操有隙，寄寓于表，表恶其能而不能用也。若备与彼协心，上下齐同，则宜抚安，与结盟好；如有离违，宜别图之，以济大事。肃请得奉命吊表二子，并慰劳其军中用事者，及说备使抚表众，同心一意，共治曹操，备必喜而从命。如其克谐[③]，天下可定也。今不速往，恐为操所先。”权即遣肃行。

到夏口，闻操已向荆州，晨夜兼道，比至南郡，而琮已降，备南走，肃径迎之[④]，与备会于当阳长坂。肃宣权旨，论天下事势，致殷勤之意[⑤]，且问备曰：“豫州今欲何至[⑥]？”备曰：“与苍梧太守吴巨有旧，欲往投之。”肃曰：“孙讨虏聪明仁惠，敬贤礼士，江表英豪，咸归附之，已据有六郡，兵精粮多，足以立事。今为君计，莫若遣腹心自结于东，以共济世业。而欲投吴巨，巨是凡人⑦，偏在远郡，行将为人所并，岂足托乎！”备甚悦。肃又谓诸葛亮曰：“我，子瑜友也。”即共定交。子瑜者，亮兄瑾也，避乱江东，为孙权长史。备用肃计，进住鄂县之樊口。

注释

①二子不协：指刘表的儿子刘琦和刘琮争位，不能合作。
②各有彼此：指意见不一，各成宗派。
③克：能够。 谐：调和；和谐；一致。
④径：走近路。
⑤殷勤：恳切深厚的情意。
⑥豫州：就是刘备，他原来是豫州牧。
⑦凡人：一般人。

原文

曹操自江陵将顺江东下。诸葛亮谓刘备曰：“事急矣，请奉命求救于孙将军。”遂与鲁肃俱诣孙权。亮见权于柴桑，说权曰：“海内大乱，将军起兵江东，刘豫州收众汉南，与曹操共争天下。今操芟夷大难①，略已平矣，遂破荆州，威震四海。英雄无用武之地，故豫州遁逃至此，愿将军量力而处之！若能以吴、越之众与中国抗衡，不如早与之绝；若不能，何不按兵束甲，北面而事之②！今将军外托服从之名而内怀犹豫之计，事急而不断，祸至无日矣。”权曰：“苟如君言，刘豫州何不遂事之乎！”亮曰：“田横，齐之壮士耳，犹守义不辱；况刘豫州王室之胄，英才盖世，众士慕仰，若水之归海！若事之不济，此乃天也，安能复为之下乎！”权勃然曰③：“吾不能举全吴之地，十万之众，受制于人。吾计决矣！非刘豫州莫可以当曹操者；然豫州新败之后，安能抗此难乎？”亮曰：“豫州军虽败于长坂，今战士还者及关羽水军精甲万人，刘琦合江夏战士亦不下万人。曹操之众，远来疲敝，闻追豫州，轻骑一日一夜行三百馀里，此所谓‘强弩之末势不能穿鲁缟’者也④。故《兵法》忌之，曰‘必蹶上将军’⑤。且北方之人，不习水战；又，荆州之民附操者，逼兵势耳⑥，非心服也。今将军诚能命猛将统兵数万，与豫州协规同力，破操军必矣。操军破，必北还；如此，则荆、吴之势强，鼎足之形成矣。成败之机，在于今日！”权大悦，与其群下谋之。

注释

①芟（shān）夷：铲除、消灭。 大难：不容易对付的敌人。
②北面：古代君王南面而坐，臣子朝见君主则面北，因谓称臣于人为“北面”。
③勃然：奋发或发怒变色的样子。
④鲁缟（gǎo）：曲阜等地出产的丝织品，极薄。

⑤蹶（jué）：摔倒。这里比喻遭受挫折或失败。
⑥逼：迫于。

【原文】

是时，曹操遗权书曰："近者奉辞伐罪[①]，旌麾南指，刘琮束手。今治水军八十万众，方与将军会猎于吴[②]。"权以示臣下，莫不响震失色。长史张昭等曰："曹公，豺虎也，挟天子以征四方，动以朝廷为辞；今日拒之，事更不顺[③]。且将军大势可以拒操者，长江也。今操得荆州，奄有其地[④]，刘表治水军，蒙冲斗舰乃以千数，操悉浮以沿江，兼有步兵，水陆俱下，此为长江之险已与我共之矣，而势力众寡又不可论。愚谓大计不如迎之。"鲁肃独不言。权起更衣[⑤]，肃追于宇下。权知其意，执肃手曰："卿欲何言？"肃曰："向察众人之议，专欲误将军，不足与图大事。今肃可迎操耳，如将军不可也。何以言之？今肃迎操，操当以肃还付乡党，品其名位，犹不失下曹从事，乘犊车，从吏卒，交游士林，累官故不失州郡也。将军迎操，欲安所归乎？愿早定大计，莫用众人之议也！"权叹息曰："诸人持议，甚失孤望[⑥]。今卿廓开大计[⑦]，正与孤同。"

【注释】

①奉辞伐罪：这里是说奉汉献帝的命令，讨伐有罪之人。
②会猎：这里指打仗。
③更：愈加。
④奄：覆盖；包括。
⑤更衣：指上厕所。
⑥孤：帝王自称。
⑦廓开：阐明。

【原文】

时周瑜受使至番阳[①]，肃劝权召瑜还。瑜至，谓权曰："操虽托名汉相，其实汉贼也。将军以神武雄才，兼仗父兄之烈，割据江东，地方数千里，兵精足用，英雄乐业，当横行天下，为汉家除残去秽；况操自送死，而可迎之邪？请为将军筹之：今北土未平，马超、韩遂尚在关西，为操后患；而操舍鞍马，仗舟楫，与吴、越争衡；今又盛寒，马无藁草[②]，驱中国士众远涉江湖之间[③]，不习水土，必生疾病。此数者用兵之患也，而操皆冒行之。将军禽操[④]，宜在今日。瑜请得精兵数万人，进住夏口，保为将军破之！"权曰："老贼欲废汉自立久矣，徒忌二袁、吕布、刘表与孤耳；今数雄已灭，惟孤尚存。孤与老贼势不两立，君言当击，甚与孤合，此天以君授孤也。"因拔刀斫前奏案曰[⑤]："诸将吏敢复有言当迎操者，与此案同！"乃罢会。

注释

①受使：受命出使。
②藁（gǎo）草：喂马的干草。
③江湖：这里指长江一带多水地区。
④禽：通“擒”。
⑤斫（zhuó）：砍。

原文

是夜，瑜复见权曰：“诸人徒见操书言水步八十万而各恐慑，不复料其虚实，便开此议，甚无谓也。今以实校之①：彼所将中国人不过十五六万，且已久疲；所得表众亦极七八万耳，尚怀狐疑②。夫以疲病之卒御狐疑之众，众数虽多，甚未足畏。瑜得精兵五万，自足制之，愿将军勿虑！”权抚其背曰：“公瑾，卿言至此，甚合孤心。子布、元表诸人，各顾妻子，挟持私虑，深失所望；独卿与子敬与孤同耳，此天以卿二人赞孤也。五万兵难卒合③，已选三万人，船粮战具俱办。卿与子敬、程公便在前发，孤当续发人众，多载资粮，为卿后援。卿能办之者诚决，邂逅不如意④，便还就孤，孤当与孟德决之。”遂以周瑜、程普为左右督，将兵与备并力逆操⑤；以鲁肃为赞军校尉，助画方略⑥。

注释

①校（jiào）：核实。
②狐疑：怀疑；犹豫不决。
③卒：通”猝”，突然。引申为很快的意思。
④邂逅（xièhòu）：偶然相遇。
⑤逆：这里指迎击。
⑥画：谋划；筹划。

原文

刘备在樊口，日遣逻吏于水次候望权军①。吏望见瑜船，驰往白备，备遣人慰劳之。瑜曰：“有军任，不可得委署；傥能屈威，诚副其所望②。”备乃乘单舸往见瑜曰③：“今拒曹公，深为得计。战卒有几？”瑜曰：“三万人。”备曰：“恨少。”瑜曰：“此自足用，豫州但观瑜破之。”备欲呼鲁肃等共会语，瑜曰：“受命不得妄委署。若欲见子敬，可别过之④。”备深愧喜。

注释

①逻：巡逻，巡察。　水次：水边。　候望：侦察。

②有军任，不可得委署；傥能屈威，诚副其所望：我有重要军事责任在身，不能随便交给别人；如果你肯屈驾来见，那是我所希望的。

③单舸：不带保护的兵船。

④可别过之：不妨另外去看他。

【原文】

进，与操遇于赤壁。

时操军众已有疾疫[1]。初一交战，操军不利，引次江北。瑜等在南岸，瑜部将黄盖曰："今寇众我寡，难与持久。操军方连船舰，首尾相接，可烧而走也。"乃取蒙冲斗舰十艘，载燥荻、枯柴[2]，灌油其中，裹以帷幕，上建旌旗，豫备走舸[3]，系于其尾。先以书遗操，诈云欲降。时东南风急，盖以十舰最著前，中江举帆，余船以次俱进。操军吏士皆出营立观，指言盖降。去北军二里馀，同时发火，火烈风猛，船往如箭，烧尽北船，延及岸上营落。顷之，烟炎张天[4]，人马烧溺死者甚众。瑜等率轻锐继其后，雷鼓大震，北军大坏。操引军从华容道步走，遇泥泞，道不通，天又大风，悉使羸兵负草填之[5]，骑乃得过。羸兵为人马所蹈藉，陷泥中，死者甚众。刘备、周瑜水陆并进，追操至南郡。时操军兼以饥疫，死者太半。操乃留征南将军曹仁、横野将军徐晃守江陵，折冲将军乐进守襄阳，引军北还。

【注释】

①疾疫：急性传染病。

②燥荻（dí）：干芦苇。

③豫：通“预”。　走舸：古时战舰中之快艇。

④炎：通“焰”。

⑤羸（léi）兵：疲弱的兵。

◎淝水之战

题解

淝水之战发生于公元383年，是中国古代的一次以少胜多，以弱胜强的著名战役。氐人苻坚建立的前秦统一北方后，兵力空前强盛，于是，不顾众人的反对，向东晋发起全面进攻，企图统一南北，结果被东晋一举击溃，并迅速导致前秦的灭亡。本文记述了这次战争的起因、进军、交战的经过和结局，分析了决定双方胜负的根本原因，总结了历史教训，对后世产生了深远的影响。本文节选自《资治通鉴》卷一〇四、卷一〇五，标题为编者所加。

原文

(晋孝武帝)太元元年(376)

春，正月，谢安欲以王蕴为方伯，故先解冲徐州[①]。乙卯，加谢安中书监，录尚书事[②]。

二月，辛卯，秦王坚下诏曰："朕闻王者劳于求贤，逸于得士，斯言何其验也！往得丞相，常谓帝王易为。自丞相违世[③]，须发中白[④]，每一念之，不觉酸恸。今天下既无丞相，或政教沦替，可分遣侍臣周巡郡县，问民疾苦。"

注释

①解：废除、消除、停止。　冲：桓冲，徐州刺史。

②录尚书事：初称领尚书事，西汉后期始置。录是总领的意思，录尚书事独揽大权，无所不总。南北朝时实际担任宰相的人往往加上录尚书事的头衔。

③违世：逝世。违，离开。

④中白：半白。

原文

四年(379)

(春，正月)秦王坚欲自将攻襄阳，诏阳平公融以关东六州之兵会寿春，梁熙以河西之兵为后继。阳平公融谏曰："陛下欲取江南，固当博谋熟虑，不可仓猝[①]。若止取襄阳，又岂足亲劳大驾乎！未有动天下之众而为一城者，所谓'以随侯之珠弹千仞之雀[②]'也。"梁熙谏曰："晋主之暴，未如孙皓，江山险固，易守难攻。陛下必欲廓清江表，亦不过分命将帅，引关东之兵，南临淮、泗，下梁、益之卒，东出巴、峡，又何必亲屈鸾辂，远幸沮泽乎[③]！昔汉光武诛公孙述，晋武帝擒孙皓，未闻二帝自统六师，亲执枹鼓[④]，蒙矢石也。"坚乃止。

（七月）谢安为宰相，秦人屡入寇，边兵失利，安每镇之以和静。其为政，务举大纲，不为小察[⑤]。时人比安于王导，而谓其文雅过之。

注释

①仓猝：急忙；急遽。

②以随侯之珠弹千仞之雀：出自《吕氏春秋》，意为拿很贵重的珠子去打一只飞得很高的鸟。在文中指很浪费，不值得。

③"陛下必欲"句：廓清，肃清。　江表，地区名，指长江以南地区。　鸾，通"銮"，古代皇帝车驾所用的铃。　辂（hé），绑在车辕上以备人牵挽的横木。鸾辂，指皇帝的车驾，用作帝王的代称。　沮（jù）泽，水草所聚之处。

④枹（fú）：同"桴"，鼓槌。

⑤察：苛求。

原文

七年(382)

夏，四月，坚以扶风太守王永为幽州刺史[①]。永，皮之兄也。皮凶险无行，而永清修好学，故坚用之。以阳平公融为司徒，融固辞不受。坚方谋伐晋，乃以融为征南大将军、开府仪同三司。

冬，十月，秦王坚会群臣于太极殿，议曰："自吾承业，垂三十载[②]，四方略定，唯东南一隅，未沾王化。今略计吾士卒，可得九十七万，吾欲自将以讨之，何如？"秘书监朱肜曰[③]："陛下恭行天罚，必有征无战，晋主不衔璧军门，则走死江海，陛下返中国士民，使复其桑梓，然后回舆东巡，告成岱宗，此千载一时也[④]！"坚喜曰："是吾志也。"

注释

①"坚以扶风"句：坚下应有"以"字。原文脱漏，今补正。

②承业：继承帝业。　垂：将近。

③秘书监：官名，秘书省长官，执掌图书著作等事。

④"晋主不衔璧"句：衔璧，古代战败国君主请求投降的一种仪式。要缚手于后，惟见其面，衔璧为贽，手缚故衔之。　中国，指中原。　桑梓，桑和梓是古代家宅旁边常栽的树木，后用作故乡的代称。　告成岱宗，到泰山去祭祀天地，报告统一大业成功。

原文

尚书左仆射权翼曰："昔纣为无道，三仁在朝[①]，武王犹为之旋师。今晋虽微弱，未有大恶；谢安、桓冲皆江表伟人，君臣辑睦，内外同心。以臣观之，未可图也。"坚嘿然良久[②]，曰："诸君各言其志。"

太子左卫率石越曰："今岁镇守斗，福德在吴[③]。伐之，必有天殃。且彼据长江之险，民为之用，殆未可伐也！”坚曰：“昔武王伐纣，逆岁违卜。天道幽远，未易可知。夫差、孙皓皆保据江湖，不免于亡。今以吾之众，投鞭于江，足断其流，又何险之足恃乎！”对曰：“三国之君皆淫虐无道，故敌国取之，易于拾遗。今晋虽无德，未有大罪，愿陛下且案兵积谷，以待其衅。”于是群臣各言利害，久之不决。坚曰：“此所谓筑舍道傍，无时可成④。吾当内断于心耳！”

注释

①三仁：指商纣王的贤臣微子、箕子、比干三人。

②嘿然：静默不语。嘿，同“默”。

③岁镇守斗，福德在吴：岁，太岁，即木星；镇，同“正”；斗：南斗星。古代天文学家以星象作为地理上的分野，斗、牛、女星是吴、越、扬州的分野，象征东南地区。古人迷信说法，认为太岁星行到哪里，哪里就当运有福。吴，吴地，指东晋。这两句是说，今年木星正运行到东南方，晋朝正在走运的时候，不要去侵犯它。

④“此所谓”句：语见《诗经·小雅·小旻》：“如彼筑室于道谋，是用不溃于成。”意为在道旁盖房子，向过路人征求意见，因主张各不相同，致使房子久久不能盖成。

原文

群臣皆出，独留阳平公融，谓之曰：“自古定大事者，不过一二臣而已。今众言纷纷，徒乱人意，吾当与汝决之。”对曰：“今伐晋有三难：天道不顺，一也；晋国无衅，二也；我数战兵疲，民有畏敌之心，三也。群臣言晋不可伐者，皆忠臣也，愿陛下听之。”坚作色曰：“汝亦如此，吾复何望！吾强兵百万，资仗如山①；吾虽未为令主②，亦非暗劣。乘累捷之势，击垂亡之国，何患不克，岂可复留此残寇，使长为国家之忧哉！”融泣曰：“晋未可灭，昭然甚明。今劳师大举，恐无万全之功。且臣之所忧，不止于此。陛下宠育鲜卑、羌、羯③，布满畿甸④，此属皆我之深仇。太子独与弱卒数万留守京师，臣惧有不虞之变生于腹心肘掖⑤，不可悔也。臣之顽愚，诚不足采；王景略一时英杰⑥，陛下常比之诸葛武侯，独不记其临没之言乎！”坚不听。于是朝臣进谏者众，坚曰：“以吾击晋，校其强弱之势⑦，犹疾风之扫秋叶，而朝廷内外皆言不可，诚吾所不解也！”

太子宏曰：“今岁在吴分，又晋君无罪，若大举不捷，恐威名外挫，财力内竭，此群下所以疑也！”坚曰：“昔吾灭燕，亦犯岁而捷，天道固难知也。秦灭六国，六国之君岂皆暴虐乎！”

注释

①资仗：资财、兵器。

②令主：贤能的君主。令，善。

③宠育：优待扶植。

④畿甸：京城周围地区。

⑤不虞之变：意外的变化。虞，预料。 腹心肘掖：比喻要害之处。这里指京城及周围地区。掖，通“腋”。

⑥王景略：即王猛，苻坚的重要谋士，曾为苻坚丞相。临终前曾建议苻坚不要攻晋。

⑦校（jiào）：比较。

【原文】

冠军、京兆尹慕容垂言于坚曰：“弱并于强，小并于大，此理势自然，非难知也。以陛下神武应期，威加海外，虎旅百万，韩、白满朝，而蕞尔江南[①]，独违王命，岂可复留之以遗子孙哉！《诗》云：‘谋夫孔多，是用不集[②]。’陛下断自圣心足矣，何必广询朝众！晋武平吴，所仗者张、杜二三臣而已[③]，若从朝众之言，岂有混一之功乎！”坚大悦，曰：“与吾共定天下者，独卿而已。”赐帛五百匹。

坚锐意欲取江东，寝不能旦。阳平公融谏曰：“‘知足不辱，知止不殆。’自古穷兵极武，未有不亡者。且国家本戎狄也，正朔会不归人[④]。江东虽微弱仅存，然中华正统，天意必不绝之。”坚曰：“帝王历数[⑤]，岂有常邪！惟德之所在耳！刘禅岂非汉之苗裔邪，终为魏所灭。汝所以不如吾者，正病此不达变通耳！”

【注释】

①韩、白：韩指汉韩信，白指秦白起。二人均以善将兵著称。后指多谋善算者。 蕞（zuì）尔：形容小（多指地区）。

②“谋夫孔多”句：意为出主意的人多了，事情就办不成功。用，以。集，成功。

③张、杜：张，张华，西晋大臣。杜，杜预，西晋将领。这两个人曾积极支持晋武帝司马炎出兵攻吴。

④“正朔”句：意为中国的统治权不会转移到汉族以外的民族手中。正，一年的开始。朔，一月的开始。正朔，一年的第一天。

⑤历数：古代的人认为帝位相承与天象运行的次序相应，所以称帝王相承的次序为历数。

【原文】

坚素信重沙门道安，群臣使道安乘间进言[①]。十一月，坚与道安同辇游于东苑，坚曰：“朕将与公南游吴、越，泛长江，临沧海，不亦乐乎！”安曰：“陛下应天御世[②]，居中土而制四维[③]，自足比隆尧、舜，何必栉风沐雨[④]，经略遐方乎！且东南卑湿，沴气易构[⑤]，虞舜游而不归，大禹往而不复。何足以上劳大驾也！”坚曰：“天生烝民而树之君[⑥]，使司牧之，朕岂敢惮劳，使彼一方独不被泽乎！必如公言，是古之帝王皆无征伐也！”道安曰：“必不得已，陛下宜驻跸洛阳[⑦]，遣使者奉尺书于前，诸将总六师于后，彼必稽首入臣，不必亲涉江、淮也。”坚不听。

【注释】

①沙门：佛教名词。专指依照戒律出家修道的人。

②应天御世：顺应天命，治理天下。

③四维：泛指以中原为中心的东西南北四方边远地区。

④栉（zhì）风沐雨：以风梳发，用雨洗头，形容到处奔波，不避风雨，非常辛劳。栉，木梳子，这里用作动词。

⑤沴（lì）气：恶气。

⑥烝（zhēng）民：众民；庶民。烝，众多。

⑦驻跸（bì）：古代帝王出行，途中停留暂住。跸，帝王出行时开路清道，禁止通行。因即以指帝王的车驾。

【原文】

坚所幸张夫人谏曰："妾闻天地之生万物，圣王之治天下，皆因其自然而顺之，故功无不成。是以黄帝服牛乘马，因其性也；禹浚九川[①]，障九泽[②]，因其势也；后稷播殖百谷，因其时也；汤、武帅天下而攻桀、纣，因其心也。皆有因则成，无因则败。今朝野之人皆言晋不可伐，陛下独决意行之，妾不知陛下何所因也。《书》曰：'天聪明自我民聪明[③]。'天犹因民，而况人乎！妾又闻王者出师，必上观天道，下顺人心。今人心既不然矣，请验之天道。谚云：'鸡夜鸣者不利行师，犬群嗥者宫室将空，兵动马惊，军败不归。'自秋、冬以来，众鸡夜鸣，群犬哀嗥，厩马多惊，武库兵器自动有声，此皆非出师之祥也。"坚曰："军旅之事，非妇人所当预也！"

坚幼子中山公诜最有宠，亦谏曰："臣闻国之兴亡，系贤人之用舍[④]。今阳平公，国之谋主，而陛下违之；晋有谢安、桓冲，而陛下伐之，臣窃惑之。"坚曰："天下大事，孺子安知[⑤]！"

【注释】

①浚：挖深，疏通。　九川：一说指九州的大川。一说以弱、黑、河、瀁、江、沇、淮、渭、洛为九川。

②障：阻塞。　九泽：九处大泽，无确指。

③"天聪明"句：出自《尚书》，意思是上天以民众的视听作为自己的视听，天顺民意。

④系贤人之用舍：决定于任用还是舍弃贤人。

⑤孺子：儿童；后生。

【原文】

八年(383)

夏，五月，桓冲帅众十万伐秦，攻襄阳；遣前将军刘波等攻沔北诸城；辅国将军杨亮攻蜀，拔五城，进攻涪城；鹰扬将军郭铨攻武当。六月，冲别将攻万岁、筑阳，拔之。秦王坚遣征南将军巨鹿公叡、冠军将军慕容垂等帅步骑五万救襄阳，兖州刺史张崇救武当，后将军张蚝、步兵校尉姚苌救涪城[①]；叡军于新野，垂军于邓城。桓冲退屯沔南。秋，七月，郭铨及冠军将军桓石虔败张崇于武当，掠二千户以归。巨鹿公叡遣慕容垂为前锋，进临沔水。垂夜命军士人持十炬，系于树枝，光照数十里。冲惧，退还上明。张蚝出斜谷，杨亮引兵还。冲表其兄子石民领襄城太守，戍夏口，冲自求领江州刺史；诏许之。

秦王坚下诏大举入寇，民每十丁遣一兵；其良家子年二十已下[2]，有材勇者，皆拜羽林郎。又曰："其以司马昌明为尚书左仆射，谢安为吏部尚书，桓冲为侍中；势还不远，可先为起第[3]。"良家子至者三万馀骑，拜秦州主簿赵盛之为少年都统[4]。是时，朝臣皆不欲坚行，独慕容垂、姚苌及良家子劝之。阳平公融言于坚曰："鲜卑、羌虏，我之仇雠，常思风尘之变以逞其志[5]，所陈策画，何可从也！良家少年皆富饶子弟，不闲军旅[6]，苟为谄谀之言以会陛下之意。今陛下信而用之，轻举大事，臣恐功既不成，仍有后患，悔无及也！"坚不听。

注释

①涪（fú）城：古县名，治所在今四川三台西北。

②良家子：本指出身务农人家的子弟，这里指富贵人家的子弟。

③"势还"句：从形势看，灭晋还师的日子已经不远了。可先给出征立功将士修建宅第。

④主簿：掌管文书簿籍及办理事务的官。魏晋以后，渐为统兵开府之大臣幕府中重要僚属，参与机要，总领府事。

⑤风尘：比喻战乱。

⑥闲：通"娴"。熟悉，熟练。

【原文】

八月，戊午[1]，坚遣阳平公融督张蚝、慕容垂等步骑二十五万为前锋；以兖州刺史姚苌为龙骧将军，督益、梁州诸军事。坚谓苌曰："昔朕以龙骧建业，未尝轻以授人，卿其勉之[2]！"左将军窦冲曰："王者无戏言，此不祥之征也！"坚默然。

慕容楷、慕容绍言于慕容垂曰："主上骄矜已甚，叔父建中兴之业[3]，在此行也！"垂曰："然。非汝，谁与成之！"

甲子[4]，坚发长安，戎卒六十馀万，骑二十七万，旗鼓相望，前后千里。九月，坚至项城，凉州之兵始达咸阳，蜀、汉之兵方顺流而下，幽、冀之兵至于彭城，东西万里，水陆齐进，运漕万艘[5]。阳平公融等兵三十万，先至颍口。

注释

①戊午：指农历八月初二。

②勉：尽力。

③中兴之业：指恢复鲜卑族建立过的燕国。

④甲子：指农历八月初八。

⑤漕：水道运粮。

【原文】

诏以尚书仆射谢石为征虏将军、征讨大都督，以徐、兖二州刺史谢玄为前锋都督，与辅国将军谢琰、西中郎将桓伊等众共八万拒之；使龙骧将军胡彬以水军五千援寿阳[①]。琰，安之子也。

是时，秦兵既盛，都下震恐[②]。谢玄入，问计于谢安，安夷然[③]，答曰："已别有旨。"既而寂然。玄不敢复言，乃令张玄重请。安遂命驾出游山墅[④]，亲朋毕集，与玄围棋赌墅。安棋常劣于玄，是日，玄惧，便为敌手而又不胜。安遂游陟[⑤]，至夜乃还。桓冲深以根本为忧，遣精锐三千入卫京师。谢安固却之，曰："朝廷处分已定[⑥]，兵甲无阙，西藩宜留以为防。"冲对佐吏叹曰："谢安石有庙堂之量，不闲将略[⑦]。今大敌垂至，方游谈不暇，遣诸不经事少年拒之，众又寡弱，天下事已可知，吾其左衽矣[⑧]！"

【注释】

①"诏以尚书"句：诏，指东晋孝武帝下诏。寿阳，县名，今安徽寿县。

②都下：东晋都城建康，今江苏南京。

③夷然：平静的样子。

④命驾：命令准备车马。

⑤游陟：登山游玩。

⑥处（chǔ）分：处理；处置。

⑦不闲将略：不熟悉用兵之道。闲，通"娴"，娴熟。

⑧吾其左衽矣：我们要穿外族的衣服了，意为将要灭亡了。我国古代某些少数民族的服装，前襟向左掩，异于中原一带人民的右衽。当时中原地区的人因以左衽为受异族统治的代称。

【原文】

冬，十月，秦阳平公融等攻寿阳；癸酉[①]，克之，执平虏将军徐元喜等[②]。融以其参军河南郭褒为淮南太守。慕容垂拔郧城。胡彬闻寿阳陷，退保硖石，融进攻之。秦卫将军梁成等帅众五万屯于洛涧，栅淮以遏东兵[③]。谢石、谢玄等去洛涧二十五里而军[④]，惮成不敢进。胡彬粮尽，潜遣使告石等曰[⑤]："今贼盛，粮尽，恐不复见大军！"秦人获之，送于阳平公融。融驰使白秦王坚曰："贼少易擒，但恐逃去，宜速赴之！"坚乃留大军于项城，引轻骑八千，兼道就融于寿阳。遣尚书朱序来说谢石等，以为"强弱异势，不如速降"。序私谓石等曰："若秦百万之众尽至，诚难与为敌。今乘诸军未集，宜速击之；若败其前锋，则彼已夺气[⑥]，可遂破也[⑦]。"

【注释】

①癸酉：指农历十月十八日。

②执：捉，俘虏。
③栅淮：在淮水边设置栅栏。　东兵：这里指东晋的军队。
④去：距，离开。
⑤潜：暗中，偷偷地。
⑥夺气：丧失锐气。
⑦遂：顺利。

【原文】

石闻坚在寿阳，甚惧，欲不战以老秦师[①]。谢琰劝石从序言。十一月，谢玄遣广陵相刘牢之帅精兵五千人趣洛涧，未至十里，梁成阻涧为陈以待之。牢之直前渡水，击成，大破之，斩成及弋阳太守王咏，又分兵断其归津[②]，秦步骑崩溃，争赴淮水，士卒死者万五千人，执秦扬州刺史王显等，尽收其器械军实。于是谢石等诸军，水陆继进。秦王坚与阳平公融登寿阳城望之，见晋兵部阵严整，又望八公山上草木，皆以为晋兵，顾谓融曰："此亦勍敌[③]，何谓弱也！"怃然始有惧色[④]。

【注释】

①老：疲惫；疲劳。这里为使动用法。
②断：截断。　归津：撤退的渡口。
③勍（qíng）敌：势力强大的敌人或对手。勍，强有力。
④怃（wǔ）然：怅然失意的样子。

【原文】

秦兵逼肥水而陈[①]，晋兵不得渡。谢玄遣使谓阳平公融曰："君悬军深入[②]，而置陈逼水，此乃持久之计，非欲速战者也。若移陈少却，使晋兵得渡，以决胜负，不亦善乎！"秦诸将皆曰："我众彼寡，不如遏之，使不得上，可以万全。"坚曰："但引兵少却，使之半渡，我以铁骑蹙而杀之，蔑不胜矣[③]！"融亦以为然，遂麾兵使却[④]。秦兵遂退，不可复止，谢玄、谢琰、桓伊等引兵渡水击之。融驰骑略陈[⑤]，欲以帅退者，马倒，为晋兵所杀，秦兵遂溃。玄等乘胜追击，至于青冈；秦兵大败，自相蹈藉而死者[⑥]，蔽野塞川。其走者闻风声鹤唳，皆以为晋兵且至，昼夜不敢息，草行露宿，重以饥冻，死者什七八。

初，秦兵少却，朱序在陈后呼曰："秦兵败矣！"众遂大奔。序因与张天锡、徐元喜皆来奔。获秦王坚所乘云母车[⑦]。复取寿阳，执其淮南太守郭褒。

【注释】

①逼：靠近，接近。　肥水：即淝水，源出安徽合肥西北将军岭，在八公山南入淮水。　陈：同"阵"。列阵。

②悬军深入：孤军深入。
③蹙（cù）：逼迫；紧压。　蔑不胜：无不胜。
④麾兵：指挥军队。
⑤略陈：巡视阵地。
⑥蹈藉：践踏。
⑦云母车：用云母镶嵌的车。

原文

坚中流矢，单骑走至淮北，饥甚，民有进壶飧、豚髀者[①]，坚食之，赐帛十匹，绵十斤。辞曰："陛下厌苦安乐，自取危困。臣为陛下子，陛下为臣父，安有子饲其父而求报乎[②]？"弗顾而去。坚谓张夫人曰："吾今复何面目治天下乎！"潸然流涕[③]。

谢安得驿书[④]，知秦兵已败，时方与客围棋，摄书置床上，了无喜色，围棋如故。客问之，徐答曰："小儿辈遂已破贼。"既罢，还内[⑤]，过户限[⑥]，不觉屐齿之折[⑦]。

秦王坚收集离散，比至洛阳，众十馀万，百官、仪物，军容粗备。

注释

①壶飧（sūn）：壶，以壶盛水。飧，熟食。　豚髀（túnbì）：猪大腿。豚，小猪，泛指猪。髀，大腿。
②饲：供食物给人吃。
③潸（shān）然：流泪的样子。
④驿书：由驿站传送来的战报。
⑤内：内宅。
⑥户限：门槛。
⑦不觉屐齿之折：连木屐底下的条齿折断了也不觉得，形容谢安内心的喜悦。

◎北魏孝文帝改革

题解

为了缓和阶级矛盾，限制地方豪强势力，加强中央集权，更有效地统治各族人民，以冯太后和孝文帝为首的北魏统治者进行了一系列的改革。内容包括：整顿吏治；规定由县一级征收租调；颁布俸禄制、均田令；以三长制取代宗主督护制，抑制地方豪强的荫庇人口；改革租调制度；把都城从平城(今山西大同东北)迁至洛阳；改革鲜卑旧俗；鲜卑贵族门阀化，提倡他们与汉族高门通婚；首创从品；确定班族，使鲜卑贵族与汉士族得以进一步融合。通过孝文帝的改革，北魏的社会经济有了很大的发展，鲜卑贵族进一步封建化。本文节选自《资治通鉴》卷一三五至一四〇，标题为编者所加。

原文

(南齐武帝)永明元年(483)

十二月，癸丑，魏始禁同姓为婚。

二年(484)

(六月)魏旧制：户调帛二匹，絮二斤，丝一斤，谷二十斛[①]；又入帛一匹二丈，委之州库，以供调外之费；所调各随土之所出。丁卯，诏曰："置官班禄[②]，行之尚矣；自中原丧乱，兹制中绝。朕宪章旧典，始班俸禄。户增调帛三匹，谷二斛九斗，以为官司之禄；增调外帛二匹。禄行之后，赃满一匹者死。变法改度，宜为更始[③]，其大赦天下。"

九月，魏诏，班禄以十月为始，季别受之。旧律，枉法十匹，义赃二十匹，罪死；至是，义赃一匹，枉法无多少，皆死。仍分命使者，纠按守宰之贪者[④]。

注释

①斛：量器名，也是容量单位。古代以十斗为一斛。南宋末年改为五斗。

②班禄：分等级制定俸禄。班，位次，规定等级。禄，俸禄。

③宜为更始：应该除旧布新。

④守宰：官员。

原文

秦、益二州刺史恒农李洪之以外戚贵显，为治贪暴，班禄之后，洪之首以赃败。魏主命锁赴平城，集百官亲临数之；犹以其大臣，听在家自裁[①]。自余守宰坐赃死者四十馀人。受禄者无不跼蹐[2]，赇赂殆绝。然吏民犯他罪者，魏主率宽之，疑罪奏谳多减死徙边，岁以千计。都下决大辟[3]，岁不过五六人；州镇亦简。

久之，淮南王佗奏请依旧断禄，文明太后召群臣议之[4]。中书监高闾以为："饥寒切身[5]，慈母不能保其子。今给禄，则廉者足以无滥，贪者足以劝慕；不给，则贪者得肆其奸，廉者不能自保。淮南之议，不亦谬乎！"诏从闾议。

注释

①自裁：自杀。

②跼蹐（jújí）：畏缩不安。

③大辟：死刑。

④文明太后：即冯太后。北魏文成帝皇后，孝文帝祖母。献文帝时开始临朝听政，孝文帝时继续执政。临朝二十五年，死后谥文明太皇太后。

⑤切身：亲身感受；迫切于身。

原文

三年(485)

二月，己亥，魏制皇子皇孙有封爵者，岁禄各有差。

(八月)魏初，民多荫附[1]；荫附者皆无官役，而豪强征敛倍于公赋。给事中李安世上言："岁饥民流，田业多为豪右所占夺；虽桑井难复，宜更均量，使力业相称[2]。又，所争之田，宜限年断，事久难明，悉归今主，以绝诈妄。"魏主善之，由是始议均田。冬，十月，丁未，诏遣使者循行州郡，与牧守均给天下之田：诸男夫十五以上受露田四十亩[3]，妇人二十亩，奴婢依良丁；牛一头，受田三十亩，限止四牛。所授之田，率倍之；三易之田，再倍之，以供耕作及还受之盈缩。人年及课则受田[4]，老免及身没则还田[5]。奴婢、牛随有无以还受。初受田者，男夫给二十亩，课种桑五十株；桑田皆为世业，身终不还。恒计见口[6]，有盈者无受无还，不足者受种如法，盈者得卖其盈。诸宰民之官，各随近给公田有差，更代相付；卖者坐如律。

注释

①荫附：依附在官僚、贵族、地主、豪绅等特权势力之下。

②力业：力，劳动力。业，土地。力业，劳动力和土地。

③露田：北魏至隋行均田制时，计口分配种植谷物而要交还的田。

④人年及课：到了国家规定的纳税年龄的人。

⑤身没：死。

⑥恒计见口：始终按人口计算。

原文

四年(486)

春，正月，癸亥朔，魏高祖朝会，始服衮冕[①]。

(二月)魏无乡党之法，唯立宗主督护[②]；民多隐冒，三五十家始为一户。内秘书令李冲上言："宜准古法：五家立邻长，五邻立里长，五里立党长，取乡人强谨者为之[③]。邻长复一夫[④]，里长二夫，党长三夫；三载无过，则升一等。其民调，一夫一妇，帛一匹，粟二石。大率十匹为公调，二匹为调外费，三匹为百官俸。此外复有杂调[⑤]。民年八十已上，听一子不从役[⑥]。孤独、癃老、笃疾、贫穷不能自存者[⑦]，三长内迭养食之[⑧]。"书奏，诏百官通议。中书令郑羲等皆以为不可。太尉丕曰："臣谓此法若行，于公私有益。但方有事之月，校比户口，民必劳怨。请过今秋，至冬乃遣使者，于事为宜。"冲曰："'民可使由之，不可使知之。'若不因调时，民徒知立长校户之勤，未见均徭省赋之益，心必生怨。宜及调课之月，令知赋税之均，既识其事，又得其利，行之差易。"群臣多言："九品差调，为日已久，一旦改法，恐成扰乱。"文明太后曰："立三长则课调有常准，苞荫之户可出，侥幸之人可止，何为不可！"甲戌，初立党、里、邻三长，定民户籍。民始皆愁苦，豪强者尤不愿。既而课调省费十馀倍，上下安之。

夏，四月，辛酉朔，魏始制五等公服[⑨]；甲子，初以法服、御辇祀南郊[⑩]。

八月，乙亥，魏给尚书五等爵已上朱衣、玉佩、大小组绶。

注释

①衮冕：衮衣和冠冕，是古代皇帝及大夫的礼服和礼帽。

②宗主督护：当时大族多聚族而居，推族中大地主一人为宗主都护，他掌握聚居地的领导权，势力很大。

③强谨：强壮且谨慎。

④复：这里指免除徭役。

⑤复：又；更。

⑥听：听任；任凭。

⑦癃（lóng）老：衰弱多病的老年人。

⑧迭：更迭；轮流。

⑨五等公服：天子、诸侯、卿、大夫、士之服饰。

⑩法服：古代礼法规定的服饰。

原文

五年(487)

春，正月，丁亥朔，魏主诏定乐章，非雅者除之。

(夏，五月)魏春夏大旱，代地尤甚；加以牛疫，民馁死者多[①]。六月，癸未，诏内外之臣极言无隐。齐州刺史韩麒麟上表曰："古先哲王，储积九稔[②]；逮于中代[③]，亦崇斯业，入粟者与斩敌同爵，力田者与孝悌均赏[④]。今京师民庶，不田者多，游食之口，参分居二。自承平日久，丰穰积年，竞相矜夸，遂成侈俗。贵富之家，童妾袨服[⑤]，工商之族，仆隶玉食，而农夫阙糟糠，蚕妇乏短褐。故令耕者日少，田有荒芜；谷帛罄于府库，宝货盈于市里；衣食匮于室，丽服溢于路。饥寒之本，实在于斯。愚谓凡珍异之物，皆宜禁断；吉凶之礼，备为格式；劝课农桑，严加赏罚。数年之中，必有盈赡。往年校比户贯，租赋轻少。臣所统齐州，租粟才可给俸，略无入仓，虽于民为利，而不可长久。脱有戎役[⑥]，或遭天灾，恐供给之方，无所取济。可减绢布，增益谷租；年丰多积，岁俭出赈。所谓私民之谷，寄积于官，官有宿积，则民无荒年矣。"秋，七月，己丑，诏有司开仓赈贷，听民出关就食。遣使者造籍，分遣去留，所过给粮廪，所至三长赡养之。

注释

①馁（něi）：饥饿。

②九稔（rěn）：九年。古代指谷一熟为年，故亦谓年为稔。

③中代：指秦、汉时期。

④孝：指敬顺父母。　悌：指尊敬兄长。

⑤童妾袨（xuàn）服：奴仆和侍妾穿着炫目的盛服，说明很奢侈。童，奴仆。妾，古代男子在妻子以外娶的女人，地位很低，犹如奴仆。袨服，炫目的盛服。

⑥脱：倘或；或许。

原文

九月，辛未，魏诏罢起部无益之作，出宫人不执机杼者。冬，十月，丁未，又诏罢尚方锦绣、绫罗之工；四民欲造，任之无禁。是时，魏久无事，府藏盈积。诏尽出御府衣服珍宝、太官杂器、太仆乘具、内库弓矢刀铃十分之八[①]，外府衣物、缯布、丝纩非供国用者，以其太半班赉百司，下至工、商、皁隶，逮于六镇边戍，畿内鳏、寡、孤、独、贫、癃，皆有差[②]。

魏秘书令高祐、丞李彪奏请改《国书》编年为纪、传、表、志，魏主从之。祐，允之从祖弟也。十二月，诏彪与著作郎崔光改修《国书》。光，道固之从孙也。

注释

①"诏尽出"句：御府，皇帝的府库。太仆，九卿之一。掌皇帝的舆马和马政。

②差：不同；差别。

原文

七年(489)

(春，正月，辛亥)魏主祀南郊，始备大驾[①]。

夏，四月，丁丑，魏主诏曰："升楼散物以赉百姓[②]，至使人马腾践，多有伤毁；今可断之，以本所费之物[③]，赐老疾贫独者[④]。"

注释

①大驾：指皇帝的车驾。《后汉书·舆服志上》称："乘舆大驾，公卿奉引，太仆御，大将军参乘，属车八十一乘。"

②赍：赏赐。

③费：花费；耗损。

④独：老年无子。

【原文】

八年(490)

(十二月)初，太祖以南方钱少，更欲铸钱。建元末，奉朝请孔觊上言，以为："食货相通，理势自然。李悝云：'籴甚贵伤民[①]，甚贱伤农。'甚贱甚贵，其伤一也。三吴，国之关奥[②]，比岁时被水潦而籴不贵，是天下钱少，非谷贱，此不可不察也。铸钱之弊，在轻重屡变。重钱患难用，而难用为累轻；轻钱弊盗铸，而盗铸为祸深。民所以盗铸，严法不能禁者，由上铸钱惜铜爱工也。惜铜爱工者，意谓钱为无用之器，以通交易，务欲令质轻而数多，使省工而易成，不详虑其为患也。夫民之趋利，如水走下。今开其利端，从以重刑，是导其为非而陷之于死，岂为政欤！汉兴，铸轻钱，民巧伪者多。至元狩中，始惩其弊，乃铸五铢钱，周郭其上下，令不可磨取鋊[③]，而计其费不能相偿，私铸益少，此不惜铜不爱工之效也。王者不患无铜乏工，每令民不能竞，则盗铸绝矣。宋文帝铸四铢，至景和，钱益轻，虽有周郭，而镕冶不精，于是盗铸纷纭而起，不可复禁。此惜铜爱工之验也。凡铸钱，与其不衷，宁重无轻。自汉铸五铢至宋文帝，历五百馀年，制度世有废兴，而不变五铢者，明其轻重可法、得货之宜故也。按今钱文率皆五铢，异钱时有耳。自文帝铸四铢，又不禁民翦凿[④]，为祸既博，钟弊于今[⑤]，岂不悲哉！晋氏不铸钱，后经寇戎水火，耗散沈铄，所失岁多，譬犹磨砻砥砺[⑥]，不见其损，有时而尽，天下钱何得不竭！钱竭则士、农、工、商皆丧其业，民何以自存！愚以为宜如旧制，大兴镕铸，钱重五铢，一依汉法。若官铸者已布于民，便严断翦凿，轻小破缺无周郭者，悉不得行。官钱细小者，称合铢两，销以为大，利贫良之民，塞奸巧之路。钱货既均，远近若一，百姓乐业，市道无争，衣食滋殖矣。"太祖然之，使诸州郡大市铜炭。会晏驾，事寝。

自太祖治黄籍[⑦]，至上，谪巧者戍缘淮各十年，百姓怨望。乃下诏："自宋升明以前，皆听复注；其有谪役边疆，各许还本；此后有犯，严加翦治。"

注释

①籴（dí）：买进粮食。

②关奥：这里指西南要塞。关，要塞。奥，室内西南角，为尊位。

③铬（yù）：铜屑。
④翦凿：用剪刀绞断，打孔。
⑤钟：汇聚。
⑥磨砻（lóng）砥砺：在磨刀石上磨。砻，磨。
⑦黄籍：用黄纸书写的户籍总册。

原文

九年(491)

八月，壬辰，又诏议养老及禋于六宗之礼[①]。先是，魏常以正月吉日于朝廷设幕，中置松柏树，设五帝座而祠之。又有探策之祭。帝皆以为非礼，罢之。戊戌，移道坛于桑干之阴[②]，改曰崇虚寺。

(十一月)乙亥，魏大定官品。戊戌，考诸牧守。

魏旧制，群臣季冬朝贺[③]，服袴褶行事[④]，谓之小岁；丙戌，诏罢之。

注释

①禋（yīn）：祭祀。　六宗：古代祭祀的六位神。六宗的说法不一，一说水火雷风山泽，一说天地四方。
②阴：水的南面为阴。
③季冬：冬季末。
④袴褶（kùdié）：套裤和夹衣。

原文

(十二月)初，晋张斐、杜预共注《律》三十卷，自泰始以来用之。《律》文简约，或一章之中，两家所处，生杀顿异[①]，临时斟酌，吏得为奸。上留心法令，诏狱官详正旧注。七年，尚书删定郎王植集定二注，表奏之。诏公卿、八座参议考正[②]，竟陵王子良总其事；众议异同不能壹者，制旨平决[③]。是岁，书成。廷尉山阴孔稚珪上表，以为："《律》文虽定，苟用失其平，则法书徒明于裹里，冤魂犹结于狱中。窃寻古之名流，多有法学；今之士子，莫肯为业。纵有习者，世议所轻，将恐此书永沦走吏之手矣。今若置《律》助教，依《五经》例，国子生有欲读者，策试高第，即加擢用[④]，以补内外之官，庶几士流有所劝慕[⑤]。"诏从其请，事竟不行。

注释

①顿：立即。
②八座：东汉至唐代一般以尚书令、仆射、五曹或六曹（部）尚书为八座。
③平决：评论决定。
④擢（zhuó）：选拔。
⑤庶几：也许可以，表希望。

【原文】

十年(492)

(春，正月)魏主命群臣议行次[①]。中书监高闾议，以为："帝王莫不以中原为正统，不以世数为与夺，善恶为是非。故桀、纣至虐，不废夏、商之历；厉、惠至昏，无害周、晋之录。晋承魏为金，赵承晋为水，燕承赵为木，秦承燕为火。秦之既亡，魏乃称制玄朔[②]；且魏之得姓，出于轩辕；臣愚以为宜为土德。"秘书丞李彪、著作郎崔光等议，以为："神元与晋武往来通好，至于桓、穆，志辅晋室，是则司马祚终于郏鄏[③]，而拓跋受命于云代。昔秦并天下，汉犹比之共工，卒继周为火德；况刘、石、苻氏，地褊世促，魏承其弊，岂可舍晋而为土邪？"司空穆亮等皆请从彪等议。壬戌，诏承晋为水德，祖申、腊辰。

魏旧制，四时祭庙皆用中节[④]，丙子，诏始用孟月[⑤]，择日而祭。

夏，四月，丁亥朔，魏班新律令，大赦。

【注释】

①行次：五行的次序。
②玄朔：北方。
③郏鄏（jiárǔ）：古地名。其地在今河南洛阳境内。
④中节：这里专指四时仲月的中气，即春分、秋分、夏至、冬至。
⑤孟月：四季的头一个月，即正月、四月、七月、十月。

【原文】

十一年(493)

魏主以平城地寒[①]，六月雨雪[②]，风沙常起，将迁都洛阳；恐群臣不从，乃议大举伐齐，欲以胁众。斋于明堂左个，使太常卿王谌筮之[③]，遇《革》，帝曰："'汤、武革命，应乎天而顺乎人。'吉孰大焉！"群臣莫敢言。尚书任城王澄曰："陛下奕叶重光[④]，帝有中土；今出师以征未服，而得汤、武革命之象，未为全吉也。"帝厉声曰："繇云：'大人虎变[⑤]'，何言不吉！"澄曰："陛下龙兴已久[⑥]，何得今乃虎变！"帝作色曰："社稷我之社稷，任城欲沮众邪[⑦]！"澄曰："社稷虽为陛下之有，臣为社稷之臣，安可知危而不言！"帝久之乃解，曰："各言其志，夫亦何伤！"

【注释】

①平城：古县名。秦置，治所在今山西大同。北魏天兴元年（398）迁都于此。
②雨雪：降雪。雨，作动词用。
③筮：用蓍草占卦。
④奕叶：累代。　重光：日有重日，也就是日晕或日珥现象，古人认为是一种瑞应。借以指太平之世。

⑤大人：君主。
⑥龙兴：做皇帝。
⑦沮（jǔ）：阻拦、破坏。

【原文】

既还宫，召澄入见，逆谓之曰[①]："向者《革卦》，今当更与卿论之[②]。明堂之忿[③]，恐人人竞言，沮我大计，故以声色怖文武耳。想识朕意。"因屏人谓澄曰："今日之举，诚为不易。但国家兴自朔土[④]，徙居平城；此乃用武之地，非可文治。今将移风易俗，其道诚难，朕欲因此迁宅中原，卿以为何如？"澄曰："陛下欲卜宅中土以经略四海[⑤]，此周、汉所以兴隆也。"帝曰："北人习常恋故，必将惊扰，奈何？"澄曰："非常之事，故非常人之所及。陛下断自圣心，彼亦何所能为！"帝曰："任城，吾之子房也[⑥]！"

【注释】

①逆：迎。
②向者：刚才。
③明堂：古代天子宣明政教的地方，凡朝会及祭祀、庆赏、选士、养老、教学等大典，均于其中举行。
④朔：北方。
⑤经略：策划处理。
⑥子房：指汉代张良。张良字子房，汉高祖刘邦的谋士，佐汉灭秦楚，因功封留侯。

【原文】

（九月）魏主自发平城至洛阳，霖雨不止[①]。丙子，诏诸军前发。丁丑，帝戎服，执鞭乘马而出。群臣稽颡于马前[②]。帝曰："庙算已定[③]，大军将进，诸公更欲何云？"尚书李冲等曰："今者之举，天下所不愿，唯陛下欲之。臣不知陛下独行，竟何之也！臣等有其意而无其辞，敢以死请！"帝大怒曰："吾方经营天下，期于混壹，而卿等儒生，屡疑大计；斧钺有常[④]，卿勿复言！"策马将出[⑤]，于是安定王休等并殷勤泣谏。帝乃谕群臣曰："今者兴发不小，动而无成，何以示后！朕世居幽朔，欲南迁中土；苟不南伐，当迁都于此，王公以为何如？欲迁者左，不欲者右。"安定王休等相帅如右。南安王桢进曰："'成大功者不谋于众。'今陛下苟辍南伐之谋，迁都洛邑，此臣等之愿，苍生之幸也。"群臣皆呼万岁。时旧人虽不愿内徙，而惮于南伐，无敢言者；遂定迁都之计。

【注释】

①霖雨：连绵的大雨。霖，久雨。《左传·隐公九年》："凡雨，自三日以往为霖。"
②稽颡（qǐsǎng）：古代的一种跪拜礼。屈膝下拜，以额触地。

③庙算：指朝廷的重大决策。
④斧钺有常：意思是国有常刑。
⑤策马：鞭打马。策，马鞭。

原文

南齐明帝建武元年(494)

(春，正月)癸亥，魏主南巡；戊辰，过比干墓，祭以太牢[①]，魏主自为祝文曰："乌呼介士，胡不我臣！"

乙亥，魏主如洛阳西宫。中书侍郎韩显宗上书陈四事：其一以为："窃闻舆驾今夏不巡三齐，当幸中山[②]。往冬舆驾停邺，当农隙之时，犹比屋供奉，不胜劳费。况今蚕麦方急，将何以堪命！且六军涉暑，恐生疠疫。臣愿早还北京，以省诸州供张之苦[③]，成洛都营缮之役。"其二以为："洛阳宫殿故基，皆魏明帝所造，前世已讥其奢。今兹营缮，宜加裁损。又，顷来北都富室，竞以第舍相尚；宜因迁徙，为之制度。及端广衢路，通利沟渠。"其三以为："陛下之还洛阳，轻将从骑。王者于闱闼之内犹施警跸[④]，况涉履山河而不加三思乎！"其四以为："陛下耳听法音，目玩坟典，口对百辟[⑤]，心虞万机[⑥]，景昃而食[⑦]，夜分而寝；加以孝思之至，随时而深；文章之业，日成篇卷；虽睿明所用，未足为烦，然非所以啬神养性，保无疆之祚也。伏愿陛下垂拱司契而天下治矣[⑧]。"帝颇纳之。显宗，麒麟之子也。

注释

①太牢：古代帝王、诸侯祭祀社稷时，牛、羊、豕三牲为太牢。也有专指牛的。
②中山：郡名。西汉高祖置。景帝改为国。十六国后燕改为中山尹。北魏改为郡。治所在今河北定州。
③供张：陈设、供应。
④警跸：警戒禁止行人。
⑤百辟：泛指朝中大官。
⑥万机：皇帝所需要处理的各种政务。
⑦景昃（zè）：指太阳已经偏西。景，日影。昃，侧。
⑧垂拱司契：垂拱，清净无为而治。司契，抓住最重要的。

原文

显宗又上言，以为："州郡贡察，徒有秀、孝之名，而无秀、孝之实；朝廷但检其门望，不复弹坐。如此，则可令别贡门望以叙士人，何假冒秀、孝之名也！夫门望者，乃其父祖之遗烈，亦何益于皇家！益于时者，贤才而已。苟有其才，虽屠、钓、奴、虏，圣王不耻以为臣；苟非其才，虽三后之胤[①]，坠于皂隶矣[②]。议者或云'今世等无奇才，不若取士于门'，此亦失矣。岂可以世无周、邵，遂废宰相邪！但当校其寸长、铢重者先叙之，则贤才无遗矣。

“又，刑罚之要，在于明当，不在于重。苟不失有罪，虽捶挞之薄[3]，人莫敢犯；若容可侥幸，虽参夷之严[4]，不足惩禁。今内外之官，欲邀当时之名，争以深刻为无私，迭相敦厉[5]，遂成风俗。陛下居九重之内，视人如赤子；百司分万务之任，遇下如仇雠。是则尧、舜止一人，而桀、纣以千百；和气不至，盖由于此。谓宜敕示百僚，以惠元元之命。

“又，昔周居洛邑，犹存宗周；汉迁东都，京兆置尹。案《春秋》之义，有宗庙曰都，无曰邑。况代京，宗庙山陵所托，王业所基，其为神乡福地，实亦远矣，今便同之郡国，臣窃不安。谓宜建畿置尹，一如故事，崇本重旧，光示万叶[6]。

注释

①胤：后代。

②皂（zào）隶：古代贱役。

③捶挞：用鞭子打。

④参（sān）夷：一种刑法，夷三族，即父族、母族、妻族；或父、子、孙；或父母、兄弟、妻子。

⑤敦厉：劝勉；勉力。

⑥叶：世。

【原文】

“又，古者四民异居[1]，欲其业专志定也。太祖道武皇帝创基拨乱，日不暇给，然犹分别士庶，不令杂居，工伎屠沽，各有攸处[2]；但不设科禁，久而混都。今闻洛邑居民之制，专以官位相从，不分族类。夫官位无常，朝荣夕悴，则是衣冠、皂隶不日同处矣。借使一里之内，或调习歌舞，或构肄诗书，纵群儿随其所之，则必不弃歌舞而从诗书矣。然则使工伎之家习士人风礼，百年难成；士人之子效工伎容态，一朝而就。是以仲尼称里仁之美[3]，孟母勤三徙之训[4]。此乃风俗之原，不可不察。朝廷每选人士，校其一婚一宦以为升降，何其密也！至于度地居民，则清浊连甍[5]，何其略也！今因迁徙之初，皆是空地，分别工伎，在于一言，有何可疑而阙盛美！

“又，南人昔有淮北之地，自比中华，侨置郡县。自归附圣化，仍而不改，名实交错[6]，文书难辨。宜依地理旧名，一皆厘革，小者并合，大者分置，及中州郡县，昔以户少并省，今民口既多，亦可复旧。

“又，君人者以天下为家，不可有所私。仓库之储，以供军国之用，自非有功德者不可加赐。在朝诸贵，受禄不轻；比来赐赉，动以千计。若分以赐鳏寡孤独之民，所济实多；今直以与亲近之臣，殆非周急不继富之谓也[7]。”帝览奏，甚善之。

注释

①四民：指士、农、工、商。

②攸处：所居住的地方。

③里仁之美：意思是说：居住在有仁风的地方才好。里，住所，这里作动词用，有“居住”的意思。《论语·里仁》载：“子曰：‘里仁为美；择不处仁，焉得知！’”

④“孟母”句：《列女传》卷一《母仪传》曰：“孟轲母，其舍近墓。孟子少嬉游，为墓间之事。孟母曰：‘此非吾所以处子也。’乃去，舍市旁，其嬉戏乃贾人衒卖之事。又曰：‘此非吾所以处子也。’复徙舍学宫之旁，其嬉乃设俎豆，揖逊进退。孟母曰：‘此真可以居吾子矣。’遂居焉。”

⑤甍（méng）：屋脊。

⑥交错：交叉错杂。

⑦周急不继富：《论语·雍也》：“子曰：‘君子周急不继富。’”周，周济，救济。继，接济。

【原文】

壬寅，魏主北巡；癸卯，济河；三月，壬申，至平城。使群臣更论迁都利害，各言其志。燕州刺史穆罴曰：“今四方未定，未宜迁都。且征伐无马，将何以克？”帝曰：“厩牧在代[①]，何患无马！今代在恒山之北，九州之外，非帝王之都也。”尚书于果曰：“臣非以代地为胜伊、洛之美也。但自先帝以来，久居于此，百姓安之；一旦南迁，众情不乐。”平阳公丕曰：“迁都大事，当讯之卜筮。”帝曰：“昔周、邵圣贤，乃能卜宅。今无其人，卜之何益！且‘卜以决疑，不疑何卜！’黄帝卜而龟焦，天老曰‘吉’，黄帝从之。然则至人之知未然[②]，审于龟矣。王者以四海为家，或南或北，何常之有！朕之远祖，世居北荒，平文皇帝始都东木根山，昭成皇帝更营盛乐[③]，道武皇帝迁于平城。朕幸属胜残之运，何为独不得迁乎！”群臣不敢复言。罴，寿之孙；果，烈之弟也。癸酉，魏主临朝堂，部分迁留。

九月，壬申朔，魏诏曰：“三载考绩，三考黜陟[④]；可黜者不足为迟，可进者大成赊缓[⑤]。朕今三载一考，即行黜陟，欲令愚滞无妨于贤者，才能不拥于下位。各令当曹考其优劣为三等，其上下二等仍分为三。六品已下，尚书重问；五品已上，朕将亲与公卿论其善恶，上上者迁之，下下者黜之，中者守其本任。”

戊申，魏主亲告太庙，使高阳王雍、于烈奉迁神主于洛阳；辛亥，发平城。

魏主至洛阳，欲澄清流品[⑥]，以尚书崔亮兼吏部郎。亮，道固之兄孙也。

魏主欲变易旧风，壬寅，诏禁士民胡服。国人多不悦。

魏主欲自将入寇。癸卯，中外戒严。戊申，诏代民迁洛者复租赋三年。相州刺史高闾上表称：“洛阳草创，曹虎既不遣质任，必无诚心，无宜轻举。”魏主不从。

【注释】

①厩（jiù）牧：厩，马房。牧，放牧的地方。

②至人：古代用以指思想道德等某方面达到最高境界的人。

③盛乐：地名。在今内蒙古和林格尔西北。三国魏时拓跋鲜卑定都于此。

④黜陟：指官吏的进退和升降。

⑤赊缓：宽缓；缓慢。

⑥流品：流，品级；流别。品，旧时官吏的等级。

原文

建武二年(495)

(春，正月)癸酉，魏诏："淮北之人不得侵掠，犯者以大辟论[①]。"

(夏，四月)癸丑，魏主如小沛；己未，如瑕丘；庚申，如鲁城，亲祠孔子；辛酉，拜孔氏四人、颜氏二人官，仍选诸孔宗子一人封崇圣侯，奉孔子祀，命兖州修孔子墓，更建碑铭。

(五月)甲午，魏太子冠于庙[②]。魏主欲变北俗，引见群臣，谓曰："卿等欲朕远追商、周，为欲不及汉、晋邪？"咸阳王禧对曰："群臣愿陛下度越前王耳。"帝曰："然则当变风易俗，当因循守故邪？"对曰："愿圣政日新。"帝曰："为止于一身，为欲传之子孙邪？"对曰："愿传之百世！"帝曰："然则必当改作，卿等不得违也。"对曰："上令下从，其谁敢违！"帝曰："夫'名不正，言不顺，则礼乐不可兴'。今欲断诸北语，一从正音。其年三十已上，习性已久，容不可猝革。三十已下，见在朝廷之人，语音不听仍旧[③]；若有故为，当加降黜。各宜深戒！王公卿士以为然不？"对曰："实如圣旨。"帝曰："朕尝与李冲论此，冲曰：'四方之语，竟知谁是[④]；帝者言之，即为正矣。'冲之此言，其罪当死！"因顾冲曰："卿负社稷，当令御史牵下！"冲免冠顿首谢。又责留守之官曰："昨望见妇女犹服夹领小袖，卿等何为不遵前诏！"皆谢罪。帝曰："朕言非是，卿等当庭争[⑤]。如何入则顺旨，退则不从乎！"六月，己亥，下诏："不得为北俗之语于朝廷。违者免所居官！"

戊午，魏改用长尺、大斗，其法依《汉志》为之。

(八月)魏金墉宫成，立国子、太学、四门小学于洛阳[⑥]。

注释

①大辟：死刑。

②冠（guàn）：男子年二十所举行的加冠礼，亦即成人礼。

③不听：不顺从，不听从。

④四方之语，竟知谁是：天下各处的人，言语不同，不知应当以谁为标准。

⑤庭争：在朝廷上和皇帝力争。

⑥四门小学：学校初设于京师四门，故称。

原文

十二月，乙未朔，魏主见群臣于光极堂，宣下品令，为大选之始。光禄勋于烈子登引例求迁官，烈上表曰："方今圣明之朝，理应廉让，而臣子登引人求进；是臣素无教训[①]，乞行黜落！"魏主曰："此乃有识之言，不谓烈能办此！"乃引见登，谓曰："朕将流化天下，以卿父有谦逊之美、直士之风[2]，故进卿为太子翊军校尉。"又加烈散骑常侍，封聊城县子。

魏主谓群臣曰："国家从来有一事可叹：臣下莫肯公言得失是也。夫人君患不能纳谏[3]，人臣患不能尽忠。自今朕举一人，如有不可，卿等直言其失；若有才能而朕所不识，卿等亦当举之。如是，得人者有赏，不言者有罪，卿等当知之。"

先是，魏人未尝用钱，魏主始命铸太和五铢。是岁，鼓铸粗备[4]，诏公私用之。

【注释】

①教训：教育训导。

②直士：坦率正直的人。

③患：忧虑。

④鼓铸：熔金属以铸器械或钱币。

【原文】

三年(496)

(春，正月，丁卯)魏主下诏，以为："北人谓土为拓，后为跋。魏之先出于黄帝，以土德王，故为拓跋氏。夫土者，黄中之色，万物之元也；宜改姓元氏。诸功臣旧族自代来者，姓或重复，皆改之。"于是始改拔拔氏为长孙氏，达奚氏为奚氏，乙旃氏为叔孙氏，丘穆陵氏为穆氏，步六孤氏为陆氏，贺赖氏为贺氏，独孤氏为刘氏，贺楼氏为楼氏，勿忸于氏为于氏，尉迟氏为尉氏；其馀所改，不可胜纪。

魏主雅重门族[1]，以范阳卢敏、清河崔宗伯、荥阳郑羲、太原王琼四姓，衣冠所推[2]，咸纳其女以充后宫。陇西李冲以才识见任，当朝贵重，所结姻娅[3]，莫非清望；帝亦以其女为夫人。诏黄门郎、司徒左长史宋弁定诸州士族，多所升降。又诏以："代人先无姓族，虽功贤之胤，无异寒贱；故宦达者位极公卿，其功、衰之亲仍居猥任[4]。其穆、陆、贺、刘、楼、于、嵇、尉八姓，自太祖已降，勋著当世，位尽王公，灼然可知者，且下司州、吏部，勿充猥官[5]，一同四姓。自此以外，应班士流者，寻续别敕。其旧为部落大人，而皇始已来三世官在给事已上及品登王公者为姓；若本非大人，而皇始已来三世官在尚书已上及品登王公者亦为姓。其大人之后而官不显者为族；若本非大人而官显者亦为族。凡此姓族，皆应审核，勿容伪冒。令司空穆亮、尚书陆琇等详定，务令平允。"琇，馛之子也。

【注释】

①门族：豪门望族。

②衣冠：古代士以上的服装。引申为世族、士绅。

③姻娅（lián）：姻亲。

④“其功、衰（cuī）之亲”句：功、衰之亲，就是大功、小功、齐衰之亲。猥任，比较卑下的职位。
⑤猥官：职位低下的官。

原文

魏旧制：王国舍人皆应娶八族及清修之门[①]。咸阳王禧娶隶户为之[②]，帝深责之，因下诏为六弟聘室："前者所纳，可为妾媵[③]。咸阳王禧，可聘故颍川太守陇西李辅女；河南王干，可聘故中散大夫代郡穆明乐女；广陵王羽，可聘骠骑咨议参军荥阳郑平城女；颍川王雍，可聘故中书博士范阳卢神宝女；始平王勰，可聘廷尉卿陇西李冲女；北海王详，可聘吏部郎中荥阳郑懿女。"懿，羲之子也。

众议以薛氏为河东茂族[④]。帝曰："薛氏，蜀也，岂可入郡姓！"直阁薛宗起执戟在殿下，出次对曰："臣之先人，汉末仕蜀，二世复归河东，今六世相袭，非蜀人也。伏以陛下黄帝之胤[⑤]，受封北土，岂可亦谓之胡邪！今不预郡姓，何以生为！"乃碎戟于地。帝徐曰："然则朕甲、卿乙乎？"乃入郡姓，仍曰："卿非'宗起'，乃'起宗'也！"

注释

①舍：谓诸王妃嫔之舍，其人即妃嫔也。　八族：即从平城迁都而来的八姓。
②隶户：指没入为奴隶的户。
③媵（yìng）：古代指随嫁，也指随嫁的人。
④茂族：盛族、大族。
⑤伏：敬辞。

原文

帝与群臣论选调曰："近世高卑出身，各有常分；此果如何？"李冲对曰："未审上古已来，张官列位，为膏粱子弟乎[①]，为致治乎？"帝曰："欲为治耳。"冲曰："然则陛下今日何为专取门品，不拔才能乎？"帝曰："苟有过人之才，不患不知。然君子之门，借使无当世之用，要自德行纯笃，朕故用之。"冲曰："傅说、吕望[②]，岂可以门地得之[③]！"帝曰："非常之人，旷世乃有一二耳。"秘书令李彪曰："陛下若专取门地，不审鲁之三卿，孰若四科[④]？"著作佐郎韩显宗曰："陛下岂可以贵袭贵，以贱袭贱！"帝曰："必有高明卓然、出类拔萃者，朕亦不拘此制。"顷之，刘昶入朝，帝谓昶曰："或言唯能是寄，不必拘门；朕以为不尔。何者？清浊同流，混齐一等，君子小人，名器无别，此殊为不可。我今八族以上士人，品第有九；九品之外，小人之官复有七等。若有其人，可起家为三公。正恐贤才难得，不可止为一人浑我典制也[⑤]。"

注释

①膏粱子弟：指富贵人家的子弟。

②傅说（yuè）：商王武丁的大臣，传说原是傅岩地方从事版筑的奴隶。　吕望：即姜太公，原垂钓于渭滨，知遇周文王，辅周武王伐商，为西周的开国大臣。

③门地：也作“门第”。指门阀地位，封建时代地主阶级内部家族的等级。

④四科：儒家评论人物的分类，包括德行、言语、政事、文学。

⑤浑：浑浊。

原文

丙午，魏诏："畿内七十已上，暮春赴京师行养老之礼。"三月，丙寅，宴群臣及国老、庶老于华林园[①]。"诏："国老，黄耇已上[②]，假中散大夫[③]、郡守；耆年已上[④]，假给事中、县令。庶老，直假郡、县，各赐鸠杖、衣裳。"

注释

①国老：卿大夫致仕者。　庶老：士。

②黄耇（gǒu）：形容长寿者。黄，指黄发。耇，老。

③假：给予。

④耆：古称六十岁为耆。

◎隋军灭陈

题解

南北朝后期，南朝陈后主宠爱张丽华等人，纵情歌舞，不理朝政，政治腐败。而长江以北的隋朝却日益强大，从君主到臣下，厉兵秣马，为统一中国进行准备。在双方力量此消彼长的情况下，隋军于公元588年大举攻陈，生擒陈后主，从而一举灭陈。本文节选自《资治通鉴》卷一七六、卷一七七，标题为编者所加。

原文

陈(长城公)至德二年(584)

(冬，十一月)上自居临春阁[①]，张贵妃居结绮阁，龚、孔二贵嫔居望仙阁，并复道交相往来[②]。又有王、李二美人，张、薛二淑媛，袁昭仪、何婕妤、江修容，并有宠，迭游其上[③]。以宫人有文学者袁大捨等为女学士。仆射江总虽为宰辅，不亲政务，日与都官尚书孔范、散骑常侍王瑳等文士十馀人，侍上游宴后庭，无复尊卑之序，谓之“狎客”。上每饮酒，使诸妃、嫔及女学士与狎客共赋诗，互相赠答，采其尤艳丽者，被以新声，选宫女千馀人习而歌之，分部迭进。其曲有《玉树后庭花》、《临春乐》等，大略皆美诸妃嫔之容色。君臣酣歌[④]，自夕达旦，以此为常。

注释

①上：指南朝陈的皇帝陈叔宝。

②复道：高楼间或山岩险要处架空的通道，阁道。

③迭：更迭；轮流。

④酣歌：沉湎于歌乐。

原文

张贵妃名丽华，本兵家女，为龚贵嫔侍儿，上见而悦之，得幸，生太子深。贵妃发长七尺，其光可鉴，性敏慧，有神彩，进止详华，每瞻视眄睐[①]，光采溢目，照映左右。善候人主颜色，引荐诸宫女；后宫咸德之，竞言其善。又有厌魅之术，常置淫祀于宫中，聚女巫鼓舞。上怠于政事，百司启奏，并因宦者蔡脱儿、李善度进请；上倚隐囊[②]，置张贵妃于膝上，共决之。李、蔡所不能记者，贵妃并为条疏，无所遗脱。因参访外事，人间有一言一事，贵妃必先知白之；由是益加宠异，冠绝后庭。宦官近习，内外连结，援引宗戚，纵横不法，卖官鬻狱，货赂公行；赏罚之命，不出于外[③]。大臣有不从者，因而谮之。于是孔、张之权熏灼四方[④]，大臣执政皆从风谄附。

注释

①瞻视眄睐（miǎnlài）：仰视为瞻，正观为视，斜视为眄，旁视为睐。
②隐囊：放在座位上的靠垫。
③赏罚之命，不出于外：指诏命不从中书而从宫掖发布。
④熏灼：比喻气焰逼人。

【原文】

（长城公）祯明元年（587）

（十一月）初，隋主受禅以来，与陈邻好甚笃，每获陈谍，皆给衣马礼遣之，而高宗犹不禁侵掠。故太建之末，隋师入寇；会高宗殂，隋主即命班师，遣使赴吊，书称姓名顿首。帝答之益骄，书末云："想彼统内如宜[①]，此宇宙清泰[②]。"隋主不悦，以示朝臣。上柱国杨素以为主辱臣死，再拜请罪。

隋主问取陈之策于高颎，对曰："江北地寒，田收差晚[③]；江南水田早熟。量彼收获之际，微征士马，声言掩袭，彼必屯兵守御，足得废其农时。彼既聚兵，我便解甲。再三若此，彼以为常；后更集兵，彼必不信。犹豫之顷，我乃济师[④]；登陆而战，兵气益倍。又，江南土薄，舍多茅竹，所有储积皆非地窖。若密遣行人因风纵火[⑤]，待彼修立，复更烧之。不出数年，自可财力俱尽。"隋主用其策，陈人始困[⑥]。

注释

①如宜：顺遂适宜。
②清泰：清平安定。
③差晚：比较晚。
④济：渡。
⑤行人：使者的通称。
⑥困：贫乏。

【原文】

于是杨素、贺若弼及光州刺史高劢、虢州刺史崔仲方等争献平江南之策[①]。仲方上书曰："今唯须武昌以下[②]，蕲、和、滁、方、吴、海等州，更帖精兵[③]，密营度计；益、信、襄、荆、基、郢等州，速造舟楫，多张形势，为水战之具。蜀、汉二江是其上流，水路冲要，必争之所。贼虽于流头、荆门、延洲、公安、巴陵、隐矶、夏首、蕲口、湓城置船，然终聚汉口、峡口，以水战大决。若贼必以上流有军，令精兵赴援者，下流诸将即须择便横渡；如拥众自卫，上江诸军鼓行以前[④]。彼虽恃九江、五湖之险，非德无以为固；徒有三吴、百越之兵，非恩不能自立矣。"隋主以仲方为基州刺史。

及受萧岩等降[⑤]，隋主益忿，谓高颎曰："我为民父母，岂可限一衣带水不拯之乎！”命大作战船。人请密之，隋主曰：“吾将显行天诛，何密之有！”使投其柹于江[6]，曰：“若彼惧而能改，吾复何求！”

注释

①高劢（mài）：人名。　虢（guó）州：隋开皇三年（583）置，治卢氏（今属河南）。
②须：通“需”，需要。
③帖：增添。
④上江诸军：指蜀江、汉江顺流东下的水军。
⑤受：接受。
⑥柹（fèi）：削下的木片。

原文

杨素在永安，造大舰，名曰“五牙”。上起楼五层，高百馀尺；左右前后置六拍竿[1]，并高五十尺，容战士八百人；次曰“黄龙”，置兵百人。自馀平乘、舴艋各有等差[2]。

晋州刺史皇甫续将之官，稽首言陈有三可灭[3]。帝问其状，曰：“大吞小，一也；以有道伐无道，二也；纳叛臣萧岩，于我有词，三也。陛下若命将出师，臣愿展丝发之效[4]！”隋主劳而遣之。

注释

①拍竿：用来拍打敌船的工具。
②自馀：其馀。　等差（cī）：等第，级次。
③稽首：古代一种跪拜礼，即叩头到地。是九拜中最恭敬者。
④丝发：这里比喻微小。

原文

祯明二年(588)

(三月)戊寅，隋主下诏曰：“陈叔宝据手掌之地[1]，恣溪壑之欲[2]，劫夺闾阎[3]，资产俱竭，驱逼内外，劳役弗已；穷奢极侈，俾昼作夜[4]；斩直言之客，灭无罪之家；欺天造恶，祭鬼求恩；盛粉黛而执干戈，曳罗绮而呼警跸；自古昏乱，罕或能比。君子潜逃，小人得志。天灾地孽，物怪人妖。衣冠钳口，道路以目。重以背德违言，摇荡疆埸[5]；昼伏夜游，鼠窃狗盗。天之所覆，无非朕臣，每关听览，有怀伤恻。可出师授律，应机诛殄；在斯一举，永清吴越。”又送玺书暴帝二十恶[6]；仍散写诏书三十万纸，遍谕江外[7]。

注释

①陈叔宝：就是陈后主。

②恣溪壑之欲：地方虽小而贪欲无穷。
③阎闾：里巷的大门称闾，中门称阎，合称里巷的门，借指里巷或平民。
④俾（bǐ）昼作夜：从早到晚。
⑤疆埸（yì）：田间的小路，边境。
⑥暴：显露。
⑦江外：中原以江南为江外。

【原文】

(冬，十月)甲子，隋以出师，有事于太庙[①]，命晋王广、秦王俊、清河公杨素皆为行军元帅。广出六合，俊出襄阳，素出永安，荆州刺史刘仁恩出江陵，蕲州刺史王世积出蕲春，庐州总管韩擒虎出庐江，吴州总管贺若弼出广陵，青州总管弘农燕荣出东海，凡总管九十[②]，兵五十一万八千，皆受晋王节度[③]。东接沧海，西拒巴、蜀，旌旗舟楫，横亘数千里[④]。以左仆射高颎为晋王元帅长史，右仆射王韶为司马，军中事皆取决焉；区处支度[⑤]，无所凝滞。

【注释】

①有事于太庙：按照古代的礼节，出兵前要先告庙。太庙，帝王的祖庙。
②总管：周、隋的制度，行军将帅称总管。
③节度：指挥。
④亘：连绵。
⑤区处支度：处理调度。

【原文】

(十二月)隋军临江，高颎谓行台吏部郎中薛道衡曰："今兹大举，江东必可克乎？"道衡曰："克之。尝闻郭璞有言：'江东分王三百年，复与中国合。'今此数将周，一也。主上恭俭勤劳[①]，叔宝荒淫骄侈，二也。国之安危在所委任，彼以江总为相，唯事诗酒，拔小人施文庆，委以政事，萧摩诃、任蛮奴为大将，皆一夫之用耳，三也。我有道而大，彼无德而小，量其甲士不过十万，西自巫峡，东至沧海，分之则势悬而力弱，聚之则守此而失彼，四也。席卷之势，事在不疑。"颎欣然曰："得君言成败之理，令人豁然。本以才学相期，不意筹略乃尔[②]。"

杨素引舟师下三峡，军至流头滩。将军戚昕以青龙百馀艘守狼尾滩[③]，地势险峭，隋人患之。素曰："胜负大计，在此一举。若昼日下船，彼见我虚实，滩流迅激，制不由人，则吾失其便；不如以夜掩之。"素亲帅黄龙数千艘，衔枚而下，遣开府仪同三司王长袭引步卒自南岸击昕别栅[④]，大将军刘仁恩帅甲骑自北岸趣白沙，迟明而至，击之；昕败走，悉俘其众，劳而遣之，秋毫不犯。

素帅水军东下，舟舻被江，旌甲曜日。素坐平乘大船[⑤]，容貌雄伟，陈人望之，皆惧，曰："清河公即江神也⑥！"

注释

①恭：指恭敬。端庄而有礼貌。
②乃尔：如此。
③青龙：战舰名。
④栅：栅栏。这里指营垒。
⑤平乘：大船名。
⑥清河公：杨素的封爵。

原文

初，上以萧岩、萧瓛，梁之宗室，拥众来奔①，心忌之，故远散其众，以岩为东扬州刺史，瓛为吴州刺史；使领军任忠出守吴兴郡，以襟带二州②。使南平王嶷镇江州③，永嘉王彦镇南徐州。寻召二王赴明年元会④，命缘江诸防船舰悉从二王还都，为威势以示梁人之来者。由是江中无一斗船，上流诸州兵皆阻杨素军，不得至。

湘州刺史晋熙王叔文，在职既久，大得人和，上以其据有上流，阴忌之；自度素与群臣少恩，恐不为用，无可任者，乃擢施文庆为都督、湘州刺史，配以精兵二千，欲令西上；仍征叔文还朝。文庆深喜其事，然惧出外之后，执事者持己短长，因进其党沈客卿以自代。

未发间，二人共掌机密。护军将军樊毅言于仆射袁宪曰："京口、采石俱是要地⑤，各须锐兵五千，并出金翅二百⑥，缘江上下，以为防备。"宪及骠骑将军萧摩诃皆以为然，乃与文武群臣共议，请如毅策。施文庆恐无兵从己，废其述职，而客卿又利文庆之任⑦，己得专权，俱言于朝曰："必有论议，不假面陈；但作文启，即为通奏。"宪等以为然，二人赍启入⑧。白帝曰："此是常事，边城将帅足以当之。若出人船，必恐惊扰。"

注释

①奔：投奔。
②襟带：如襟如带，比喻地势的回互萦带。这里用作动词。
③王嶷：人名。
④元会：皇帝元旦朝见群臣称元会，也叫正会。
⑤京口：今江苏镇江。因此地凭山临江，所以军事地位重要，并为陈首都建康（今南京）北方门户。采石：在今安徽当涂西北。
⑥金翅：船名。
⑦之任：去担任职务。 之，往。任，职务。
⑧赍（jī）：带着。 启：书札。

原文

及隋军临江，间谍骤至[1]，宪等殷勤奏请，至于再三。文庆曰："元会将逼，南郊之日，太子多从；今若出兵，事便废阙。"帝曰："今且出兵，若北边无事，因以水军从郊，何为不可！"又曰："如此则声闻邻境，便谓国弱。"后又以货动江总[2]，总内为之游说。帝重违其意[3]，而迫群官之请，乃令付外详议。总又抑宪等，由是议久不决。

帝从容谓侍臣曰："王气在此。齐兵三来，周师再来，无不摧败。彼何为者邪！"都官尚书孔范曰："长江天堑[4]，古以为限隔南北，今日虏军岂能飞渡邪！边将欲作功劳，妄言事急。臣每患官卑，虏若渡江，臣定作太尉公[5]！"或妄言北军马死，范曰："此是我马，何为而死！"帝笑以为然，故不为深备，奏伎、纵酒、赋诗不辍。

注释

①骤：屡次。

②以货动江总：江总，陈尚书令。这句话是说用财物贿赂江总。

③重违：难以反对。

④天堑（qiàn）：天然形成的隔断交通的大沟。这里指长江。

⑤太尉公：自晋、宋以来，习惯上称三公为太尉公、司徒公、司空公。

原文

隋（文帝）开皇九年（589）

春，正月，乙丑朔，陈主朝会群臣，大雾四塞，入人鼻，皆辛酸，陈主昏睡，至晡时乃寤[1]。

是日，贺若弼自广陵引兵济江。先是弼以老马多买陈船而匿之，买弊船五六十艘，置于渎内[2]。陈人觇之[3]，以为内国无船[4]。弼又请缘江防人每交代之际[5]，必集广陵，于是大列旗帜，营幕被野，陈人以为隋兵大至，急发兵为备，既知防人交代，其众复散；后以为常，不复设备。又使兵缘江时猎，人马喧噪。故弼之济江，陈人不觉。韩擒虎将五百人自横江宵济采石[6]，守者皆醉，遂克之。晋王广帅大军屯六合镇桃叶山。

注释

①晡时乃寤（wù）：黄昏时才醒。

②渎：小沟渠。

③觇（chān）：窥视。

④内国：就是中国，指隋统治的北方。

⑤交代：办理移交。

⑥宵：夜。

【原文】

丙寅，采石戍主徐子建驰启告变；丁卯，召公卿入议军旅[①]。戊辰，陈主下诏曰："犬羊陵纵[②]，侵窃郊畿，蜂虿有毒，宜时扫定。朕当亲御六师，廓清八表[③]，内外并可戒严。"以骠骑将军萧摩诃、护军将军樊毅、中领军鲁广达并为都督，司空司马消难、湘州刺史施文庆并为大监军，遣南豫州刺史樊猛帅舟师出白下，散骑常侍皋文奏将兵镇南豫州。重立赏格[④]，僧、尼、道士，尽令执役。

庚午，贺若弼攻拔京口，执南徐州刺史黄恪。弼军令严肃，秋毫不犯，有军士于民间酤酒者，弼立斩之。所俘获六千馀人，弼皆释之，给粮劳遣，付以敕书，令分道宣谕。于是所至风靡[⑤]。

【注释】

①军旅：指有关军队及作战的事。
②陵纵：放纵。
③廓清：肃清。
④赏格：悬赏所定的报酬数目。
⑤风靡：这里指闻风归降。

【原文】

樊猛在建康，其子巡摄行南豫州事[①]。辛未，韩擒虎进攻姑孰[②]。半日，拔之，执巡及其家口。皋文奏败还。江南父老素闻擒虎威信[③]，来谒军门者昼夜不绝。

鲁广达之子世真在新蔡，与其弟世雄及所部降于擒虎，遣使致书招广达。广达时屯建康，自劾，诣廷尉请罪；陈主慰劳之，加赐黄金，遣还营。樊猛与左卫将军蒋元逊将青龙八十艘于白下游弈，以御六合兵；陈主以猛妻子在隋军，惧有异志，欲使镇东大将军任忠代之，令萧摩诃徐谕猛[④]，猛不悦，陈主重伤其意而止[⑤]。

于是贺若弼自北道，韩擒虎自南道并进，缘江诸戍，望风尽走；弼分兵断曲阿之冲而入[⑥]。陈主命司徒豫章王叔英屯朝堂，萧摩诃屯乐游苑，樊毅屯耆阇寺[⑦]，鲁广达屯白土冈，忠武将军孔范屯宝田寺。己卯，任忠自吴兴入赴，仍屯朱雀门。

【注释】

①摄行：代行。
②姑孰：即姑熟，今安徽当涂。
③威信：声威信誉。
④徐：缓慢。
⑤伤：伤害。
⑥曲阿：地名。　冲：交通要道。

⑦耆阇（qíshé）寺：地名。

【原文】

辛未，贺若弼进据钟山，顿白土冈之东[①]。晋王广遣总管杜彦与韩擒虎合军，步骑二万屯于新林。蕲州总管王世积以舟师出九江，破陈将纪瑱于蕲口[②]，陈人大骇，降者相继。晋王广上状，帝大悦，宴赐群臣。

时建康甲士尚十馀万人，陈主素怯懦，不达军士[③]，唯日夜啼泣，台内处分，一以委施文庆。文庆既知诸将疾己，恐其有功，乃奏曰："此辈怏怏[④]，素不伏官[⑤]，迫此事机，那可专信！"由是诸将凡有启请，率皆不行。

【注释】

①顿：止宿，屯驻。
②纪瑱（zhèn）：人名。
③达：通晓，明白。　士：同"事"。
④怏怏（yàng）：因不满而郁郁不乐。
⑤官：当时称皇帝为官。

【原文】

贺若弼之攻京口也，萧摩诃请将兵逆战[①]，陈主不许。及弼至钟山，摩诃又曰："弼悬军深入，垒堑未坚，出兵掩袭，可以必克。"又不许。陈主召摩诃、任忠于内殿议军事，忠曰："兵法：客贵速战，主贵持重。今国家足兵足食，宜固守台城，缘淮立栅，北军虽来，勿与交战；分兵断江路，无令彼信得通。给臣精兵一万，金翅三百艘，下江径掩六合，彼大军必谓其渡江将士已被俘获，自然挫气。淮南土人与臣旧相知悉[②]，今闻臣往，必皆景从[③]。臣复扬声欲往徐州，断彼归路，则诸军不击自去。待春水既涨，上江周罗睺等众军必沿流赴援。此良策也。"陈主不能从。明日，欻然曰[④]："兵久不决，令人腹烦，可呼萧郎一出击之。"任忠叩头苦请勿战。孔范又奏："请作一决，当为官勒石燕然。"陈主从之，谓摩诃曰："公可为我一决！"摩诃曰："从来行陈，为国为身；今日之事，兼为妻子。"陈主多出金帛赋诸军以充赏[⑤]。甲申，使鲁广达陈于白土冈，居诸军之南，任忠次之，樊毅、孔范又次之，萧摩诃军最在北[⑥]。诸军南北亘二十里，首尾进退不相知。

【注释】

①逆战：迎战，接战。
②土人：当地人。
③景从：如影相从。景，通"影"。
④欻（xū）然：突然。

⑤赋：给予。
⑥最：聚合。

【原文】

贺若弼将轻骑登山，望见众军，因驰下，与所部七总管杨牙、员明等甲士凡八千，勒陈以待之。陈主通于萧摩诃之妻，故摩诃初无战意；唯鲁广达以其徒力战[①]，与弼相当。隋师退走者数四，弼麾下死者二百七十三人，弼纵烟以自隐，窘而复振。陈兵得人头，皆走献陈主求赏，弼知其骄惰，更引兵趣孔范；范兵暂交即走，陈诸军顾之，骑卒乱溃，不可复止，死者五千人。员明擒萧摩诃，送于弼，弼命牵斩之。摩诃颜色自若，弼乃释而礼之。

任忠驰入台，见陈主言败状，曰："官好住[②]，臣无所用力矣！"陈主与之金两縢[③]，使募人出战。忠曰："陛下唯当具舟楫，就上流众军，臣以死奉卫[④]。"陈主信之，敕忠出部分[⑤]，令宫人装束以待之[⑥]，怪其久不至。时韩擒虎自新林进军，忠已帅数骑迎降于石子冈。领军蔡徵守朱雀航，闻擒虎将至，众惧而溃。忠引擒虎军直入朱雀门，陈人欲战，忠挥之曰："老夫尚降，诸军何事[⑦]！"众皆散走。于是城内文武百司皆遁，唯尚书仆射袁宪在殿中，尚书令江总等数人居省中。陈主谓袁宪曰："我从来接遇卿不胜馀人，今日但以追愧。非唯朕无德，亦是江东衣冠道尽。"

【注释】

①徒：徒众。
②好住：好，宜。住，止。
③縢（téng）：捆，包裹。
④奉卫：帮助保卫。
⑤部分（fēn）：部署、安排。
⑥装束：整理行装。
⑦事：从事；治事。引申为抵抗。

【原文】

陈主遑遽[①]，将避匿，宪正色曰："北兵之入，必无所犯。大事如此，陛下去欲安之！臣愿陛下正衣冠，御正殿[②]，依梁武帝见侯景故事。"陈主不从，下榻驰去，曰："锋刃之下，未可交当，吾自有计！"从宫人十馀出后堂景阳殿，将自投于井，宪苦谏不从；后阁舍人夏侯公韵以身蔽井[③]，陈主与争，久之，乃得入。既而军人窥井，呼之，不应，欲下石，乃闻叫声；以绳引之，惊其太重，及出，乃与张贵妃、孔贵嫔同束而上。沈后居处如常。太子深年十五，闭阁而坐[④]，舍人孔伯鱼侍侧，军士叩阁而入，深安坐，劳之曰："戎旅在涂，不至劳也[⑤]！"军士咸致敬焉。时陈人宗室王侯在建康者百馀人，陈主恐其为变，皆召入，令屯朝堂，使豫章王叔英总督之，又阴为之备，及台城失守，相帅出降。

注释

①遑遽（huángjù）：同“惶遽”，惊惧慌张。
②御：迎迓。
③后阁舍人：宫内的事务官。
④阁：侧门。
⑤劳：费，烦。

原文

贺若弼乘胜至乐游苑，鲁广达犹督馀兵苦战不息，所杀获数百人，会日暮，乃解甲，面台再拜恸哭，谓众曰：“我身不能救国，负罪深矣！”士卒皆流涕歔欷[①]，遂就擒。诸门卫皆走，弼夜烧北掖门入，闻韩擒虎已得陈叔宝，呼视之，叔宝惶惧，流汗股栗，向弼再拜。弼谓之曰：“小国之君当大国之卿，拜乃礼也。入朝不失作归命侯，无劳恐惧。”既而耻功在韩擒虎后，与擒虎相诟[②]，挺刃而出[③]；欲令蔡徵为叔宝作降笺，命乘骡车归己，事不果。弼置叔宝于德教殿，以兵卫守。

高颎先入建康，颎子德弘为晋王广记室[④]，广使德弘驰诣颎所，令留张丽华，颎曰：“昔太公蒙面以斩妲己，今岂可留丽华！”乃斩之于青溪。德弘还报，广变色曰：“昔人云，‘无德不报’，我必有以报高公矣！”由是恨颎。

上遣使以陈亡告许善心，善心衰服号哭于西阶之下[⑤]，藉草东向坐三日，敕书唁焉[⑥]。明日，有诏就馆，拜通直散骑常侍，赐衣一袭。善心哭尽哀，入房改服，复出，北面立，垂泣，再拜受诏，明日乃朝，伏泣于殿下，悲不能兴。上顾左右曰：“我平陈国，唯获此人。既能怀其旧君，即我之诚臣也。”敕以本官直门下省。

注释

①歔欷（xūxī）：同“欷歔”，叹气，抽噎声。
②诟（gòu）：同“诟”，骂。
③挺：挺直。这里指手持。
④记室：古代官名。东汉置，后世因之。掌章表书记文檄。
⑤衰（cuī）服：这里指丧服。
⑥唁（yàn）：慰问遭丧的人。

原文

陈水军都督周罗睺与郢州刺史荀法尚守江夏[①]，秦王俊督三十总管水陆十余万屯汉口，不得进，相持逾月。陈荆州刺史陈慧纪遣南康内史吕忠肃屯岐亭，据巫峡，于北岸凿岩，缀铁锁三条，横截上流以遏隋船，忠肃竭其私财以充军用。杨素、刘仁恩奋兵击之，四十馀战，忠肃守险力争[②]，隋兵死者五千馀人，陈人尽取其鼻以求功赏。既而隋师屡捷，获陈之士卒，三纵之。忠肃弃栅而遁，素徐去其锁；忠肃复据荆门之延洲，素遣巴蜑千人[③]，乘五牙四艘，以拍竿碎其十馀舰，遂大破之，俘甲士二千馀人[④]，忠肃仅以身免。陈信州刺史顾觉屯安蜀城，弃城走。陈慧纪屯公安，悉烧其储蓄，引兵东下，于是巴陵以东无复城守者。陈慧纪帅将士三万人，楼船千馀艘，沿江而下，欲入援建康，为秦王俊所拒，不得前。是时，陈晋熙王叔文罢湘州，还，至巴州，慧纪推叔文为盟主。而叔文已帅巴州刺史毕宝等致书请降于俊，俊遣使迎劳之。会建康平，晋王广命陈叔宝手书招上江诸将，使樊毅诣周罗睺，陈慧纪子正业诣慧纪谕指。时诸城皆解甲，罗睺乃与诸将大临三日[⑤]，放兵散，然后诣俊降，陈慧纪亦降，上江皆平。杨素下至汉口，与俊会。王世积在蕲口，闻陈已亡，移书告谕江南诸郡，于是江州司马黄偲弃城走[⑥]，豫章诸郡太守皆诣世积降。

注释

①周罗睺（hóu）：人名。
②力争：竭力获得或达到。
③巴蜑：古代居住在巴中的少数民族。
④甲士：士兵；披甲执械的武士。
⑤临：面对。引申为对阵；相持。
⑥黄偲：人名。

原文

于是陈国皆平，得州三十，郡一百，县四百。诏建康城邑宫室，并平荡耕垦，更于石头置蒋州。

晋王广班师[①]，留王韶镇石头城，委以后事。三月，己巳，陈叔宝与其王公百司发建康，诣长安，大小在路，五百里累累不绝。帝命权分长安士民宅以俟之[②]，内外修整，遣使迎劳；陈人至者如归。夏，四月，辛亥，帝幸骊山，亲劳旋师。乙卯，诸军凯入，献俘于太庙，陈叔宝及诸王侯将相并乘舆服御、天文图籍等以次行列，仍以铁骑围之，从晋王广、秦王俊入，列于殿廷。拜广为太尉，赐辂车、乘马、衮冕之服、玄圭、白璧。丙辰，帝坐广阳门观，引陈叔宝于前，及太子、诸王二十八人，司空司马消难以下至尚书郎凡二百馀人，帝使纳言宣诏劳之[③]；次使内史令宣诏[④]，责以君臣不能相辅，乃至灭亡。叔宝及其群臣并愧惧伏地，屏息不能对。既而宥之[⑤]。

注释

①班师：指军队出征归来；还师。
②俟（sì）：等待。
③纳言：隋代官名。掌出纳王命。

④内史令：官名。隋改中书省为内史省，其长官中书令改称内史令。中书省总管国家政事。
⑤宥（yòu）：宽宥；赦罪。

【原文】

帝给赐陈叔宝甚厚，数得引见①，班同三品；每预宴，恐致伤心，为不奏吴音。后监守者奏言："叔宝云：'既无秩位②，每预朝集③，愿得一官号。'"帝曰："叔宝全无心肝④！"监者又言："叔宝常醉，罕有醒时。"帝问："饮酒几何？"对曰："与其子弟日饮一石。"帝大惊，使节其酒，既而曰："任其性；不尔，何以过日！"帝以陈氏子弟既多，恐其在京城为非，乃分置边州，给田业使为生，岁时赐衣服以安全之。

注释

①数得引见：几次受到接见。
②秩位：指官职。秩，官吏的俸禄。
③预：参与；干预。
④心肝：良心。

◎晋阳起兵

题解

隋朝末年，各地起义军风起云涌，李渊与其诸子利用太原的有利条件，内结豪杰，外连突厥，打着拥护隋朝统治的旗号，在太原聚结力量，然后起兵南下，为建立唐朝拉开序幕。本文节选自《资治通鉴》卷一八三、卷一八四，标题为编者所加。

原文

(隋恭帝)义宁元年(617)

(夏，四月)初，唐公李渊娶于神武肃公窦毅，生四男，建成、世民、玄霸、元吉；一女，适太子千牛备身临汾柴绍[①]。

世民聪明勇决[②]，识量过人[③]，见隋室方乱，阴有安天下之志，倾身下士[④]，散财结客，咸得其欢心[⑤]。世民娶右骁卫将军长孙晟之女[⑥]；右勋卫长孙顺德，晟之族弟也，与右勋侍池阳刘弘基，皆避辽东之役，亡命在晋阳[⑦]，依渊，与世民善。左亲卫窦琮，炽之孙也，亦亡命在太原，素与世民有隙，每以自疑；世民加意待之[⑧]，出入卧内，琮意乃安。

注释

①适：旧指女子出嫁。
②勇决：勇敢而有判断力。
③识量过人：见识气量超过常人。
④倾身下士：有礼貌地对待比自己身份低的人。倾身，侧身。
⑤咸：都。
⑥长孙晟（shèng）：洛阳人。字季晟。终右骁卫将军。
⑦晋阳：地名。在今山西太原南。
⑧加意：更加用心思。

原文

晋阳宫监猗氏裴寂，晋阳令武功刘文静，相与同宿。见城上烽火，寂叹曰："贫贱如此，复逢乱离，将何以自存！"文静笑曰："时事可知，吾二人相得[①]，何忧贫贱！"文静见李世民而异之，深自结纳[②]，谓寂曰："此非常人，豁达类汉高，神武同魏祖，年虽少，命世才也。"寂初未然之。

文静坐与李密连昏[③]，系太原狱[④]，世民就省之[⑤]。文静曰："天下大乱，非高、光之才[⑥]，不能定也。"世民曰："安知其无，但人不识耳。我来相省，非儿女子之情，欲与君议大事也。计将安出？”文静曰：“今主上南巡江、淮，李密围逼东都，群盗殆以万数。当此之际，有真主驱驾而用之，取天下如反掌耳。太原百姓皆避盗入城，文静为令数年，知其豪杰，一旦收拾，可得十万人，尊公所将之兵复且数万，一言出口，谁敢不从！以此乘虚入关，号令天下，不过半年，帝业成矣。”世民笑曰：“君言正合吾意。”乃阴部署宾客，渊不之知也。世民恐渊不从，犹豫久之，不敢言。

注释

①相得：彼此相处得很好。

②结纳：结交。

③坐：获罪。　李密：为当时农民起义军瓦岗军的首领。　连昏：指因为婚姻而有的姻亲关系。昏，通“婚”，结婚。

④系：拘禁。

⑤省（xǐng）：探望；问候。

⑥高、光：指汉高祖刘邦和汉光武帝刘秀。

原文

渊与裴寂有旧，每相与宴语，或连日夜。文静欲因寂关说[1]，乃引寂与世民交。世民出私钱数百万，使龙山令高斌廉与寂博，稍以输之，寂大喜，由是日从世民游，情款益狎[2]。世民乃以其谋告之，寂许诺。

会突厥寇马邑，渊遣高君雅将兵与马邑太守王仁恭并力拒之[3]；仁恭、君雅战不利，渊恐并获罪，甚忧之。世民乘间屏人说渊曰[4]：“今主上无道，百姓困穷，晋阳城外皆为战场。大人若守小节[5]，下有寇盗，上有严刑，危亡无日。不若顺民心，兴义兵，转祸为福，此天授之时也。”渊大惊曰：“汝安得为此言，吾今执汝以告县官！”因取纸笔，欲为表。世民徐曰[6]：“世民观天时人事如此，故敢发言；必欲执告，不敢辞死！”渊曰：“吾岂忍告汝，汝慎勿出口！”明日，世民复说渊曰：“今盗贼日繁，遍于天下，大人受诏讨贼，贼可尽乎？要之[7]，终不免罪。且世人皆传李氏当应图谶[8]，故李金才无罪，一朝族灭。大人设能尽贼，则功高不赏，身益危矣！唯昨日之言，可以救祸，此万全之策也，愿大人勿疑！”渊乃叹曰：“吾一夕思汝言，亦大有理。今日破家亡躯亦由汝，化家为国亦由汝矣！”

注释

①关说：指通关节，说人情。

②情款益狎：感情越来越真诚亲近。

③马邑：地名。今属山西朔州。

④屏人：使人退避。

⑤大人：对长辈的敬称。

⑥徐：缓慢。
⑦要之：要，若要；假如。之，代上句。
⑧图谶（chèn）：宣扬预言、隐语等迷信内容的书籍。

原文

先是，裴寂私以晋阳宫人侍渊[①]，渊从寂饮，酒酣，寂从容言曰："二郎阴养士马，欲举大事，正为寂以宫人侍公，恐事觉并诛，为此急计耳。众情已协[②]，公意如何？"渊曰："吾儿诚有此谋，事已如此，当复奈何，正须从之耳。"

帝以渊与王仁恭不能御寇，遣使者执诣江都。渊大惧。世民与寂等复说渊曰："今主昏国乱，尽忠无益。偏裨失律，而罪及明公[③]。事已迫矣，宜早定计。且晋阳士马精强，宫监蓄积巨万，以兹举事，何患无成！代王幼冲，关中豪杰并起，未知所附，公若鼓行而西[④]，抚而有之，如探囊中之物耳。奈何受单使之囚[⑤]，坐取夷灭乎！"渊然之，密部勒，将发；会帝继遣使者驰驿赦渊及仁恭，使复旧任，渊谋亦缓。

注释

①宫人：嫔妃、宫女的通称。
②情：情况，态度。　协：一致。
③明公：古时对有名位者的尊称。此处指李渊。
④鼓行：敲着鼓走。古代军队出战时要擂鼓和呐喊，以壮大声势，所以鼓行是指军队出战。
⑤单使之囚：听一个使臣的命令（即跟随皇帝派来的使者去江都）而成为囚犯。

原文

渊之为河东讨捕使也，请大理司直夏侯端为副。端，详之孙也，善占候及相人[①]，谓渊曰："今玉床摇动，帝座不安，参墟得岁，必有真人起于其分，非公而谁乎！主上猜忍[②]，尤忌诸李，金才既死，公不思变通，必为之次矣[③]。"渊心然之。乃留守晋阳，鹰扬府司马太原许世绪说渊曰："公姓在图箓[④]，名应歌谣；握五郡之兵，当四战之地，举事则帝业可成，端居则亡不旋踵；唯公图之。"行军司铠文水武士彟、前太子左勋卫唐宪、宪弟俭皆劝渊举兵。俭说渊曰："明公北招戎狄，南收豪杰，以取天下，此汤、武之举也。"渊曰："汤、武非所敢拟，在私则图存，在公则拯乱。卿姑自重，吾将思之。"宪，邕之孙也。时建成、元吉尚在河东[⑤]，故渊迁延未发[⑥]。

注释

①占候：根据天象的变化来预测吉凶。
②猜忍：猜忌狠心。
③次：第二位的。
④图箓：图谶。是巫师或方士制作的一种隐语或预言，作为吉凶的符验或征兆。
⑤河东：指今山西省境内黄河以东的地区。隋置河东郡，治所在河东县（今山西永济）。

⑥迁延：拖延。

【原文】

刘文静谓裴寂曰："先发制人，后发制于人。何不早劝唐公举兵，而推迁不已！且公为宫监，而以宫人侍客，公死可尔，何误唐公也！"寂甚惧，屡趣渊起兵。渊乃使文静诈为敕书①，发太原、西河、雁门、马邑民年二十已上五十已下悉为兵，期岁暮集涿郡，击高丽。由是人情恟恟②，思乱者益众。

及刘武周据汾阳宫③，世民言于渊曰："大人为留守，而盗贼窃据离宫，不早建大计，祸今至矣！"渊乃集将佐谓之曰："武周据汾阳宫，吾辈不能制，罪当族灭，若之何？"王威等皆惧，再拜请计。渊曰："朝廷用兵，动止皆禀节度。今贼在数百里内，江都在三千里外，加以道路险要，复有他贼据之；以婴城胶柱之兵，当巨猾豕突之势④，必不全矣。进退维谷⑤，何为而可？"威等皆曰："公地兼亲贤，同国休戚，若俟奏报，岂及事机；要在平贼，专之可也。"渊阳若不得已而从之者⑥，曰："然则先当集兵。"乃命世民与刘文静、长孙顺德、刘弘基等各募兵，远近赴集，旬日间近万人，仍密遣使召建成、元吉于河东，柴绍于长安。

【注释】

①敕书：皇帝写给大臣僚属表示慰问或训诫的文字。

②恟恟（xiōng）：恐惧；惊骇。

③汾阳宫：隋炀帝的行宫，故址在今山西宁武西面管涔山上。

④以婴城胶柱之兵，当巨猾豕突之势：用婴城死板的兵来抵挡成群的狡猾的且像猪一样乱窜乱闯的敌人。

⑤进退维谷：形容进退两难。维，助词。谷，比喻困难的境地。

⑥阳：表面上。

【原文】

王威、高君雅见兵大集，疑渊有异志，谓武士彟曰："顺德、弘基皆背征三侍①，所犯当死，安得将兵！"欲收按之。士彟曰："二人皆唐公客，若尔，必大致纷纭②。"威等乃止。留守司兵田德平欲劝威等按募人之状，士彟曰："讨捕之兵，悉隶唐公，威、君雅但寄坐耳③，彼何能为！"德平亦止。

晋阳乡长刘世龙密告渊云："威、君雅欲因晋祠祈雨，为不利。"五月，癸亥夜，渊使世民伏兵于晋阳宫城之外。甲子旦，渊与威、君雅共坐视事，使刘文静引开阳府司马胙城刘政会入立庭中，称有密状。渊目威等取状视之，政会不与，曰："所告乃副留守事，唯唐公得视之。"渊阳惊曰："岂有是邪！"视其状，乃云："威、君雅潜引突厥入寇。"君雅攘袂大诟曰④："此乃反者欲杀我耳！"时世民已布兵塞衢路⑤，文静因与刘弘基、长孙顺德等共执威、君雅系狱。丙寅，突厥数万众寇晋阳，轻骑入外郭北门，出其东门。渊命裴寂等勒兵为备，而悉开诸城门，突厥不能测，莫敢进。众以为威、君雅实召之也，渊于是斩威、君雅以徇。渊部将王康达将千馀人出战，皆死，城中恟惧⑥。渊夜遣军潜出城，旦则张旗鸣鼓自他道来，如援军者；突厥终疑之，留城外二日，大掠而去。

注释

①背征：避役亡命。
②纷纭：麻烦。
③寄坐：谓居客位。比喻地位不稳且无实权。
④攘袂大诟：挽起袖子大骂。
⑤衢路：大路。
⑥恟惧：骚动害怕。

原文

六月，己卯，李建成等至晋阳。

刘文静劝李渊与突厥相结①，资其士马以益兵势。渊从之，自为手启②，卑辞厚礼，遗始毕可汗云③："欲大举义兵，远迎主上，复与突厥和亲，如开皇之时。若能与我俱南，愿勿侵暴百姓；若但和亲，坐受宝货，亦唯可汗所择。"始毕得启，谓其大臣曰："隋主为人，我所知也。若迎以来，必害唐公而击我无疑矣。苟唐公自为天子，我当不避盛暑，以兵马助之。"即命以此意为复书。使者七日而返，将佐皆喜，请从突厥之言，渊不可。裴寂、刘文静等皆曰："今义兵虽集而戎马殊乏④，胡兵非所须，而马不可失；若复稽回⑤，恐其有悔。"渊曰："诸君宜更思其次。"寂等乃请尊天子为太上皇，立代王为帝，以安隋室；移檄郡县；改易旗帜，杂用绛白，以示突厥。渊曰："此可谓'掩耳盗钟'，然逼于时事，不得不尔。"乃许之，遣使以此议告突厥。

注释

①结：结交；勾结。
②手启：亲笔写的信。
③遗（wèi）：赠予。
④殊乏：殊，很；极。殊乏，十分疲乏。
⑤复稽回：回信延迟。复，回复。稽，延迟。

原文

西河郡不从渊命①，甲申，渊使建成、世民将兵击西河；命太原令太原温大有与之偕行，曰："吾儿年少，以卿参谋军事；事之成败，当以此行卜之。"时军士新集，咸未阅习，建成、世民与之同甘苦，遇敌则以身先之。近道菜果，非买不食，军士有窃之者，辄求其主偿之，亦不诘窃者[②]，军士及民皆感悦。至西河城下，民有欲入城者，皆听其入。郡丞高德儒闭城拒守，己丑，攻拔之。执德儒至军门，世民数之曰："汝指野鸟为鸾[③]，以欺人主，取高官，吾兴义兵，正为诛佞人耳[④]！"遂斩之。自馀不戮一人，秋毫无犯，各尉抚使复业[⑤]，远近闻之大悦。建成等引兵还晋阳，往返凡九日。渊喜曰："以此行兵，虽横行天下可也。"遂定入关之计。

注释

①西河郡：治今山西汾阳。
②诘：查究。
③鸾：传说中凤凰一类的神鸟。
④佞（nìng）人：善于巧言逢迎、阿谀奉承的人。
⑤尉：同"慰"。

【原文】

渊开仓以赈贫民[①]，应募者日益多。渊命为三军，分左右，通谓之义士。裴寂等上渊号为大将军，癸巳，建大将军府；以寂为长史，刘文静为司马，唐俭及前长安尉温大雅为记室，大雅仍与弟大有共掌机密，武士彟为铠曹[②]，刘政会及武城崔善为、太原张道源为户曹，晋阳长上邽姜謩为司功参军，太谷长殷开山为府掾，长孙顺德、刘弘基、窦琮及鹰扬郎将高平王长谐、天水姜宝谊、阳屯为左、右统军；自馀文武，随才授任。又以世子建成为陇西公，左领军大都督，左三统军隶焉；世民为敦煌公，右领军大都督，右三统军隶焉；各置官属。以柴绍为右领军府长史；咨议谯人刘赡领西河通守[③]。道源名河，开山名峤，皆以字行。

注释

①赈：救济。
②铠曹：掌管军备的官。铠，古代打仗时用以护身的铁甲。曹，古代分职治事的官属或部门。
③领：管领；统属。

【原文】

（秋，七月）壬子，李渊以子元吉为太原太守，留守晋阳宫，后事悉委之。癸丑，渊帅甲士三万发晋阳，立军门誓众[①]，并移檄郡县，谕以尊立代王之意；西突厥阿史那大奈亦帅其众以从。甲寅，遣通议大夫张纶将兵徇稽胡。丙辰，渊至西河，慰劳吏民，赈赡穷乏；民年七十已上，皆除散官[②]，其馀豪俊，随才授任，口询功能，手注官秩，一日除千馀人；受官皆不取告身[③]，各分渊所书官名而去。渊入雀鼠谷；壬戌，军贾胡堡，去霍邑五十馀里[④]。代王侑遣虎牙郎将宋老生帅精兵二万屯霍邑，左武俟大将军屈突通将骁果数万屯河东以拒渊。会积雨，渊不得进，遣府佐沈叔安等将羸兵还太原，更运一月粮。乙丑，张纶克离石，杀太守杨子崇。

注释

①立军门誓众：站在营门向将士宣示作战意义、鼓励将士杀敌、争取胜利。军门，营门。誓，古代告诫将士的言辞。

②除：任命。　散官：古代表示官员等级的称号，与职事官表示所任职务的称号相对而言。

③告身：古代授官的凭信，类似后世的任命状。

④霍邑：地名。今山西霍州。

原文

刘文静至突厥，见始毕可汗，请兵，且与之约曰："若入长安，民众土地入唐公，金玉缯帛归突厥。"始毕大喜，丙寅，遣其大臣级失特勒先至渊军，告以兵已上道。

渊以书招李密。密自恃兵强，欲为盟主，己巳，使祖君彦复书曰："与兄派流虽异，根系本同。自唯虚薄，为四海英雄共推盟主。所望左提右挈①，戮力同心，执子婴于咸阳②，殪商辛于牧野③，岂不盛哉！"且欲使渊以步骑数千自至河内，面结盟约。渊得书，笑曰："密妄自矜大，非折简可致。吾方有事关中，若遽绝之，乃是更生一敌；不如卑辞推奖以骄其志，使为我塞成皋之道，缀东都之兵，我得专意西征。俟关中平定，据险养威，徐观鹬蚌之势，以收渔人之功，未为晚也。"乃使温大雅复书曰："吾虽庸劣，幸承馀绪，出为八使，入典六屯，颠而不扶，通贤所责。所以大会义兵，和亲北狄，共匡天下，志在尊隋。天生烝民，必有司牧④。当今为牧，非子而谁！老夫年逾知命，愿不及此。欣戴大弟，攀鳞附翼，唯弟早膺图箓，以宁兆民！宗盟之长，属籍见容，复封于唐，斯荣足矣。殪商辛于牧野，所不忍言；执子婴于咸阳，未敢闻命。汾晋左右，尚须安辑⑤；盟津之会，未暇卜期。"密得书甚喜，以示将佐曰："唐公见推，天下不足定矣！"自是信使往来不绝。

注释

①左提右挈：相互扶持提携。

②"执子婴"句：秦末刘邦率义军入关，秦王子婴向义军投降，从而宣告了秦王朝的灭亡。这句话的意思是要攻克长安，让代王投降。

③殪商辛于牧野：商末帝乙、帝辛（纣王）都朝歌，周武王与反商诸侯会师，渡孟津，大败商于此。殪（yì），杀死。

④天生烝民，必有司牧：上天使百姓存活，必然有掌管他们的人。

⑤安辑：同"安抚"，加以安置，给以抚恤。

【原文】

雨久不止，渊军中粮乏；刘文静未返，或传突厥与刘武周乘虚袭晋阳；渊召将佐谋北还[①]。裴寂等皆曰："宋老生、屈突通连兵据险，未易猝下。李密虽云连和，奸谋难测。突厥贪而无信，唯利是视。武周，事胡者也。太原一方都会，且义兵家属在焉，不如还救根本，更图后举。"李世民曰："今禾菽被野[②]，何忧乏粮！老生轻躁，一战可擒。李密顾恋仓粟，未遑远略[③]。武周与突厥外虽相附，内实相猜。武周虽远利太原，岂可近忘马邑！本兴大义，奋不顾身以救苍生，当先入咸阳，号令天下。今遇小敌，遽已班师[④]，恐从义之徒一朝解体，还守太原一城之地为贼耳，何以自全！"李建成亦以为然。渊不听，促令引发。世民将复入谏，会日暮，渊已寝；世民不得入，号哭于外，声闻帐中。渊召问之，世民曰："今兵以义动，进战则克，退还则散；众散于前，敌乘于后，死亡无日，何得不悲！"渊乃悟曰："军已发，奈何？"世民曰："右军严而未发[⑤]；左军虽去，计亦未远，请自追之。"渊笑曰："吾之成败皆在尔，知复何言，唯尔所为。"世民乃与建成分道夜追左军复还。丙子，太原运粮亦至。

【注释】

①谋：商量。
②被：覆盖。
③未遑（huáng）：没有来得及。遑，闲暇，空闲。
④遽已：迅速急忙地。
⑤严：整饬。

【原文】

八月，己卯，雨霁[①]。庚辰，李渊命军中曝铠仗行装。辛巳旦，东南由山足细道趣霍邑。渊恐宋老生不出，李建成、李世民曰："老生勇而无谋，以轻骑挑之，理无不出；脱其固守，则诬以贰于我。彼恐为左右所奏[②]，安敢不出！"渊曰："汝测之善，老生不能逆战贾胡，吾知其无能为也！"渊与数百骑先至霍邑城东数里以待步兵，使建成、世民将数十骑至城下，举鞭指麾，若将围城之状，且诟之[③]。老生怒，引兵三万自东门、南门分道而出，渊使殷开山趣召后军。后军至，渊欲使军士先食而战，世民曰："时不可失。"渊乃与建成陈于城东，世民陈于城南。渊、建成战小却，世民与军头临淄段志玄自南原引兵驰下，冲老生陈，出其背，世民手杀数十人，两刀皆缺，流血满袖，洒之复战。渊兵复振，因传呼曰："已获老生矣！"老生兵大败，渊兵先趣其门，门闭，老生下马投堑[④]，刘弘基就斩之，僵尸数里。日已暮，渊即命登城，时无攻具，将士肉薄而登[⑤]，遂克之。

注释

①霁（jì）：雨、雪停止，天气放晴。
②左右：近侍；近臣。
③诟：骂。
④堑：壕沟，护城河。
⑤肉薄：这里指人踩着人。薄，接近。

原文

渊赏霍邑之功，军吏疑奴应募者不得与良人同[①]，渊曰："矢石之间，不辨贵贱；论勋之际，何有等差，宜并从本勋授。"壬午，渊引见霍邑吏民，劳赏如西河，选其丁壮使从军；关中军士欲归者，并授五品散官，遣归。或谏以官太滥，渊曰："隋氏吝惜勋赏，此所以失人心也，奈何效之[②]！且收众以官，不胜于用兵乎！"

丙戌，渊入临汾郡，慰抚如霍邑。庚寅，宿鼓山。绛郡通守陈叔达拒守；辛卯，进攻，克之。叔达，陈高宗之子，有才学，渊礼而用之。

癸巳，渊至龙门，刘文静、康鞘利以突厥兵五百人、马二千匹来至。渊喜其来缓，谓文静曰："吾西行及河，突厥始至，兵少马多，皆君将命之功也[③]。"

汾阳薛大鼎说渊："请勿攻河东，自龙门直济河，据永丰仓，传檄远近，关中可坐取也[④]。"渊将从之。诸将请先攻河东，乃以大鼎为大将军府察非掾。

注释

①良人：这里指身家清白的人。
②奈何：怎么。
③将命：奉命。
④坐：自然而然。这里指不用费事。

原文

河东县户曹任瓌说渊曰[①]："关中豪杰皆企踵以待义兵[②]。瓌在冯翊积年[③]，知其豪杰，请往谕之，必从风而靡。义师自梁山济河，指韩城，逼郃阳[④]。萧造文吏，必望尘请服。孙华之徒，皆当远迎，然后鼓行而进，直据永丰。虽未得长安，关中固已定矣。"渊悦，以瓌为银青光禄大夫。

时关中群盗，孙华最强。丙申，渊至汾阴，以书招之。己亥，渊进军壶口，河滨之民献舟者日以百数[⑤]，仍置水军。壬寅，孙华自郃阳轻骑渡河见渊。渊握手与坐，慰奖之，以华为左光禄大夫、武乡县公，领冯翊太守，其徒有功者，委华以次授官，赏赐甚厚。使之先济[⑥]；继遣左右统军王长谐、刘弘基及左领军长史陈演寿、金紫光禄大夫史大柰将步骑六千自梁山济[⑦]，营于河西以待大军。以任瓌为招慰大使，瓌说韩城，下之。渊谓长谐曰："屈突通精兵不少，相去五十馀里，不敢来战，足明其众不为之用。然通畏罪，不敢不出。若自济河击卿等，则我进攻河东，必不能守；若全军守城，则卿等绝其河梁：前扼其喉，后拊其背，彼不走必为擒矣。"

注释

①任瓌（guī）：人名。

②企踵：踮起脚后跟。

③积年：多年。

④郃（hé）阳：县名。古代莘国之地，战国时属魏国。秦代设合阳县，汉代改为郃阳县，以地处郃水之阳而名。1964 年改为合阳县，属陕西省。

⑤滨：水边。

⑥济：渡。

⑦史大柰（nài）：人名。

【原文】

骁果从炀帝在江都者多逃去[①]，帝患之，以问裴矩，对曰："人情非有匹偶，难以久处，请听军士于此纳室。"帝从之。九月，悉召江都境内寡妇、处女集宫下，恣将士所取；或先与奸者听自首，即以配之。

将佐复推渊领太尉，增置官属，渊从之。时河东未下，三辅豪杰至者日以千数[②]。渊欲引兵西趣长安，犹豫未决。裴寂曰："屈突通拥大众，凭坚城，吾舍之而去，若进攻长安不克，退为河东所踵[③]，腹背受敌，此危道也。不若先克河东，然后西上。长安恃通为援，通败，长安必破矣。"李世民曰："不然。兵贵神速，吾席累胜之威[④]，抚归顺之众，鼓行而西，长安之人望风震骇，智不及谋，勇不及断，取之若振槁叶耳。若淹留自弊于坚城之下，彼得成谋修备以待我，坐费日月，众心离沮[⑤]，则大事去矣。且关中蜂起之将，未有所属，不可不早招怀也。屈突通自守虏耳，不足为虑。"渊两从之，留诸将围河东，自引军而西。

注释

①骁果：勇猛敢死之士。《隋书·炀帝纪》："（大业）九年春正月丁丑，征天下兵，募民为骁果，集于涿郡。"

②三辅：西汉时于京畿之地所设京兆尹、左冯翊、右扶风的合称，相当于今陕西关中地区。后世政区变更，但习惯上仍称其地为三辅。

③踵：追踪。

④席累胜之威：凭借屡次胜利的威风。席，凭借，依仗。累，屡次。

⑤离沮：背离丧气。

【原文】

庚申，李渊帅诸军济河；甲子，至朝邑，舍于长春宫，关中士民归之者如市。丙寅，渊遣世子建成、司马刘文静帅王长谐等诸军数万人屯永丰仓，守潼关以备东方兵，慰抚使窦轨等受其节度；敦煌公世民帅刘弘基等诸军数万人徇渭北，慰抚使殷开山等受其节度。轨，琮之兄也。

柴绍之自长安赴太原也，谓其妻李氏曰："尊公举兵，今偕行则不可，留此则及祸，奈何？"李氏曰："君弟速行①，我一妇人，易以潜匿②，当自为计。"绍遂行。李氏归鄠县别墅③，散家赀，聚徒众。渊从弟神通在长安，亡入鄠县山中，与长安大侠史万宝等起兵以应渊。西域商胡何潘仁入司竹园为盗，有众数万，劫前尚书右丞李纲为长史，李氏使其奴马三宝说潘仁与之就神通，合势攻鄠县，下之。神通众逾一万，自称关中道行军总管，以前乐城长令狐德棻为记室。德棻，熙之子也。李氏又使马三宝说群盗李仲文、向善志、丘师利等，皆帅众从之。仲文，密之从父；师利，和之子也。西京留守屡遣兵讨潘仁等，皆为所败。李氏徇盩厔、武功、始平④，皆下之，众至七万。左亲卫段纶，文振之子也，娶渊女，亦聚徒于蓝田，得万馀人。及渊济河，神通、李氏、纶各遣使迎渊。渊以神通为光禄大夫，子道彦为朝请大夫，纶为金紫光禄大夫；使柴绍将数百骑并南山迎李氏。何潘仁、李仲文、向善志及关中群盗，皆请降于渊，渊一一以书慰劳授官，使各居其所，受敦煌公世民节度⑤。

注释

①弟：与第同，只管。

②潜：暗中；偷偷地。

③鄠（hù）县：县名。今陕西省西安市鄠邑区。汉初置县，历代因之。1964 年改名为户县。

④盩厔（zhōuzhì）：古县名。汉武帝时置。山曲曰盩，水曲曰厔，因山水曲折而得名。今作"周至"。属陕西。

⑤节度：统领、管辖。

原文

刑部尚书领京兆内史卫文昇年老，闻渊兵向长安，忧惧成疾，不复预事①，独左翊卫将军阴世师、京兆郡丞骨仪奉代王侑乘城拒守②。己巳，渊如蒲津；庚午，自临晋济渭，至永丰劳军，开仓赈饥民。辛未，还长春宫；壬申，进屯冯翊。世民所至，吏民及群盗归之如流。世民收其豪俊以备僚属③，营于泾阳，胜兵九万。李氏将精兵万馀会世民于渭北，与柴绍各置幕府④，号"娘子军"。

先是，平凉奴贼数万围扶风太守窦琎⑤，数月不下，贼中食尽。丘师利遣其弟行恭帅五百人负米麦持牛酒诣奴贼营，奴帅长揖，行恭手斩之，谓其众曰："汝辈皆良人，何故事奴为主，使天下谓之奴贼！"众皆俯伏曰："愿改事公。"行恭即帅其众与师利共谒世民于渭北，世民以为光禄大夫。琎，琮之从子也。隰城尉房玄龄谒世民于军门，世民一见如旧识，署记室参军，引为谋主。玄龄亦自以为遇知己，罄竭心力，知无不为。

注释

①不复预事：不再参与事情。
②乘：登。
③豪俊：豪杰和俊彦。泛指英雄豪杰。　僚属：旧指在同一官署任事的下属官吏。
④幕府：军队出征，施用帐幕，所以古代将军的府署称“幕府”。
⑤窦琎（jìn）：人名。

【原文】

渊命刘弘基、殷开山分兵西略扶风，有众六万，南渡渭水，屯长安故城。城中出战，弘基逆击，破之。世民引兵趣司竹，李仲文、何潘仁、向善志皆帅众从之，顿于阿城，胜兵十三万，军令严整，秋毫不犯。乙亥，世民自盩厔遣使白渊，请期日赴长安[①]。渊曰：“屈突东行不能复西，不足虞矣[②]！”乃命建成选仓上精兵自新丰趣长乐宫，世民帅新附诸军北屯长安故城，至并听教。延安、上郡、雕阴皆请降于渊。丙子，渊引军西行，所过离宫园苑皆罢之，出宫女还其亲属。冬，十月，辛巳，渊至长安，营于春明门之西北，诸军皆集，合二十馀万。渊命各依壁垒，毋得入村落侵暴[③]。屡遣使至城下谕卫文昇等以欲尊隋之意，不报[④]。辛卯，命诸军进围城。甲午，渊迁馆于安兴坊。

注释

①期日：约定日期。
②虞：担心。
③侵暴：欺凌。
④报：答复。

【原文】

（冬，十月）甲辰，李渊命诸军攻城，约“毋得犯七庙及代王、宗室[①]，违者夷三族！”孙华中流矢卒。十一月，丙辰，军头雷永吉先登，遂克长安。代王在东宫，左右奔散，唯侍读姚思廉侍侧。军士将登殿，思廉厉声诃之曰[②]：“唐公举义兵，匡帝室[③]，卿等毋得无礼！”众皆愕然，布立庭下。渊迎王于东宫，迁居大兴殿后，听思廉扶王至顺阳阁下，泣拜而去。思廉，察之子也。渊还，舍于长乐宫，与民约法十二条，悉除隋苛禁。

渊之起兵也，留守官发其坟墓，毁其五庙。至是，卫文昇已卒，戊午，执阴世师、骨仪等，数以贪婪苛酷，且拒义师，俱斩之，死者十馀人，馀无所问。

马邑郡丞三原李靖，素与渊有隙，渊入城，将斩之。靖大呼曰：“公兴义兵，欲平暴乱，乃以私怨杀壮士乎！”世民为之固请④，乃舍之。世民因召置幕府。靖少负志气，有文武才略，其舅韩擒虎每抚之曰：“可与言将帅之略者⑤，独此子耳！”

注释

①七庙：《礼记·王制》：“天子七庙，三昭三穆，与太祖之庙而七。”按以太祖庙居中，左右三昭三穆，共为“七庙”。

②厉声诃之：用严厉的声音大声责备他们。诃，同“呵”，大声责备。

③匡：帮助；救助。

④固请：这里是说李世民坚持请求李渊宽恕李靖。固，坚持。

⑤略：谋划。

原文

壬戌，李渊备法驾迎代王即皇帝位于天兴殿①，时年十三，大赦，改元，遥尊炀帝为太上皇。甲子，渊自长乐宫入长安。以渊为假黄钺、使持节、大都督内外诸军事、尚书令、大丞相，进封唐王。以武德殿为丞相府，改教称令，日于虔化门视事。乙丑，榆林、灵武、平凉、安定诸郡皆遣使请命。丙寅，诏军国机务，事无大小，文武设官，位无贵贱，宪章赏罚②，咸归相府；唯郊祀天地，四时禘祫奏闻③。置丞相府官属，以裴寂为长史，刘文静为司马。何潘仁使李纲入见，渊留之，以为丞相府司录，专掌选事。又以前考功郎中窦威为司录参军，使定礼仪。威，炽之子也。渊倾府库以赐勋人，国用不足，右光禄大夫刘世龙献策，以为“今义师数万，并在京师，樵苏贵而布帛贱④；请伐六街及苑中树为樵，以易布帛，可得数十万匹。”渊从之。己巳，以李建成为唐世子，李世民为京兆尹、秦公，李元吉为齐公。

注释

①法驾：天子的车驾。

②宪章：典章制度。

③禘祫（dìxiá）：禘，古代帝王诸侯的祭祀活动。祫，古时在太庙中合祭祖先。

④樵苏：樵，木柴。苏，草。

◎玄武门之变

题解

唐初，高祖次子李世民为与长子李建成争夺皇位继承权，于公元626年率尉迟恭等人伏兵玄武门，杀死李建成、李元吉，击败二人的卫队，并杀死二人诸子，最终获胜。之后高祖立李世民为太子，又在两个月以后传位于他，并自称“太上皇”。本文节选自《资治通鉴》卷一九一，标题为编者所加。

原文

（唐高祖）武德七年（624）

（六月）初，齐王元吉劝太子建成除秦王世民，曰：“当为兄手刃之！”世民从上幸元吉第[①]，元吉伏护军宇文宝于寝内，欲刺世民；建成性颇仁厚，遽止之[②]。元吉愠曰[③]：“为兄计耳，于我何有！”

建成擅募长安及四方骁勇二千馀人为东宫卫士，分屯左、右长林，号长林兵。又密使右虞候率可达志从燕王李艺发幽州突骑三百，置宫东诸坊，欲以补东宫长上，为人所告。上召建成责之，流可达志于巂州[④]。

杨文幹尝宿卫东宫，建成与之亲厚，私使募壮士送长安。上将幸仁智宫，命建成居守，世民、元吉皆从。建成使元吉就图世民，曰：“安危之计，决在今岁！”又使郎将尔朱焕、校尉桥公山以甲遗文幹。二人至豳州，上变，告太子使文幹举兵，使表里相应；又有宁州人杜凤举亦诣宫言状。上怒，托他事，手诏召建成，令诣行在[⑤]。建成惧，不敢赴。太子舍人徐师謩劝之据城举兵；詹事主簿赵弘智劝之贬损车服，屏从者[⑥]，诣上谢罪，建成乃诣仁智宫。未至六十里，悉留其官属于毛鸿宾堡，以十馀骑往见上，叩头谢罪，奋身自掷，几至于绝。上怒不解，是夜，置之幕下，饲以麦饭，使殿中监陈福防守，遣司农卿宇文颖驰召文幹。颖至庆州，以情告之，文幹遂举兵反。上遣左武卫将军钱九陇与灵州都督杨师道击之。

甲子，上召秦王世民谋之，世民曰：“文幹竖子，敢为狂逆，计府僚已应擒戮；若不尔[⑦]，正应遣一将讨之耳。”上曰：“不然。文幹事连建成，恐应之者众。汝宜自行，还，立汝为太子。吾不能效隋文帝自诛其子，当封建成为蜀王。蜀兵脆弱，他日苟能事汝，汝宜全之；不能事汝，汝取之易耳！”

世民既行，元吉与妃嫔更迭为建成请，封德彝复为之营解于外，上意遂变，复遣建成还京师居守。惟责以兄弟不睦，归罪于太子中允王珪、左卫率韦挺、天策兵曹参军杜淹，并流于巂州。挺，冲之子也。初，洛阳既平，杜淹久不得调，欲求事建成。房玄龄以淹多狡数，恐其教导建成，益为世民不利，乃言于世民，引入天策府。

注释

①幸：帝王驾临。

②遽：急；骤然。

③愠：含怒；怨恨。

④巂（xī）州：治今四川西昌。

⑤行在：皇帝所在的地方。

⑥屏：也作“摒”。此处指命人退避。

⑦尔：如此，这样。

原文

（秋，七月）或说上曰：“突厥所以屡寇关中者，以子女玉帛皆在长安故也。若焚长安而不都，则胡寇自息矣。”上以为然，遣中书侍郎宇文士及逾南山至樊、邓，行可居之地，将徙都之。太子建成、齐王元吉、裴寂皆赞成其策，萧瑀等虽知其不可而不敢谏。秦王世民谏曰：“戎狄为患，自古有之。陛下以圣武龙兴，光宅中夏①，精兵百万，所征无敌，奈何以胡寇扰边，遽迁都以避之，贻四海之羞，为百世之笑乎！彼霍去病汉廷一将，犹志灭匈奴；况臣忝备藩维②，愿假数年之期，请系颉利之颈，致之阙下③。若其不效，迁都未晚。”上曰：“善。”建成曰：“昔樊哙欲以十万众横行匈奴中，秦王之言得无似之！”世民曰：“形势各异，用兵不同，樊哙小竖，何足道乎！不出十年，必定漠北，非敢虚言也！”上乃止。建成与妃嫔因共谮世民曰④：“突厥虽屡为边患，得赂则退。秦王外托御寇之名，内欲总兵权，成其篡夺之谋耳！”

上校猎城南⑤，太子、秦、齐王皆从，上命三子驰射角胜。建成有胡马，肥壮而喜蹶，以授世民曰：“此马甚骏，能超数丈涧。弟善骑，试乘之。”世民乘以逐鹿，马蹶，世民跃立于数步之外，马起，复乘之，如是者三，顾谓宇文士及曰：“彼欲以此见杀，死生有命，庸何伤乎！”建成闻之，因令妃嫔谮之于上曰：“秦王自言，我有天命，方为天下主，岂有浪死⑥！”上大怒，先召建成、元吉，然后召世民入，责之曰：“天子自有天命，非智力可求；汝求之一何急邪！”世民免冠顿首，请下法司案验。上怒不解，会有司奏突厥入寇，上乃改容劳勉世民⑦，命之冠带，与谋突厥。闰月，己未，诏世民、元吉将兵出豳州以御突厥⑧，上饯之于兰池。上每有寇盗，辄命世民讨之，事平之后，猜嫌益甚。

注释

①光宅：充满，覆被。《尚书·尧典·序》：“昔在帝尧，聪明文思，光宅天下。”引申为居、有、占据之义。　中夏：中国。

②忝：辱，有愧于，常用作谦辞。

③阙下：宫阙之下。指帝王所居之处。

④谮（zèn）：进谗言；说人的坏话。
⑤校（jiào）猎：用木栏遮阻，猎取禽兽。
⑥浪死：白白送死。浪，轻率；徒然。
⑦劳勉：也作“劳免”，慰劳；慰勉。
⑧豳（bīn）州：古地名，在今陕西彬州、旬邑一带。

【原文】

(八月)是时，颉利、突利二可汗举国入寇，连营南上，秦王世民引兵拒之。会关中久雨，粮运阻绝，士卒疲于征役，器械顿弊，朝廷及军中咸以为忧。世民与虏遇于豳州，勒兵将战。己卯，可汗帅万馀骑奄至城西[①]，陈于五陇阪，将士震恐。世民谓元吉曰：“今虏骑凭陵，不可示之以怯，当与之一战，汝能与我俱乎？”元吉惧曰：“虏形势如此，奈何轻出？万一失利，悔可及乎！”世民曰：“汝不敢出，吾当独往。汝留此观之。”世民乃帅骑驰诣虏陈，告之曰：“国家与可汗和亲，何为负约，深入我地！我秦王也，可汗能斗，独出与我斗；若以众来，我直以此百骑相当耳！”颉利不之测，笑而不应。世民又前，遣骑告突利曰：“尔往与我盟，有急相救；今乃引兵相攻，何无香火之情也！”突利亦不应。世民又前，将渡沟水，颉利见世民轻出，又闻香火之言，疑突利与世民有谋，乃遣止世民曰：“王不须渡，我无他意，更欲与王申固盟约耳。”乃引兵稍却[②]。是后霖雨益甚[③]，世民谓诸将曰：“虏所恃者弓矢耳，今积雨弥时，筋胶俱解，弓不可用，彼如飞鸟之折翼；吾屋居火食，刀槊犀利[④]，以逸制劳，此而不乘，将复何待！”乃潜师夜出，冒雨而进，突厥大惊。世民又遣说突利以利害，突利悦，听命。颉利欲战，突利不可，乃遣突利与其夫毕特勒阿史那思摩来见世民，请和亲，世民许之。思摩，颉利之从叔也[⑤]。突利因自托于世民，请结为兄弟。世民亦以恩意抚之，与盟而去。

【注释】

①奄：忽；遽。
②稍却：逐渐后退。
③霖雨：连绵的大雨。
④槊：古代兵器，即长矛。
⑤从叔：堂叔，也就是父亲的堂弟。

【原文】

八年(625)

十一月，癸卯，加秦王世民中书令，齐王元吉侍中。

九年(626)

二月，庚申，以齐王元吉为司徒。

（六月）秦王世民既与太子建成、齐王元吉有隙[①]，以洛阳形胜之地，恐一朝有变，欲出保之，乃以行台工部尚书温大雅镇洛阳，遣秦府车骑将军荥阳张亮将左右王保等千馀人之洛阳，阴结纳山东豪杰以俟变[②]，多出金帛，恣其所用。元吉告亮谋不轨[③]，下吏考验[④]；亮终无言，乃释之，使还洛阳。

注释

①隙：隔阂；嫌隙。
②俟：等候。
③不轨：不守法度，造反。
④下吏：交给官吏。　考验：审讯。

原文

建成夜召世民，饮酒而鸩之[①]，世民暴心痛[②]，吐血数升，淮安王神通扶之还西宫。上幸西宫，问世民疾，敕建成曰："秦王素不能饮，自今无得复夜饮！"因谓世民曰："首建大谋，削平海内，皆汝之功。吾欲立汝为嗣，汝固辞；且建成年长，为嗣日久，吾不忍夺也。观汝兄弟似不相容，同处京邑，必有纷竞，当遣汝还行台[③]，居洛阳，自陕以东皆主之。仍命汝建天子旌旗，如汉梁孝王故事。"世民涕泣，辞以不欲远离膝下。上曰："天下一家，东、西两都，道路甚迩[④]。吾思汝即往，毋烦悲也。"将行，建成、元吉相与谋曰："秦王若至洛阳，有土地甲兵，不可复制；不如留之长安，则一匹夫耳，取之易矣。"乃密令数人上封事[⑤]，言："秦王左右闻往洛阳，无不喜跃，观其志趣，恐不复来。"又遣近幸之臣以利害说上。上意遂移，事复中止。

注释

①鸩（zhèn）：以毒酒谋杀人。
②暴：突发。
③行台：唐代在地方代表朝廷行尚书省事的机构称行台。多由军事征伐临时设置。李世民当时领陕东道大行台。
④迩：近。
⑤封事：古代臣下上书奏事，防有泄漏，用袋封缄，称为封事。

原文

建成、元吉与后宫日夜谮诉世民于上，上信之，将罪世民。陈叔达谏曰："秦王有大功于天下，不可黜也[①]。且性刚烈，若加挫抑，恐不胜忧愤[②]，或有不测之疾，陛下悔之何及！"上乃止。元吉密请杀秦王，上曰："彼有定天下之功，罪状未著，何以为辞！"元吉曰："秦王初平东都，顾望不还[③]，散钱帛以树私恩，又违敕命，非反而何！但应速杀，何患无辞！"上不应。

秦府僚属皆忧惧不知所出。行台考功郎中房玄龄谓比部郎中长孙无忌曰："今嫌隙已成，一旦祸机窃发，岂惟府朝涂地[④]，乃实社稷之忧；莫若劝王行周公之事以安家国[⑤]。存亡之机，间不容发，正在今日！"无忌曰："吾怀此久矣，不敢发口；今吾子所言，正合吾心，谨当白之。"乃入言世民。世民召玄龄谋之，玄龄曰："大王功盖天地，当承大业；今日忧危，乃天赞也[⑥]，愿大王勿疑！"乃与府属杜如晦共劝世民诛建成、元吉。

注释

①黜：贬斥，废除。

②忧愤：忧虑怨恨。

③顾望：观望。

④府朝涂地：府朝，指秦王府。涂地，弄脏地，这里指遭到危害。

⑤周公之事：指周公旦诛杀兄弟管叔、蔡叔以安周室的事。

⑥赞：佐助。

原文

建成、元吉以秦府多骁将，欲诱之使为己用，密以金银器一车赠左二副护军尉迟敬德，并以书招之曰："愿迂长者之眷，以敦布衣之交[①]。"敬德辞曰："敬德，蓬户瓮牖之人[②]，遭隋末乱离，久沦逆地，罪不容诛。秦王赐以更生之恩，今又策名藩邸，唯当杀身以为报；于殿下无功，不敢谬当重赐。若私交殿下，乃是贰心，徇利忘忠，殿下亦何所用！"建成怒，遂与之绝。敬德以告世民，世民曰："公心如山岳，虽积金至斗，知公不移。相遗但受，何所嫌也！且得以知其阴计，岂非良策！不然，祸将及公[③]。"既而元吉使壮士夜刺敬德，敬德知之，洞开重门，安卧不动，刺客屡至其庭，终不敢入。元吉乃谮敬德于上，下诏狱讯治[④]，将杀之。世民固请，得免。又谮左一马军总管程知节，出为康州刺史。知节谓世民曰："大王股肱羽翼尽矣，身何能久！知节以死不去，愿早决计。"又以金帛诱右二护军段志玄，志玄不从。建成谓元吉曰："秦府智略之士，可惮者独房玄龄、杜如晦耳。"皆谮之于上而逐之。

注释

①"愿迂长者"句：意为希望能得到您的关爱，进一步密切我们之间从前做平民时就已经有的交情。迂，劳神或枉屈尊长之敬词。敦，亲密，和睦。布衣，借指平民。

②蓬户瓮牖（yǒu）：简陋的门窗，指贫穷人家。

③及：至；到。

④诏狱：奉皇帝诏命关押犯人的监狱。

原文

世民腹心唯长孙无忌尚在府中，与其舅雍州治中高士廉、右候车骑将军三水侯君集及尉迟敬德等，日夜劝世民诛建成、元吉。世民犹豫未决，问于灵州大都督李靖，靖辞；问于行军总管李世勣，世勣辞；世民由是重二人。

会突厥郁射设将数万骑屯河南[①]，入塞，围乌城，建成荐元吉代世民督诸军北征；上从之，命元吉督右武卫大将军李艺、天纪将军张瑾等救乌城。元吉请尉迟敬德、程知节、段志玄及秦府右三统军秦叔宝等与之偕行，简阅秦王帐下精锐之士以益元吉军[②]。率更丞王晊密告世民曰："太子语齐王：'今汝得秦王骁将精兵，拥数万之众，吾与秦王饯汝于昆明池，使壮士拉杀之于幕下，奏云暴卒，主上宜无不信。吾当使人进说，令授吾国事。敬德等既入汝手，宜悉坑之[③]，孰敢不服！'"世民以晊言告长孙无忌等，无忌等劝世民先事图之。世民叹曰："骨肉相残，古今大恶。吾诚知祸在朝夕，欲俟其发，然后以义讨之，不亦可乎！"敬德曰："人情谁不爱其死[④]！今众人以死奉王，乃天授也。祸机垂发，而王犹晏然不以为忧[⑤]，大王纵自轻，如宗庙社稷何！大王不用敬德之言，敬德将窜身草泽，不能留居大王左右，交手受戮也！"无忌曰："不从敬德之言，事今败矣。敬德等必不为王有，无忌亦当相随而去，不能复事大王矣！"世民曰："吾所言亦未可全弃，公更图之。"敬德曰："王今处事有疑，非智也；临难不决，非勇也。且大王素所畜养勇士八百馀人，在外者今已入宫，擐甲执兵[⑥]，事势已成，大王安得已乎！"

注释

①河南：此指黄河河套之南。
②简阅：检查挑选。
③坑：活埋。
④人情谁不爱其死：人之常情，谁不怕死亡呢！爱，吝啬。
⑤晏然：平静、安逸的样子。
⑥擐（huàn）：套上；穿上。

原文

世民访之府僚，皆曰："齐王凶戾，终不肯事其兄。比闻护军薛实尝谓齐王曰：'大王之名，合之成"唐"字，大王终主唐祀。'齐王喜曰：'但除秦王，取东宫如反掌耳[①]。'彼与太子谋乱未成，已有取太子之心。乱心无厌，何所不为！若使二人得志，恐天下非复唐有。以大王之贤，取二人如拾地芥耳，奈何徇匹夫之节，忘社稷之计乎！"世民犹未决，众曰："大王以舜为何如人？"曰："圣人也。"众曰："使舜浚井不出，则为井中之泥[②]；涂廪不下，则为廪上之灰，安能泽被天下[③]，法施后世乎！是以小杖则受，大杖则走，盖所存者大故也。”世民命卜之，幕僚张公谨自外来，取龟投地，曰：“卜以决疑；今事在不疑，尚何卜乎！卜而不吉，庸得已乎！”于是定计。

世民令无忌密召房玄龄等，曰：“敕旨不听复事王；今若私谒，必坐死，不敢奉教。”世民怒，谓敬德曰：“玄龄、如晦岂叛我邪！”取所佩刀授敬德曰：“公往观之，若无来心，可断其首以来。”敬德往，与无忌共谕之曰[④]：“王已决计，公宜速入共谋之。吾属四人，不可群行道中。”乃令玄龄、如晦著道士服，与无忌俱入，敬德自他道亦至。

注释

①东宫：太子所居之宫，代指太子。

②“使舜”句：舜的父亲想谋害舜，让舜挖井、涂廪，企图把舜活埋在井下，烧死于廪中，舜均逃跑出来，最后成为一代名君。

③泽：雨露。引申为恩泽、德泽。

④谕：知道，理解。这里用如动词。

【原文】

己未，太白复经天。傅奕密奏：“太白见秦分，秦王当有天下。”上以其状授世民。于是世民密奏建成、元吉淫乱后宫，且曰：“臣于兄弟无丝毫负，今欲杀臣，似为世充、建德报仇。臣今枉死，永违君亲，魂归地下，实耻见诸贼！”上省之[①]，愕然，报曰：“明当鞫问[②]，汝宜早参。”

庚申，世民帅长孙无忌等入，伏兵于玄武门[③]。张婕妤窃知世民表意，驰语建成。建成召元吉谋之，元吉曰：“宜勒宫府兵，托疾不朝，以观形势。”建成曰：“兵备已严，当与弟入参，自问消息。”乃俱入，趣玄武门。上时已召裴寂、萧瑀、陈叔达等，欲按其事[④]。

注释

①省（xǐng）：醒悟。

②鞫（jū）问：审讯；查问。

③玄武门：大内的北门，禁军屯营于门外。玄武，中国古代文化中的北方之神。

④按：调查和推问。

【原文】

建成、元吉至临湖殿，觉变，即跋马东归宫府[①]。世民从而呼之，元吉张弓射世民，再三不彀[②]，世民射建成，杀之。尉迟敬德将七十骑继至，左右射元吉坠马。世民马逸入林下，为木枝所绁[③]，坠不能起。元吉遽至，夺弓将扼之，敬德跃马叱之。

元吉步欲趣武德殿，敬德追射，杀之。翊卫车骑将军冯翊冯立闻建成死，叹曰："岂有生受其恩，而死逃其难乎！"乃与副护军薛万彻、屈咥直府左车骑万年谢叔方帅东宫、齐府精兵二千驰趣玄武门。张公谨多力，独闭关以拒之，不得入。云麾将军敬君弘掌宿卫兵，屯玄武门，挺身出战，所亲止之曰："事未可知，且徐观变，俟兵集，成列而战，未晚也。"君弘不从，与中郎将吕世衡大呼而进，皆死之。君弘，显儁之曾孙也。守门兵与万彻等力战良久，万彻鼓噪欲攻秦府，将士大惧；尉迟敬德持建成、元吉首示之，宫府兵遂溃，万彻与数十骑亡入终南山。冯立既杀敬君弘，谓其徒曰："亦足以少报太子矣④！"遂解兵，逃于野。

注释

①跋（bá）马：即掉转马头。
②不彀（gòu）：射不中。彀，箭靶。
③絓（guà）：绊住。
④少：稍；略微。

原文

上方泛舟海池①，世民使尉迟敬德入宿卫，敬德擐甲持矛，直至上所。上大惊，问曰："今日乱者谁邪？卿来此何为？"对曰："秦王以太子、齐王作乱，举兵诛之，恐惊动陛下，遣臣宿卫。"上谓裴寂等曰："不图今日乃见此事，当如之何？"萧瑀、陈叔达曰："建成、元吉本不预义谋②，又无功于天下，疾秦王功高望重，共为奸谋。今秦王已讨而诛之，秦王功盖宇宙，率土归心，陛下若处以元良③，委之国事，无复事矣。"上曰："善！此吾之夙心也④。"时宿卫及秦府兵与二宫左右战犹未已，敬德请降手敕，令诸军并受秦王处分，上从之。天策府司马宇文士及自东上阁门出宣敕，众然后定。上又使黄门侍郎裴矩至东宫晓谕诸将卒，皆罢散。上乃召世民，抚之曰："近日以来，几有投杼之惑⑤。"世民跪而吮上乳，号恸久之。

建成子安陆王承道、河东王承德、武安王承训、汝南王承明、钜鹿王承义，元吉子梁郡王承业、渔阳王承鸾、普安王承奖、江夏王承裕、义阳王承度，皆坐诛，仍绝属籍。

注释

①海池：太极宫内有东海池、北海池、南海池。
②义谋：指帮助李渊起兵争夺天下。
③元良：当时称太子为元良。
④夙心：原来就有的心愿。夙，旧，素常。
⑤投杼之惑：出自《战国策·秦策二》。比喻谣言众多，动摇了最亲近者的信心。

【原文】

初，建成许元吉以正位之后，立为太弟，故元吉为之尽死。诸将欲尽诛建成、元吉左右百馀人，籍没其家，尉迟敬德固争曰："罪在二凶，既伏其诛；若及支党，非所以求安也。"乃止。是日，下诏赦天下。凶逆之罪，止于建成、元吉，自馀党与，一无所问。其僧、尼、道士、女冠并宜依旧。国家庶事，皆取秦王处分。

辛酉，冯立、谢叔方皆自出；薛万彻亡匿，世民屡使谕之，乃出。世民曰："此皆忠于所事，义士也。"释之。

癸亥，立世民为皇太子。又诏："自今军国庶事[①]，无大小悉委太子处决，然后闻奏[②]。"

戊辰，以宇文士及为太子詹事，长孙无忌、杜如晦为左庶子，高士廉、房玄龄为右庶子，尉迟敬德为左卫率，程知节为右卫率，虞世南为中舍人，褚亮为舍人，姚思廉为洗马。悉以齐王国司金帛什器赐敬德。

初，洗马魏徵常劝太子建成早除秦王，及建成败，世民召徵谓曰："汝何为离间我兄弟！"众为之危惧，徵举止自若，对曰："先太子早从徵言，必无今日之祸。"世民素重其才，改容礼之，引为詹事主簿。亦召王珪、韦挺于巂州，皆以为谏议大夫。

世民命纵禁苑鹰犬，罢四方贡献，听百官各陈治道，政令简肃，中外大悦。

（秋，七月）以秦府护军秦叔宝为左卫大将军，又以程知节为右武卫大将军，尉迟敬德为右武候大将军。

壬辰，以高士廉为侍中，房玄龄为中书令，萧瑀为左仆射，长孙无忌为吏部尚书，杜如晦为兵部尚书。癸巳，以宇文士及为中书令，封德彝为右仆射；又以前天策府兵曹参军杜淹为御史大夫，中书舍人颜师古、刘林甫为中书侍郎，左卫副率侯君集为左卫将军，左虞候段志玄为骁卫将军，副护军薛万彻为右领军将军，右内副率张公谨为右武候将军，右监门率长孙安业为右监门将军，右内副率李客师为领左右军将军。安业，无忌之兄；客师，靖之弟也。

太子建成、齐王元吉之党散亡在民间，虽更赦令，犹不自安，徼幸者争告捕以邀赏[③]。谏议大夫王珪以启太子。丙子，太子下令："六月四日已前事连东宫及齐王，十七日前连李瑗者，并不得相告言，违者反坐[④]。"

丁酉，遣谏议大夫魏徵宣慰山东，听以便宜从事。徵至磁州，遇州县锢送前太子千牛李志安、齐王护军李思行诣京师[⑤]，徵曰："吾受命之日，前宫、齐府左右皆赦不问；今复送思行等，则谁不自疑！虽遣使者，人谁信之！吾不可以顾身嫌，不为国虑。且既蒙国士之遇[⑥]，敢不以国士报之乎！"遂皆解纵之。太子闻之，甚喜。

（八月）癸亥，制传位于太子。太子固辞，不许。甲子，太宗即皇帝位于东宫显德殿，赦天下；关内及蒲、芮、虞、泰、陕、鼎六州免二年租调，自馀给复一年。

注释

①庶：众多。

②闻奏：闻，达，传报。奏，臣子向君主进言、上书。

③徼幸者：指想获得意外好处的人。徼，同“侥”。

④反坐：法律用语。指按诬告别人的罪名对诬告人施行惩罚。

⑤锢送：指用刑器加锁其身而送之。

⑥国士：旧称一国杰出的人物。

◎武则天称帝

题解

唐高宗时，皇后武则天参与政事，与高宗并称二圣。高宗死后，太后独揽大权，压制李氏皇族，抬高武氏地位，并最终改国号为“周”，武则天成为中国历史上惟一的一位女皇帝。本文节选自《资治通鉴》卷二〇四，标题为编者所加。

原文

（则天后）垂拱三年(687)

（夏，四月）凤阁侍郎、同凤阁鸾台三品刘祎之窃谓凤阁舍人永年贾大隐曰[①]：“太后既废昏立明，安用临朝称制！不如返政，以安天下之心。”大隐密奏之，太后不悦，谓左右曰：“祎之我所引，乃复叛我！”或诬祎之受归诚州都督孙万荣金，又与许敬宗妾有私，太后命肃州刺史王本立推之[②]。本立宣敕示之，祎之曰：“不经凤阁鸾台，何名为敕[③]！”太后大怒，以为拒捍制使[④]；庚午，赐死于家。

祎之初下狱，睿宗为之上疏申理[⑤]，亲友皆贺之，祎之曰：“此乃所以速吾死也。”临刑，沐浴，神色自若，自草谢表，立成数纸。麟台郎郭翰、太子文学周思钧称叹其文。太后闻之，左迁翰巫州司法，思钧播州司仓。

注释

①凤阁鸾台：武则天光宅元年（684）改中书省为凤阁，改门下省为鸾台。
②推：推究审问。
③敕：皇帝的诏书。
④拒捍：抵御抗拒。　制使：皇帝派遣的使者。
⑤申理：申诉冤屈。

原文

四年(688)

春，正月，甲子，于神都立高祖、太宗、高宗三庙，四时享祀如西庙之仪[①]。又立崇先庙以享武氏祖考[②]。太后命有司议崇先庙室数，司礼博士周悰请为七室，又减唐太庙为五室。春官侍郎贾大隐奏：“礼，天子七庙，诸侯五庙，百王不易之义。今周悰别引浮议[③]，广述异闻，直崇临朝权仪，不依国家常度。皇太后亲承顾托[④]，光显大猷[⑤]，其崇先庙室应如诸侯之数，国家宗庙不应辄有变移。”太后乃止。

（夏，四月）初，太后有憾于处俊，会奴诬告象贤反，太后命周兴鞫之[⑥]，致象贤族罪。象贤家人诣朝堂，讼冤于监察御史乐安任玄殖。玄殖奏象贤无反状，玄殖坐免官。象贤临刑，极口骂太后[7]，发扬宫中隐慝[8]，夺市人柴以击刑者；金吾兵共格杀之。太后命支解其尸，发其父祖坟，毁棺焚尸。自是终太后之世，法官每刑人，先以木丸塞其口。

注释

①"于神都"句：神都，则天后光宅元年（684），武则天改东都洛阳为神都。 西庙，指唐在长安的宗庙。
②祖考：祖先。
③浮议：不实在的议论。
④亲承顾托：这里指亲自承担唐高宗的临终嘱托。顾托，嘱托。
⑤光显大猷：光大显扬国家大计。
⑥鞫（jū）：审讯。
⑦极口：肆意地说。极，尽情、穷尽。
⑧发扬：宣扬；宣布。 隐慝（tè）：指见不得人的邪恶之事。

原文

武承嗣使凿白石为文曰："圣母临人，永昌帝业。"末紫石杂药物填之[1]。庚午，使雍州人唐同泰奉表献之，称获之于洛水。太后喜，命其石曰"宝图"，擢同泰为游击将军。五月，戊辰，诏当亲拜洛，受"宝图"；有事南郊，先谢昊天[2]；礼毕，御明堂，朝群臣。命诸州都督、刺史及宗室、外戚以拜洛前十日集神都。乙亥，太后加尊号为圣母神皇。

注释

①末：碎屑；粉末。这里作动词。
②昊天：广阔无际的天。

原文

秋，七月，丁巳，赦天下。更命"宝图"为"天授圣图"；洛水为永昌洛水，封其神为显圣侯，加特进[1]，禁渔钓，祭祀比四渎[2]。名图所出曰"圣图泉"，泉侧置永昌县。又改嵩山为神岳，封其神为天中王，拜太师、使持节、神岳大都督，禁刍牧[3]。又以先于汜水得瑞石，改汜水为广武。

太后潜谋革命，稍除宗室[4]。绛州刺史韩王元嘉、青州刺史霍王元轨、邢州刺史鲁王灵夔、豫州刺史越王贞及元嘉子通州刺史黄公譔、元轨子金州刺史江都王绪、虢王凤子申州刺史东莞公融、灵夔子范阳王蔼、贞子博州刺史琅邪王冲，在宗室中皆以才行有美名，太后尤忌之。元嘉等内不自安，密有匡复之志[5]。

注释

①特进：官名。唐宋为文散官之第二阶，相当于正二品。
②四渎：古人对四条独流入海的大川的总称，即江（长江）、河（黄河）、淮、济。
③刍牧：割草放牧。刍，割草。
④稍除：逐渐地清除。
⑤匡复：挽救国家的危亡，使之转危为安。

原文

课谬为书与贞云："内人病浸重，当速疗之，若至今冬，恐成痼疾①。"及太后召宗室朝明堂，诸王因递相惊曰："神皇欲于大飨之际②，使人告密，尽收宗室，诛之无遗。"课诈为皇帝玺书与冲云："朕遭幽絷③，诸王宜各发兵救我。"冲又诈为皇帝玺书云："神皇欲移李氏社稷，以授武氏。"八月，壬寅，冲召长史萧德琮等令募兵，分告韩、霍、鲁、越及贝州刺史纪王慎，令各起兵共趣神都。太后闻之，以左金吾将军丘神勣为清平道行军大总管以讨之。

冲募兵得五千馀人，欲渡河取济州；先击武水，武水令郭务悌诣魏州求救。莘令马玄素将兵千七百人中道邀冲，恐力不敌，入武水，闭门拒守。冲推草车塞其南门，因风纵火焚之，欲乘火突入；火作而风回，冲军不得进，由是气沮。堂邑董玄寂为冲将兵击武水，谓人曰："琅邪王与国家交战，此乃反也。"冲闻之，斩玄寂以徇④，众惧而散入草泽⑤，不可禁止，惟家僮左右数十人在。冲还走博州，戊申，至城门，为守门者所杀，凡起兵七日而败。丘神勣至博州，官吏素服出迎，神勣挥刃尽杀之，凡破千馀家。

注释

①痼疾：也作"固疾"，久治不愈的疾病。
②大飨：大型的祭祀。飨，祭献、供奉。
③幽絷：囚禁；拘囚。
④徇：示众。
⑤草泽：荒野。

原文

越王贞闻冲起，亦举兵于豫州，遣兵陷上蔡。九月，丙辰，命左豹韬大将军麹崇裕为中军大总管，岑长倩为后军大总管，将兵十万以讨之①，又命张光辅为诸军节度。削贞、冲属籍，更姓虺氏②。贞闻冲败，欲自锁诣阙谢罪，会所署新蔡令傅延庆募得勇士二千馀人，贞乃宣言于众曰："琅邪已破魏、相数州，有兵二十万，朝夕至矣。"发属县兵共得五千③，分为五营，使汝南县丞裴守德等将之，署九品以上官五百馀人。所署官皆受迫胁，莫有斗志，惟守德与之同谋，贞以其女妻之[4]，署大将军，委以腹心。贞使道士及僧诵经以求事成，左右及战士皆带辟兵符。麴崇裕等军至豫州城东四十里，贞遣少子规及裴守德拒战[5]，兵溃而归。贞大惧，闭阁自守。崇裕等至城下，左右谓贞曰："王岂可坐待戮辱[6]！"贞、规、守德及其妻皆自杀。与冲皆枭首东都阙下。

注释

①讨：征伐。
②更姓虺（huǐ）氏：改姓氏为虺。
③发：派遣。
④妻：用作动词，嫁给。
⑤拒：抵御；抵抗。
⑥戮辱：杀头之耻辱。

原文

初，范阳王蔼遣使语贞及冲曰："若四方诸王一时并起，事无不济。"诸王往来相约结，未定而冲先发，惟贞狼狈应之，诸王皆不敢发，故败。

贞之将起兵也，遣使告寿州刺史赵瓌，瓌妻常乐长公主谓使者曰："为我语越王：昔隋文帝将篡周室[1]，尉迟迥，周之甥也，犹能举兵匡救社稷。功虽不成，威震海内，足为忠烈。况汝诸王，先帝之子，岂得不以社稷为心！今李氏危若朝露[2]，汝诸王不舍生取义，尚犹豫不发，欲何须邪[3]！祸且至矣，大丈夫当为忠义鬼，无为徒死也[4]。"

及贞败，太后欲悉诛韩、鲁等诸王，命监察御史蓝田苏珦按其密状[5]。珦讯问，皆无明验，或告珦与韩、鲁通谋，太后召珦诘之[6]，珦抗论不回。太后曰："卿大雅之士，朕当别有任使，此狱不必卿也。"乃命珦于河西监军，更使周兴等按之。于是收韩王元嘉、鲁王灵夔、黄公譔、常乐公主于东都，迫胁皆自杀，更其姓曰"虺"，亲党皆诛。

（十二月）己酉，太后拜洛受图，皇帝、皇太子皆从，内外文武百官、蛮夷酋长各依方叙立，珍禽、奇兽、杂宝列于坛前，文物卤簿之盛[7]，唐兴以来未之有也。

注释

①篡：非法地夺取。多指篡位。
②危若朝露：比喻形势危急。朝露，清晨的露水，太阳一出即消失。
③须：待；等待。
④徒死：白白地死去。
⑤命监察御史苏珦（xiàng）按其密状：命令监察御史蓝田人苏珦审理他们密谋的案件。

⑥诘：深问；穷究。
⑦卤簿：古代帝王、后、妃、太子、王公大臣外出时，在其前后的仪仗队。

【原文】

永昌元年(689)

春，正月，乙卯朔，大飨万象神宫，太后服衮冕[①]，搢大圭[②]，执镇圭为初献，皇帝为亚献，太子为终献。先诣昊天上帝座，次高祖、太宗、高宗，次魏国先王[③]，次五方帝座。太后御则天门，赦天下，改元。丁巳，太后御明堂，受朝贺。戊午，布政于明堂，颁九条以训百官。己未，御明堂，飨群臣[④]。

(九月)初，高宗之世，周兴以河阳令召见，上欲加擢用，或奏以为非清流[⑤]，罢之。兴不知，数于朝堂俟命。诸相皆无言，地官尚书、检校纳言魏玄同，时同平章事，谓之曰："周明府可去矣。"兴以为玄同沮己，衔之[⑥]。玄同素与裴炎善，时人以其终始不渝，谓之耐久朋。周兴奏诬玄同言："太后老矣，不若奉嗣君为耐久。"太后怒，闰月，甲午，赐死于家。监刑御史房济谓玄同曰："丈人何不告密[⑦]，冀得召见，可以自直！"玄同叹曰："人杀鬼杀，亦复何殊，岂能作告密人邪！"乃就死。又杀夏官侍郎崔詧于隐处[⑧]。自馀内外大臣坐死及流贬者甚众。

【注释】

①衮冕：衮，古代君王的礼服。冕，天子、诸侯、卿、大夫所戴的礼帽，后来专指帝王的礼帽。
②搢（jìn）：插。
③魏国先王：此指武则天的父亲武士彟。
④飨（xiǎng）：用酒食款待人。
⑤清流：旧时常用来称负有时望、不肯与权贵同流合污的士大夫。
⑥衔：怨恨。
⑦丈人：古时对老人的尊称。
⑧崔詧（chá）：人名。

【原文】

(冬，十月)右卫胄曹参军陈子昂上疏，以为："周颂成、康，汉称文、景，皆以能措刑故也[①]。今陛下之政，虽尽善矣，然太平之朝，上下乐化，不宜有乱臣贼子，日犯天诛。比者大狱增多，逆徒滋广，愚臣顽昧，初谓皆实，乃去月十五日，陛下特察系囚李珍等无罪，百僚庆悦，皆贺圣明，臣乃知亦有无罪之人挂于疏网者。陛下务在宽典[②]，狱官务在急刑[③]，以伤陛下之仁[④]，以诬太平之政，臣窃恨之。又，九月二十一日敕免楚金等死，初有风雨，变为景云。臣闻阴惨者刑也，阳舒者德也；圣人法天，天亦助圣。天意如此，陛下岂可不承顺之哉！今又阴雨，臣恐过在狱官。凡系狱之囚，多在极法，道路之议，或是或非，陛下何不悉召见之，自诘其罪。罪有实者显示明刑，滥者严惩狱吏，使天下咸服，人知政刑，岂非至德克明哉[5]！”

【注释】

①措刑：废弃刑罚。
②宽典：使法则制度从宽。
③急刑：急，急速。急刑，加紧实施刑罚。
④伤：损害。
⑤克：能够；胜任。

【原文】

天授元年(690)

十一月，庚辰朔，日南至。太后享万象神宫，赦天下。始用周正[1]，改永昌元年十一月为载初元年正月，以十二月为腊月，夏正月为一月。以周、汉之后为二王后，舜、禹、成汤之后为三恪[2]，周、隋之嗣同列国。

凤阁侍郎河东宗秦客，改造“天”、“地”等十二字以献[3]，丁亥，行之。太后自名“曌”，改诏曰制。秦客，太后从父姊之子也。

乙未，司刑少卿周兴奏除唐亲属籍。

二月，辛酉，太后策贡士于洛城殿[4]。贡士殿试自此始。

(秋，七月)时法官竞为深酷，唯司刑丞徐有功、杜景俭独存平恕[5]，被告者皆曰：“遇来、侯必死，遇徐、杜必生。”

【注释】

①正：阴历一年的第一个月。
②三恪：周武王得天下，封夏、商之后，又封舜之后，给以王侯称号，谓之三恪。
③献：献祭。引申为进献，奉献。
④策：古代考试以问题书之于策，令应举者作答，称为“策问”，也简称“策”。
⑤平恕：公平宽恕。

【原文】

有功，文远之孙也，名弘敏，以字行。初为蒲州司法，以宽为治，不施敲朴[1]，吏相约有犯徐司法杖者，众共斥之。迨官满[2]，不杖一人，职事亦修。累迁司刑丞，酷吏所诬构者，有功皆为直之，前后所活数十百家。尝廷争狱事，太后厉色诘之，左右为战栗，有功神色不挠[3]，争之弥切。太后虽好杀，知有功正直，甚敬惮之。景俭，武邑人也。

司刑丞荥阳李日知亦尚平恕。少卿胡元礼欲杀一囚，日知以为不可，往复数四，元礼怒曰：“元礼不离刑曹[4]，此囚终无生理！”日知曰：“日知不离刑曹，此囚终无死法！”竟以两状列上，日知果直。

注释

①敲朴：杖类刑具。
②迨：到，等到。
③挠：弯曲，比喻屈服。
④刑曹：曹，古代分职治事的官属或部门。刑曹，管理刑罚的部门。

原文

八月，甲寅，杀太子少保、纳言裴居道；癸亥，杀尚书左丞张行廉。辛未，杀南安王颍等宗室十二人，又鞭杀故太子贤二子，唐之宗室于是殆尽矣[①]，其幼弱存者亦流岭南，又诛其亲党数百家。惟千金长公主以巧媚得全，自请为太后女，仍改姓武氏；太后爱之，更号延安大长公主。

九月，丙子，侍御史汲人傅游艺帅关中百姓九百馀人诣阙上表[②]，请改国号曰周，赐皇帝姓武氏，太后不许；擢游艺为给事中。于是百官及帝室宗戚、远近百姓、四夷酋长、沙门、道士合六万馀人，俱上表如游艺所请，皇帝亦上表自请赐姓武氏。戊寅，群臣上言："有凤皇自明堂飞入上阳宫，还集左台梧桐之上，久之，飞东南去；及赤雀数万集朝堂。"

庚辰，太后可皇帝及群臣之请。壬午，御则天楼，赦天下，以唐为周，改元。乙酉，上尊号曰圣神皇帝，以皇帝为皇嗣，赐姓武氏；以皇太子为皇孙。

丙戌，立武氏七庙于神都，追尊周文王曰始祖文皇帝，妣姒氏曰文定皇后[③]，平王少子武曰睿祖康皇帝，妣姜氏曰康惠皇后；太原靖王曰严祖成皇帝，妣曰成庄皇后；赵肃恭王曰肃祖章敬皇帝，魏义康王曰烈祖昭安皇帝，周安成王曰显祖文穆皇帝，忠孝太皇曰太祖孝明高皇帝，妣皆如考谥，称皇后。立武承嗣为魏王，三思为梁王，攸宁为建昌王，士彟兄孙攸归、重规、载德、攸暨、懿宗、嗣宗、攸宜、攸望、攸绪、攸止皆为郡王，诸姑姊皆为长公主。

（冬，十月）制天下武氏咸蠲课役[④]。

注释

①殆：几乎。
②诣阙：赴皇帝的殿廷。
③妣（bǐ）：母已死之称。古时母未死也可称妣。　姒（sì）：姓。
④蠲（juān）课役：免除赋税和徭役。

原文

二年(691)

正月，癸酉朔，太后始受尊号于万象神宫，旗帜尚赤[①]。甲戌，改置社稷于神都。辛巳，纳武氏神主于太庙；唐太庙之在长安者，更命曰享德庙。四时唯享高祖已下，馀四室皆闭不享。又改长安崇先庙为崇尊庙。乙酉，日南至，大享明堂，祀昊天上帝，百神从祀，武氏祖宗配享，唐三帝亦同配。

御史中丞知大夫事李嗣真以酷吏纵横[②]，上疏，以为："今告事纷纭，虚多实少，恐有凶慝阴谋离间陛下君臣[③]。古者狱成，公卿参听[④]，王必三宥[⑤]，然后行刑。比日狱官单车奉使，推鞫既定[⑥]，法家依断，不令重推；或临时专决，不复闻奏。如此，则权由臣下，非审慎之法，倘有冤滥，何由可知！况以九品之官专命推覆，操杀生之柄，窃人主之威，按覆既不在秋官，省审复不由门下，国之利器，轻以假人，恐为社稷之祸。"太后不听。

注释

①尚：尊崇。
②纵横：肆意横行，无所顾忌。
③凶慝（tè）：邪恶。
④参听：参与治理。
⑤宥：饶恕；宽容。
⑥推鞫（jū）：审讯。

原文

饶阳尉姚贞亮等数百人表请上尊号曰上圣大神皇帝，不许。

（二月）甲子，太后命始祖墓曰德陵，睿祖墓曰乔陵，严祖墓曰节陵，肃祖墓曰简陵，烈祖墓曰靖陵，显祖墓曰永陵，改章德陵为昊陵，显义陵为顺陵。

（九月）先是，凤阁舍人修武张嘉福使洛阳人王庆之等数百人上表，请立武承嗣为皇太子。文昌右相、同凤阁鸾台三品岑长倩以皇嗣在东宫，不宜有此议，奏请切责上书者，告示令散。太后又问地官尚书、同平章事格辅元，辅元固称不可。由是大忤诸武意[①]，故斥长倩令西征吐蕃，未至，征还，下制狱[②]。承嗣又谮辅元。来俊臣又胁长倩子灵原，令引司礼卿兼判纳言事欧阳通等数十人，皆云同反。通为俊臣所讯，五毒备至[③]，终无异词，俊臣乃诈为通款[④]。冬，十月，己酉，长倩、辅元、通等皆坐诛。

注释

①忤：违反；抵触；不顺从。
②制狱：皇帝特命监禁罪人的地方。如同汉代的诏狱。制，帝王的命令。
③五毒：五种酷刑。
④诈为通款：伪造了认罪书。款，服罪。

原文

王庆之见太后，太后曰："皇嗣我子，奈何废之？"庆之对曰："'神不歆非类[①]，民不祀非族。'今谁有天下，而以李氏为嗣乎！"太后谕遣之。庆之伏地，以死泣请，不去。太后乃以印纸遗之曰："欲见我，以此示门者。"自是庆之屡求见，太后颇怒之，命凤阁侍郎李昭德赐庆之杖。昭德引出光政门外，以示朝士曰："此贼欲废我皇嗣，立武承嗣！"命扑之[②]，耳目皆血出，然后杖杀之，其党乃散。

昭德因言于太后曰："天皇[③]，陛下之夫；皇嗣，陛下之子。陛下身有天下，当传之子孙为万代业，岂得以侄为嗣乎！自古未闻侄为天子而为姑立庙者也！且陛下受天皇顾托，若以天下与承嗣，则天皇不血食矣[④]。"太后亦以为然。昭德，乾佑之子也。

注释

①歆（xīn）：羡慕。
②扑：击。
③天皇：指唐高宗。
④血食：古代杀牲取血，用以祭祀，名血食。

◎开元盛世

题解

唐玄宗开元年间，政局稳定，经济繁荣，文化昌盛，国力富强，是唐朝极盛的时期。政治的安定为社会经济的发展创造了条件，于是生产发展，经济繁荣。社会经济的繁荣推动文化事业的发展。但在繁荣强盛的背后，深刻的社会及政治危机也在发展，为后来的安史之乱种下祸根。本文节选自《资治通鉴》卷二一一至二一四，标题为编者所加。

原文

（唐玄宗）开元二年（714）

春，正月，壬申，制：“选京官有才识者除都督、刺史①，都督、刺史有政迹者除京官，使出入常均，永为恒式。”

旧制，雅俗之乐，皆隶太常。上精晓音律，以太常礼乐之司，不应典倡优杂伎②；乃更置左右教坊以教俗乐，命右骁卫将军范及为之使。又选乐工数百人，自教法曲于梨园，谓之“皇帝梨园弟子”。又教宫中使习之。又选伎女③，置宜春院，给赐其家。礼部侍郎张廷珪、酸枣尉袁楚客皆上疏，以为：“上春秋鼎盛，宜崇经术，迩端士④，尚朴素，深以悦郑声、好游猎为戒。”上虽不能用，咸嘉赏之。

薛王业之舅王仙童，侵暴百姓，御史弹奏；业为之请，敕紫微、黄门覆按。姚崇、卢怀慎等奏：“仙童罪状明白，御史所言无所枉⑤，不可纵舍⑥。”上从之。由是贵戚束手⑦。

注释

①除：指拜官授职。
②典：主管。　倡优：从事歌舞的艺人。　杂伎：各种游戏技艺的总称。
③伎女：即妓女，这里指女乐。
④迩：接近。
⑤枉：歪曲。
⑥纵舍：释放。
⑦束手：捆住了手。这里指贵戚不敢再为所欲为侵暴百姓。

原文

（二月，闰月）丙子，申王成义请以其府录事阎楚珪为其府参军，上许之。姚崇、卢怀慎上言：“先尝得旨，云王公、驸马有所奏请，非墨敕皆勿行。臣窃以量材授官，当归有司；若缘亲故之恩，得以官爵为惠[①]，踵习近事[②]，实紊纪纲。”事遂寝[③]。由是请谒不行[④]。

上以风俗奢靡，秋，七月，乙未，制：“乘舆服御、金银器玩，宜令有司销毁，以供军国之用；其珠玉、锦绣，焚于殿前；后妃以下，皆毋得服珠玉锦绣。”戊戌，敕：“百官所服带及酒器、马衔、镫[⑤]，三品以上，听饰以玉，四品以金，五品以银，自馀皆禁之；妇人服饰从其夫、子。其旧成锦绣，听染为皂。自今天下更毋得采珠玉，织锦绣等物，违者杖一百，工人减一等。”罢两京织锦坊。

（九月）敕以岁稔伤农[⑥]，令诸州修常平仓法；江、岭、淮、浙、剑南地下湿，不堪贮积，不在此例。

注释

①惠：恩惠。

②踵习近事：指逐个考查近期发生的事情。

③寝：止息。

④请谒：拜见。这里指拉关系走门路。

⑤镫（dèng）：挂在马鞍子两旁供脚踏的东西，多用铁做成。

⑥岁稔：指这一年庄稼丰熟。岁，年。

原文

三年(715)

（五月）山东大蝗，民或于田旁焚香膜拜设祭而不敢杀，姚崇奏遣御史督州县捕而瘗之[①]。议者以为蝗众多，除不可尽；上亦疑之。崇曰：“今蝗满山东[②]，河南、北之人，流亡殆尽，岂可坐视食苗，曾不救乎！借使除之不尽，犹胜养以成灾。”上乃从之。卢怀慎以为杀蝗太多，恐伤和气。崇曰：“昔楚庄吞蛭而愈疾，孙叔杀蛇而致福，奈何不忍于蝗而忍人之饥死乎？若使杀蝗有祸，崇请当之！”

京兆尹崔日知贪暴不法，御史大夫李杰将纠之，日知反构杰罪。十二月，侍御史杨玚廷奏曰[③]：“若纠弹之司，使奸人得而恐愒[④]，则御史台可废矣。”上遽命杰视事如故，贬日知为歙县丞。

或上言：“按察使徒烦扰公私，请精简刺史、县令，停按察使。”上命召尚书省官议之。姚崇以为：“今止择十使，犹患未尽得人[⑤]，况天下三百馀州，县多数倍，安得刺史县令皆称其职乎！”乃止。

注释

①瘗（yì）：埋葬。

②山东：此指华山或崤山以东的地区。

③杨玚（chàng）廷：人名。

④愒（hè）：吓唬。

⑤得人：得到才华出众的人才。

【原文】

四年(716)

(春，正月)丙午，以鄫王嗣真为安北大都护、安抚河东·关内·陇右诸蕃大使①，以安北大都护张知运为之副。陕王嗣昇为安西大都护、安抚河西四镇诸蕃大使，以安西都护郭虔瓘为之副②。二王皆不出阁。诸王遥领节度自此始。

(二月)上尝遣宦官诣江南取䴔䴖、鸂鶒等③，欲置苑中，使者所至烦扰。道过汴州，倪若水上言："今农桑方急，而罗捕禽鸟以供园池之玩，远自江、岭，水陆传送，食以粱肉④。道路观者，岂不以陛下贱人而贵鸟乎！陛下方当以凤凰为凡鸟，麒麟为凡兽，况䴔䴖、鸂鶒，曷足贵也！"上手敕谢若水，赐帛四十段，纵散其鸟。

(夏，五月)或言于上曰："今岁选叙大滥⑤，县令非才。"及入谢，上悉召县令于宣政殿庭，试以理人策。惟鄄城令韦济词理第一，擢为醴泉令。馀二百馀人不入第，且令之官；四十五人放归学问。吏部侍郎卢从愿左迁豫州刺史，李朝隐左迁滑州刺史。从愿典选六年，与朝隐皆名称职。初，高宗之世，马载、裴行俭在吏部最有名，时人称吏部前有马、裴，后有卢、李。济，嗣立之子也。

【注释】

①鄫（zēng）：古地名。在今河南柘城北。

②郭虔瓘（guàn）：人名。

③䴔䴖（jiāojīng）：水鸟名，也叫"池鹭"。　鸂鶒（xīchì）：水鸟名，因此鸟形大于鸳鸯而色多紫，所以也称"紫鸳鸯"。

④粱肉：精美的饭菜。

⑤选叙：选择评价等级次第。

【原文】

十一月，己卯，黄门监卢怀慎疾亟，上表荐宋璟、李杰、李朝隐、卢从愿并明时重器，所坐者小，所弃者大，望垂矜录①；上深纳之。乙未，薨。家无馀蓄，惟一老苍头，请自鬻以办丧事②。

姚崇无居第，寓居罔极寺，以病痁谒告③。上遣使问饮食起居状，日数十辈。源乾曜奏事或称旨，上辄曰："此必姚崇之谋也。"或不称旨，辄曰："何不与姚崇议之！"乾曜常谢实然。每有大事，上常令乾曜就寺问崇。癸卯，乾曜请迁崇于四方馆，仍听家人入侍疾；上许之。崇以四方馆有簿书，非病者所宜处，固辞。上曰："设四方馆，为官吏也；使卿居之，为社稷也。恨不可使卿居禁中耳，此何足辞！"

崇子光禄少卿彝、宗正少卿异，广通宾客，颇受馈遗，为时所讥。主书赵诲为崇所亲信，受胡人赂，事觉，上亲鞫问[④]，下狱当死。崇复营救，上由是不悦。会曲赦京城[⑤]，敕特标诲名，杖之一百，流岭南。崇由是忧惧，数请避相位，荐广州都督宋璟自代。

注释

①垂矜录：垂，敬词，表示对方在自己之上。矜录，顾惜任用。

②鬻（yù）：卖。

③病痁（shān）：得疟疾。

④鞫（jū）问：审问。

⑤曲赦：局部免除刑罚。

原文

（十二月，闰月）璟为相，务在择人[①]，随材授任，使百官各称其职；刑赏无私，敢犯颜直谏。上甚敬惮之，虽不合意，亦曲从之[②]。

姚、宋相继为相，崇善应变成务，璟善守法持正；二人志操不同，然协心辅佐，使赋役宽平，刑罚清省[③]，百姓富庶。唐世贤相，前称房、杜，后称姚、宋，他人莫得比焉。二人每进见，上辄为之起，去则临轩送之。及李林甫为相，虽宠任过于姚、宋，然礼遇殊卑薄矣。紫微舍人高仲舒博通典籍，齐澣练习时务，姚、宋每坐二人以质所疑[④]，既而叹曰："欲知古，问高君，欲知今，问齐君，可以无缺政矣。"

注释

①务：勉力从事。

②曲从：违反自己本心去顺从。

③清省：清白减少。

④坐：这里指座谈。

原文

六年(718)

（春，正月）广州吏民为宋璟立遗爱碑[①]。璟上言："臣在州无他异迹，今以臣光宠，成彼谄谀；欲革此风，望自臣始，请敕下禁止。"上从之。于是他州皆不敢立。

辛酉，敕禁恶钱，重二铢四分以上乃得行。敛人间恶钱熔之，更铸如式钱。于是京城纷然，卖买殆绝。宋璟、苏颋请出太府钱二万缗置南北市[②]，以平价买百姓不售之物可充官用者，及听两京百官豫假俸钱，庶使良钱流布人间[③]；从之。

（秋，八月）唐初，州县官俸，皆令富户掌钱，出息以给之；息至倍称，多破产者。秘书少监崔沔上言，请计州县官所得俸，于百姓常赋之外，微有所加以给之。从之。

注释

①遗爱:《左传·昭公二十年》:“及子产卒,仲尼闻之,出涕曰:‘古之遗爱也。’”后亦谓“仁爱”遗于后世。
②缗(mín):量词。用于成串的铜钱。古代以一千文为一缗。
③及听两京百官豫假俸钱,庶使良钱流布人间:二句意为,并且听任两京官员预先向国家借贷俸禄,希望能使好钱在民间流通。听,听凭;听任。豫,事先有准备,预先。假,借;贷。庶,表示可能或希望。

原文

七年(719)

夏,四月,壬午,开府仪同三司祁公王仁皎薨。其子驸马都尉守一请用窦孝谌例,筑坟高五丈二尺;上许之。宋璟、苏颋固争,以为:“准令[①],一品坟高一丈九尺,其陪陵者高出三丈而已。窦太尉坟,议者颇讥其高大,当时无人极言其失,岂可今日复踵而为之[②]!昔太宗嫁女,资送过于长公主。魏徵进谏,太宗既用其言,文德皇后亦赏之。岂若韦庶人崇其父坟,号曰酆陵,以自速其祸乎!夫以后父之尊,欲高大其坟,何足为难!而臣等再三进言者,盖欲成中宫之美耳[③]。况今日所为,当传无穷,永以为法,可不慎乎!”上悦曰:“朕每欲正身率下,况于妻子,何敢私之[④]!然此乃人所难言,卿能固守典礼,以成朕美,垂法将来[⑤],诚所望也。”赐璟、颋帛四百匹。

注释

①准令:规定法令。
②踵:追逐;追随。引申为继承、因袭。
③美:泛指美好。这里指美名。
④私:偏爱。
⑤垂:流传下去。

原文

八年(720)

(春,正月)侍中宋璟疾负罪而妄诉不已者[①],悉付御史台治之。谓中丞李谨度曰:“服不更诉者出之,尚诉未已者且系。”由是人多怨者。会天旱有魃[②],优人作魃状戏于上前,问魃:“何为出?”对曰:“奉相公处分。”又问:“何故?”魃曰:“负冤者三百馀人,相公悉以系狱抑之,故魃不得不出。”上心以为然。

时璟与中书侍郎、同平章事苏颋建议严禁恶钱,江、淮间恶钱尤甚,璟以监察御史萧隐之充使括恶钱[③]。隐之严急烦扰,怨嗟盈路[④],上于是贬隐之官。辛巳,罢璟为开府仪同三司,颋为礼部尚书。以京兆尹源乾曜为黄门侍郎,并州长史张嘉贞为中书侍郎,并同平章事。于是弛钱禁,恶钱复行矣。

注释

①疾：憎恨；憎恶。
②魃（bá）：传说中能引起旱灾的鬼怪。
③括：搜求。
④怨嗟盈路：埋怨哀叹的声音充满道路。

【原文】

十年(722)

(秋，八月)初，上之诛韦氏也，王皇后颇预密谋，及即位数年，色衰爱弛。武惠妃有宠，阴怀倾夺之志。后心不平，时对上有不逊语。上愈不悦，密与秘书监姜皎谋以后无子废之，皎泄其言。嗣滕王峤，后之妹夫也，奏之。上怒，张嘉贞希旨构成其罪[1]，云："皎妄谈休咎[2]。"甲戌，杖皎六十，流钦州，弟吏部侍郎晦贬春州司马；亲党坐流、死者数人，皎卒于道。

己亥，敕："宗室、外戚、驸马，非至亲毋得往还；其卜相占候之人，皆不得出入百官之家。"

初，诸卫府兵，自成丁从军，六十而免，其家又不免杂徭，浸以贫弱[3]，逃亡略尽，百姓苦之。张说建议，请召募壮士充宿卫，不问色役[4]，优为之制，逋逃者必争出应募；上从之。旬日，得精兵十三万，分隶诸卫，更番上下。兵农之分，从此始矣。

注释

①希：迎合。
②休咎：吉凶，善恶。
③浸：愈，益，更加。
④色役：各种徭役。色，种类。役，徭役。这里指戍守边疆，服兵役。

【原文】

十二年(724)

六月，壬辰，制听逃户自首，辟所在闲田[1]，随宜收税[2]，毋得差科征役，租庸一皆蠲免。仍以兵部员外郎兼侍御史宇文融为劝农使，巡行州县，与吏民议定赋役。

注释

①辟：开辟。
②随宜：适当，不过度。

【原文】

十三年(725)

春，二月，庚申，以御史中丞宇文融兼户部侍郎。制以所得客户税钱均充所在常平仓本[1]；又委使司与州县议作劝农社，使贫富相恤，耕耘以时。

(十二月)上疑吏部选试不公，时选期已迫，御史中丞宇文融密奏，请分吏部为十铨[2]。甲戌，以礼部尚书苏颋等十人掌吏部选，试判将毕，遽召入禁中决定，吏部尚书、侍郎皆不得预。左庶子吴兢上表，以为："陛下曲受谗言，不信有司，非居上临人推诚感物之道。昔陈平、邴吉，汉之宰相，尚不对钱谷之数，不问斗死之人；况大唐万乘之君，岂得下行铨选之事乎？凡选人书判，并请委之有司，停此十铨。"上虽不即从[3]，明年复故。

是岁，东都斗米十五钱，青、齐五钱，粟三钱。

【注释】

①本：本钱；母金。
②铨（quán）：这里指量才授官。
③即从：马上听从。

【原文】

十四年(726)

(春，正月)张说奏："今之五礼[1]，贞观、显庆两曾修纂，前后颇有不同，其中或未折衷[2]。望与学士等讨论古今，删改施行。"制从之。

(夏，四月)上欲以武惠妃为皇后，或上言："武氏乃不戴天之仇，岂可以为国母！人间盛言张说欲取立后之功，更图入相之计。且太子非惠妃所生，惠妃复自有子，若登宸极[3]，太子必危。"上乃止。然宫中礼秩，一如皇后。

五月，癸卯，户部奏今岁户七百六万九千五百六十五，口四千一百四十一万九千七百一十二。

【注释】

①五礼：古代指吉礼、凶礼、军礼、宾礼、嘉礼五种礼制。
②折衷：调节过与不及，使适中。
③宸极：北极星。旧借指君位。

【原文】

二十二年(734)

(夏,四月)吏部侍郎李林甫,柔佞多狡数[①],深结宦官及妃嫔家,伺候上动静,无不知之。由是每奏对,常称旨,上悦之。时武惠妃宠幸倾后宫,生寿王清,诸子莫得为比,太子浸疏薄。林甫乃因宦官言于惠妃,愿尽力保护寿王;惠妃德之,阴为内助,由是擢黄门侍郎。五月,戊子,以裴耀卿为侍中,张九龄为中书令,林甫为礼部尚书、同中书门下三品。

上种麦于苑中,帅太子以下亲往芟之[②],谓曰:"此所以荐宗庙[③],故不敢不亲,且欲使汝曹知稼穑艰难耳[④]。"又遍以赐侍臣曰:"比遣人视田中稼,多不得实,故自种以观之。"

【注释】

①柔佞多狡数:温顺且能说会道,非常狡猾。柔,温和;温顺。佞,能说会道。
②芟(shān):除草。
③荐:祭,奠。
④稼穑:播种和收获,泛指农业劳动。

【原文】

二十三年(735)

(春,正月)乙亥,上耕藉田,九推乃止;公卿以下皆终亩[①]。赦天下,都城酺三日[②]。

(三月)唐初,公主实封止三百户,中宗时,太平公主至五千户,率以七丁为限。开元以来,皇妹止千户,皇女又半之,皆以三丁为限;驸马皆除三品员外官,而不任以职事。公主邑入至少,至不能具车服,左右或言其太薄[③],上曰:"百姓租赋,非我所有。战士出死力,赏不过束帛;女子何功,而享多户邪?且欲使之知俭啬耳[④]。"秋,七月,咸宜公主将下嫁,始加实封至千户。公主,武惠妃之女也。于是诸公主皆加至千户。

【注释】

①终亩:指耕完一亩。
②都城:这里指东都城。 酺(pú):聚饮,特指命令所特许的大聚饮。
③薄:少。
④俭啬:节俭;俭朴。

【原文】

二十四年(736)

春,正月,庚寅,敕:"天下逃户,听尽今年内自首,有旧产者令还本贯[①],无者别俟进止[②];逾限不首,当命专使搜求,散配诸军。"

（十一月）初，上欲以李林甫为相，问于中书令张九龄，九龄对曰："宰相系国安危[3]，陛下相林甫，臣恐异日为庙社之忧。"上不从。时九龄方以文学为上所重，林甫虽恨，犹曲意事之。侍中裴耀卿与九龄善，林甫并疾之。是时，上在位岁久，渐肆奢欲，怠于政事。而九龄遇事无细大皆力争；林甫巧伺上意，日思所以中伤之[4]。

注释

①贯：世代居住的地方。

②进止：进退；去留。

③系：关涉；关系。

④所以：表示行为所凭借的方式、方法或依据。相当于"用来……的东西"。 中伤：攻击和陷害别人。

原文

上之为临淄王也，赵丽妃、皇甫德仪、刘才人皆有宠，丽妃生太子瑛，德仪生鄂王瑶，才人生光王琚[1]。及即位，幸武惠妃，丽妃等爱皆弛；惠妃生寿王瑁，宠冠诸子。太子与瑶、琚会于内第，各以母失职有怨望语[2]。驸马都尉杨洄尚咸宜公主，常伺三子过失以告惠妃。惠妃泣诉于上曰："太子阴结党与[3]，将害妾母子，亦指斥至尊。"上大怒，以语宰相，欲皆废之。九龄曰："陛下践祚垂三十年[4]，太子诸王不离深宫，日受圣训，天下之人皆庆陛下享国久长，子孙蕃昌[5]。今三子皆已成人，不闻大过，陛下奈何一旦以无根之语，喜怒之际，尽废之乎！且太子天下本，不可轻摇。昔晋献公听骊姬之谗杀申生，三世大乱。汉武帝信江充之诬罪戾太子[6]，京城流血。晋惠帝用贾后之谮废愍怀太子，中原涂炭。隋文帝纳独孤后之言黜太子勇，立炀帝，遂失天下。由此观之，不可不慎。陛下必欲为此，臣不敢奉诏。"上不悦。林甫初无所言，退而私谓宦官之贵幸者曰："此主上家事，何必问外人！"上犹豫未决。惠妃密使官奴牛贵儿谓九龄曰："有废必有兴，公为之援，宰相可长处。"九龄叱之，以其语白上；上为之动色，故讫九龄罢相，太子得无动。林甫日夜短九龄于上，上浸疏之。

注释

①才人：妃嫔的称号。

②怨望：怨恨责望。

③党与：朋党。

④践祚：旧时多指帝王即位。 垂：将近。

⑤蕃昌：昌盛。

⑥罪戾：罪过。此处当动词用，即加罪于……

原文

林甫引萧炅为户部侍郎[1]。炅素不学[2]，尝对中书侍郎严挺之读"伏腊"为"伏猎”。挺之言于九龄曰：“省中岂容有‘伏猎侍郎’！”由是出炅为岐州刺史，故林甫怨挺之。九龄与挺之善，欲引以为相，尝谓之曰：“李尚书方承恩，足下宜一造门[③]，与之款昵[④]。”挺之素负气[⑤]，薄林甫为人，竟不之诣；林甫恨之益深。挺之先娶妻，出之，更嫁蔚州刺史王元琰，元琰坐赃罪下三司按鞫，挺之为之营解。林甫因左右使于禁中白上。上谓宰相曰：“挺之为罪人请属所由。”九龄曰：“此乃挺之出妻，不宜有情。”上曰：“虽离乃复有私。”

注释

①萧炅（jiǒng）：人名。
②不学：没学问。
③造：住；到。
④款昵：殷勤亲近。款，留；殷勤招待。昵，亲近；亲昵。
⑤负气：恃其意气，不肯屈居人下。

【原文】

于是上积前事，以耀卿、九龄为阿党[①]；壬寅，以耀卿为左丞相，九龄为右丞相，并罢政事。以林甫兼中书令；仙客为工部尚书、同中书门下三品，领朔方节度如故。严挺之贬洺州刺史，王元琰流岭南。

上即位以来，所用之相，姚崇尚通，宋璟尚法，张嘉贞尚吏，张说尚文，李元纮、杜暹尚俭，韩休、张九龄尚直，各其所长也。九龄既得罪，自是朝廷之士，皆容身保位[②]，无复直言。

李林甫欲蔽塞人主视听，自专大权，明召诸谏官谓曰：“今明主在上，群臣将顺之不暇，乌用多言[③]！诸君不见立仗马乎[④]？食三品料，一鸣辄斥去，悔之何及！”补阙杜琎尝上书言事，明日，黜为下邽令。自是谏争路绝矣。

注释

①阿（ē）党：循私挠法。
②容身：存身，安身。　保位：保护自己的官位。
③乌：哪里，怎么。
④立仗：陈设仪仗。

【原文】

二十五年(737)

春，正月，初置玄学博士，每岁依明经举。

二月，敕曰：“进士以声韵为学，多昧古今[①]；明经以帖诵为功，罕穷旨趣[②]。自今明经问大义十条，对时务策三首；进士试大经十帖。”

(夏，四月)杨洄又奏太子瑛、鄂王瑶、光王琚，云与太子妃兄驸马薛锈潜搆异谋③，上召宰相谋之。李林甫对曰："此陛下家事，非臣等所宜豫④。"上意乃决。乙丑，使宦者宣制于宫中，废瑛、瑶、琚为庶人，流锈于瀼州。瑛、瑶、琚寻赐死城东驿，锈赐死于蓝田。瑶、琚皆好学有才识，死不以罪，人皆惜之。丙寅，瑛舅家赵氏、妃家薛氏、瑶舅家皇甫氏，坐流贬者数十人，惟瑶妃家韦氏以妃贤得免。

秋，七月，己卯，大理少卿徐峤奏："今岁天下断死刑五十八，大理狱院，由来相传杀气太盛，鸟雀不栖，今有鹊巢其树。"于是百官以几致刑措⑤，上表称贺。上归功宰辅，庚辰，赐李林甫爵晋国公，牛仙客豳国公。

上命李林甫、牛仙客与法官删修《律令格式》成，九月，壬申，颁行之。

注释

①昧：无知。

②罕穷旨趣：很少探究道理。罕，少；稀少。穷，穷尽，探究。旨，意义；意思。

③潜搆：秘密地图谋。

④豫：通"与"，参与。

⑤刑措：指没有人犯法，刑法搁置不用。措，搁置。

原文

二十六年(738)

(春，正月)令天下州、县、里别置学。

(夏，五月)太子瑛既死，李林甫数劝上立寿王瑁。上以忠王璵年长，且仁孝恭谨，又好学，意欲立之，犹豫岁馀不决。自念春秋浸高①，三子同日诛死，继嗣未定，常忽忽不乐②，寝膳为之减。高力士乘间请其故，上曰："汝，我家老奴，岂不能揣我意③！"力士曰："得非以郎君未定邪④？"上曰："然。"对曰："大家何必如此虚劳圣心⑤，但推长而立，谁敢复争！"上曰："汝言是也！汝言是也！"由是遂定。六月，庚子，立璵为太子。

注释

①春秋浸高：年龄逐渐变老。春秋，年龄。浸，逐渐。

②忽忽：失意貌；心中空虚恍惚。

③揣：量度。引申为估量、猜度。

④郎君：这里指储君或太子。

⑤大家：当时宫中称皇帝为大家。

◎安史之乱

题解

唐玄宗统治的前期(即先天、开元年间),是唐代的全盛时期,当时为了对付边境的少数民族,设置了九个节度使,其中实力最大的是安禄山。天宝末年,安禄山起兵叛乱,攻占洛阳、长安。安禄山死后,其部将史思明又继续作乱,直到唐代宗时才告平定,史称“安史之乱”。本文节选自《资治通鉴》卷二一七、卷二一八,标题为编者所加。

原文

(唐玄宗)天宝十三载[①](754)

春,正月,己亥,安禄山入朝。是时杨国忠言禄山必反,且曰:“陛下试召之,必不来。”上使召之[②],禄山闻命即至。庚子,见上于华清宫,泣曰:“臣本胡人,陛下宠擢至此[③],为国忠所疾[④],臣死无日矣!”上怜之[⑤],赏赐巨万,由是益亲信禄山,国忠之言不能入矣。太子亦知禄山必反,言于上,上不听。

(二月)己丑,安禄山奏:“臣所部将士讨奚、契丹、九姓、同罗等,勋效甚多,乞不拘常格,超资加赏,仍好写告身付臣军授之[⑥]。”于是除将军者五百馀人,中郎将者二千馀人。禄山欲反,故先以此收众心也。

三月,丁酉朔,禄山辞归范阳[⑦]。上解御衣以赐之,禄山受之惊喜。恐杨国忠奏留之,疾驱出关。乘船沿河而下,令船夫执绳板立于岸侧,十五里一更,昼夜兼行,日数百里,过郡县不下船。自是有言禄山反者,上皆缚送之。由是人皆知其将反,无敢言者。

注释

①载:即“年”。天宝三载,始称载。
②上:指唐玄宗。
③宠擢(zhuó):宠爱提拔。
④疾:通“嫉”。妒忌。
⑤怜:哀怜;同情。
⑥告身:古代授官的凭信,类似后世的任命状。
⑦范阳:今北京一带。时安禄山为范阳节度使。

原文

十四载(755)

二月，辛亥，安禄山使副将何千年入奏，请以蕃将三十二人代汉将，上命立进画[①]，给告身。韦见素谓杨国忠曰："禄山久有异志，今又有此请，其反明矣[②]。明日见素当极言；上未允，公其继之。"国忠许诺。壬子，国忠、见素入见，上迎谓曰："卿等有疑禄山之意邪？"见素因极言禄山反已有迹，所请不可许，上不悦，国忠逡巡不敢言[③]，上竟从禄山之请。他日，国忠、见素言于上曰："臣有策可坐消禄山之谋。今若除禄山平章事[④]，召诣阙，以贾循为范阳节度使，吕知诲为平卢节度使，杨光翙为河东节度使[⑤]，则势自分矣[⑥]。"上从之。已草制[⑦]，上留不发，更遣中使辅璆琳以珍果赐禄山，潜察其变。璆琳受禄山厚赂，还，盛言禄山竭忠奉国，无有二心。上谓国忠等曰："禄山，朕推心待之，必无异志。东北二虏，藉其镇遏[⑧]。朕自保之，卿等勿忧也！"事遂寝。循，华原人也，时为节度副使。

注释

①进画：送上策划。
②明：表明；显明。
③逡巡：欲进不进、迟疑不决的样子。
④平章事：唐代宰相之称。
⑤"以贾循"以下三句：当时安禄山身兼范阳、平卢、河东三镇节度使。
⑥势：势力。　自：自然；当然。
⑦草：起稿。
⑧藉：凭借。

原文

安禄山归至范阳，朝廷每遣使者至，皆称疾不出迎，盛陈武备，然后见之。裴士淹至范阳，二十馀日乃得见，无复人臣礼。杨国忠日夜求禄山反状[①]，使京兆尹围其第[②]，捕禄山客李超等，送御史台狱[③]，潜杀之。禄山子庆宗尚宗女荣义郡主，供奉在京师，密报禄山，禄山愈惧。六月，上以其子成婚，手诏禄山观礼，禄山辞疾不至。秋，七月，禄山表献马三千匹，每匹执控夫二人，遣蕃将二十二人部送。河南尹达奚珣疑有变，奏请"谕禄山以进车马宜俟至冬，官自给夫，无烦本军"。于是上稍寤，始有疑禄山之意。

安禄山专制三道[④]，阴蓄异志，殆将十年，以上待之厚，欲俟上晏驾，然后作乱[⑤]。会杨国忠与禄山不相悦，屡言禄山且反，上不听；国忠数以事激之，欲其速反，以取信于上。禄山由是决意遽反，独与孔目官·太仆丞严庄、掌书记·屯田员外郎高尚、将军阿史那承庆密谋，自馀将佐皆莫之知，但怪其自八月以来，屡飨士卒[⑥]，秣马厉兵而已[⑦]。会有奏事官自京师还，禄山诈为敕书，悉召诸将示之曰："有密旨，令禄山将兵入朝讨杨国忠，诸君宜即从军。"众愕然相顾，莫敢异言。十一月，甲子，禄山发所部兵及同罗、奚、契丹、室韦凡十五万众，号二十万，反于范阳。

注释

①状：情况。
②其第：指安禄山在京城的住宅。
③御史台狱：唐代御史有审判权，所以御史台有监狱。
④专制：独揽大权。　三道：指安禄山以范阳节度使兼平卢节度使、河东节度使。
⑤晏驾：皇帝死去叫晏驾。
⑥飨（xiǎng）：用酒食款待。
⑦秣（mò）马厉兵：喂饱战马，磨快武器，谓做好作战准备。秣，喂养。

【原文】

诘朝[①]，禄山出蓟城南，大阅誓众[②]，以讨杨国忠为名，牓军中曰[③]："有异议扇动军人者[④]，斩及三族！"于是引兵而南。禄山乘铁舆[⑤]，步骑精锐，烟尘千里，鼓噪震地。时海内久承平[⑥]，百姓累世不识兵革，猝闻范阳兵起，远近震骇。河北皆禄山统内，所过州县，望风瓦解[⑦]。守令或开门出迎，或弃城窜匿，或为所擒戮，无敢拒之者。禄山先遣将军何千年、高邈将奚骑二十，声言献射生手[⑧]，乘驿诣太原。乙丑，北京副留守杨光翙出迎[⑨]，因劫之以去。太原具言其状。东受降城亦奏禄山反[⑩]。上犹以为恶禄山者诈为之，未之信也。

注释

①诘（jié）朝：第二天早晨。
②阅：检阅部队。　誓：古代告诫将士的言辞。
③牓：发布布告。
④扇：通"煽"。
⑤舆（yú）：本谓车厢，因即指车。又转义为轿子。
⑥承平：原为相承平安之意。指比较持久的安定局面。
⑦望风：人之行动影响及于远方，有类于因风传送，因谓自远处瞻望其人为"望风"。
⑧射生手：善射的战士。
⑨北京：唐以太原为北京。
⑩东受降城：在今内蒙古托克托南。

【原文】

庚午，上闻禄山定反，乃召宰相谋之。杨国忠扬扬有得色，曰："今反者独禄山耳，将士皆不欲也。不过旬日，必传首诣行在。"上以为然，大臣相顾失色。上遣特进毕思琛诣东京[①]，金吾将军程千里诣河东[②]，各简募数万人，随便团结以拒之[③]。辛未（十六日），安西节度使封常清入朝，上问以讨贼方略，常清大言曰："今太平积久，故人望风惮贼。然事有逆顺，势有奇变，臣请走马诣东京，开府库，募骁勇，挑马箠渡河④，计日取逆胡之首献阙下⑤！”上悦。壬申，以常清为范阳、平卢节度使。常清即日乘驿诣东京募兵，旬日，得六万人；乃断河阳桥⑥，为守御之备。

壬辰，上下制欲亲征，其朔方、河西、陇右兵留守城堡之外，皆赴行营，令节度使自将之，期二十日毕集。

初，平原太守颜真卿知禄山且反，因霖雨，完城浚壕，料丁壮，实仓廪。禄山以其书生，易之。及禄山反，牒真卿以平原、博平兵七千人防河津，真卿遣平原司兵李平间道奏之。上始闻禄山反，河北郡县皆风靡，叹曰：“二十四郡，曾无一人义士邪！”及平至，大喜曰：“朕不识颜真卿作何状，乃能如是！”真卿遣亲客密怀购贼牒诣诸郡⑦，由是诸郡多应者。真卿，杲卿之从弟也。

【注释】

①特进：正二品的高级文散官。　东京：唐以洛阳为东京。

②河东：指河东道。唐玄宗时直属中央的十五个行政区之一，治所在今山西太原。

③随便团结：这里指根据适当的情况结集军队。

④马箠（chuí）：马鞭。

⑤计日：计算时日，指时间不长。　阙下：宫阙之下，指帝王所居之处，借指朝廷。

⑥河阳桥：在今河南孟州境内。

⑦购贼牒：悬赏的榜文。

【原文】

（唐肃宗）至德元年（756）

春，正月，乙卯朔，禄山自称大燕皇帝，改元圣武，以达奚珣为侍中，张通儒为中书令，高尚、严庄为中书侍郎。

颜杲卿使其子泉明、贾深、翟万德献李钦凑首及何千年、高邈于京师。张通幽泣请曰：“通幽兄陷贼，乞与泉明偕行①，以救宗族。”杲卿哀而许之②。至太原，通幽欲自托于王承业，乃教之留泉明等，更其表，多自为功，毁短杲卿③，别遣使献之。杲卿起兵才八日，守备未完，史思明、蔡希德引兵皆至城下。杲卿告急于承业④。承业既窃其功，利于城陷，遂拥兵不救。杲卿昼夜拒战，粮尽矢竭；壬戌，城陷。贼纵兵杀万馀人，执杲卿及袁履谦等送洛阳。王承业使者至京师，玄宗大喜，拜承业羽林大将军，麾下受官爵者以百数。征颜杲卿为卫尉卿，朝命未至，常山已陷。

杲卿至洛阳，禄山数之曰：“汝自范阳户曹，我奏汝为判官，不数年超至太守，何负于汝而反邪？”杲卿瞋目骂曰：“汝本营州牧羊羯奴，天子擢汝为三道节度使，恩幸无比，何负于汝而反？我世为唐臣，禄位皆唐有，虽为汝所奏，岂从汝反邪！我为国讨贼，恨不斩汝，何谓反也！臊羯狗，何不速杀我！”禄山大怒，并袁履谦等缚于中桥之柱而剐之[⑤]。杲卿、履谦比死，骂不虚口。颜氏一门死于刀锯者三十馀人。

【注释】

①偕行：一并出行。
②哀：怜悯。
③毁短：诽谤，讲别人的坏话、短处。
④告急：报告战事危急，请求援救。
⑤剐（guǎ）：古代酷刑，先解肢体，后断头。又称凌迟。

【原文】

（二月）史思明等围饶阳二十九日，不下[①]，李光弼将蕃、汉步骑万馀人、太原弩手三千人出井陉。己亥，至常山，常山团练兵三千人杀胡兵，执安思义出降。光弼谓思义曰："汝自知当死否？"思义不应。光弼曰："汝久更陈行[②]，视吾此众，可敌思明否？今为我计当如何？汝策可取，当不杀汝。"思义曰："大夫士马远来疲弊，猝遇大敌，恐未易当[③]；不如移军入城，早为备御，先料胜负，然后出兵。胡骑虽锐，不能持重[④]，苟不获利，气沮心离，于时乃可图矣。思明今在饶阳，去此不二百里。昨暮羽书已去[⑤]，计其先锋来晨必至[⑥]，而大军继之，不可不留意也。"光弼悦，释其缚，即移军入城。史思明闻常山不守，立解饶阳之围；明日未旦，先锋已至，思明等继之，合二万馀骑，直抵城下。光弼遣步卒五千自东门出战，贼守门不退。光弼命五百弩于城上齐发射之，贼稍却[⑦]；乃出弩手千人分为四队，使其矢发发相继，贼不能当，敛军道北[⑧]。光弼出兵五千为枪城于道南，夹呼沱水而陈；贼数以骑兵搏战，光弼之兵射之，人马中矢者太半，乃退，小憩以俟步兵。有村民告贼步兵五千自饶阳来，昼夜行百七十里，至九门南逢壁，度憩息。光弼遣步骑各二千，匿旗鼓，并水潜行，至逢壁，贼方饭，纵兵掩击，杀之无遗。思明闻之，失势[⑨]，退入九门。时常山九县，七附官军，惟九门、藁城为贼所据。光弼遣裨将张奉璋以兵五百戍石邑，馀皆三百人戍之。

【注释】

①下：攻克。
②久更陈行：更，经历，经过。陈，阵。久更陈行，长时间打仗。
③当：抵敌。
④持重：谨慎稳重。
⑤羽书：古代征调军队的文书，上插鸟羽表示紧急。
⑥来晨：明天早晨。
⑦却：退。
⑧敛：约束；收束。
⑨失势：丧失气势。

原文

三月，乙卯，潮复与贼将李怀仙、杨朝宗、谢元同等四万馀众奄至城下[①]；众惧，莫有固志。巡曰[②]："贼兵精锐，有轻我心。今出其不意击之，彼必惊溃。贼势小折，然后城可守也。"乃使千人乘城；自帅千人，分数队，开门突出。巡身先士卒，直冲贼陈，人马辟易[③]，贼遂退。明日，复进攻城，设百炮环城，楼堞皆尽[④]；巡于城上立木栅以拒之。贼蚁附而登，巡束蒿灌脂，焚而投之，贼不得上。时伺贼隙，出兵击之，或夜缒斫营。积六十馀日，大小三百馀战，带甲而食，裹疮复战，贼遂败走。巡乘胜追之，获胡兵二千人而还，军声大振。

李光弼与史思明相守四十馀日，思明绝常山粮道。城中乏草，马食荐藉[⑤]。光弼以车五百乘之石邑取草，将车者皆衣甲[⑥]，弩手千人卫之，为方陈而行，贼不能夺。蔡希德引兵攻石邑，张奉璋拒却之。光弼遣使告急于郭子仪，子仪引兵自井陉出，夏，四月，壬辰，至常山，与光弼合，蕃、汉步骑共十馀万。甲午，子仪、光弼与史思明等战于九门城南，思明大败。中郎将浑瑊射李立节，杀之。瑊，释之之子也。思明收馀众奔赵郡，蔡希德奔钜鹿。思明自赵郡如博陵，时博陵已降官军，思明尽杀郡官。河朔之民苦贼残暴，所至屯结，多至二万人，少者万人，各为营以拒贼；及郭、李军至，争出自效。庚子，攻赵郡；一日，城降。士卒多虏掠，光弼坐城门，收所获，悉归之，民大悦。子仪生擒四千人，皆舍之，斩禄山太守郭献璆。光弼进围博陵，十日，不拔，引兵还恒阳就食。

注释

①潮：指令狐潮。原为唐雍丘县令，以城降叛军，叛军任其为将军。　城下：指睢阳（今河南商丘）城下。
②巡：张巡。时为唐睢阳守将。
③辟易：惊退。
④堞（dié）：城上的矮墙。
⑤荐藉：草席。
⑥将：护；送。

原文

（五月）令狐潮复引兵攻雍丘。潮与张巡有旧，于城下相劳苦如平生[①]，潮因说巡曰："天下事去矣，足下坚守危城，欲谁为乎？"巡曰："足下平生以忠义自许，今日之举，忠义何在！"潮惭而退。

郭子仪、李光弼还常山，史思明收散卒数万踵其后[②]。子仪选骁骑更挑战，三日，至行唐，贼疲，乃退。子仪乘之，又败之于沙河。蔡希德至洛阳，安禄山复使将步骑二万人北就思明，又使牛廷玠发范阳等郡兵万馀人助思明[③]，合五万馀人，而同罗、曳落河居五分之一。子仪至恒阳，思明随至，子仪深沟高垒以待之；贼来则守，去则追之，昼则耀兵，夜斫其营，贼不得休息。数日，子仪、光弼议曰："贼倦矣，可以出战。"壬午，战于嘉山，大破之，斩首四万级，捕虏千馀人。思明坠马，露髻跣足步走④，至暮，杖折枪归营，奔于博陵；光弼就围之，军声大振。于是河北十馀郡皆杀贼守将而降。渔阳路再绝，贼往来者皆轻骑窃过，多为官军所获，将士家在渔阳者无不摇心。

禄山大惧，召高尚、严庄诟之曰⑤："汝数年教我反，以为万全。今守潼关，数月不能进，北路已绝，诸军四合，吾所有者止汴、郑数州而已，万全何在？汝自今勿来见我！"尚、庄惧，数日不敢见。田乾真自关下来，为尚、庄说禄山曰："自古帝王经营大业，皆有胜败，岂能一举而成！今四方军垒虽多，皆新募乌合之众，未更行陈，岂能敌我蓟北劲锐之兵，何足深忧！尚、庄皆佐命元勋，陛下一旦绝之，使诸将闻之，谁不内惧！若上下离心，臣窃为陛下危之！"禄山喜曰："阿浩，汝能豁我心事。"即召尚、庄，置酒酣宴，自为之歌以侑酒⑥，待之如初。阿浩，乾真小字也。禄山议弃洛阳，走归范阳，计未决。

注释

①相劳苦如平生：像平常那样道辛苦，慰问。

②踵：脚后跟。这里用如动词。

③牛廷玠（jiè）：人名。

④跣足：赤足。

⑤诟（gòu）：骂。

⑥侑（yòu）：劝，陪侍。

原文

（六月）乙未，黎明，上独与贵妃姊妹、皇子、妃、主①、皇孙、杨国忠、韦见素、魏方进、陈玄礼及亲近宦官、宫人出延秋门，妃、主、皇孙之在外者，皆委之而去②。

丙申，至马嵬驿③，将士饥疲，皆愤怒。陈玄礼以祸由杨国忠，欲诛之，因东宫宦者李辅国以告太子，太子未决。会吐蕃使者二十馀人遮国忠马，诉以无食，国忠未及对，军士呼曰："国忠与胡虏谋反！"或射之，中鞍。国忠走至西门内，军士追杀之，屠割支体，以枪揭其首于驿门外，并杀其子户部侍郎暄及韩国、秦国夫人。御史大夫魏方进曰："汝曹何敢害宰相！"众又杀之。韦见素闻乱而出，为乱兵所挞④，脑血流地。众曰："勿伤韦相公。"救之，得免。军士围驿，上闻喧哗，问外何事，左右以国忠反对。上杖屦出驿门⑤，慰劳军士，令收队，军士不应。上使高力士问之，玄礼对曰："国忠谋反，贵妃不宜供奉，愿陛下割恩正法。"上曰："朕当自处之。"入门，倚杖倾首而立。久之，京兆司录韦谔前言曰："今众怒难犯，安危在晷刻⑥，愿陛下速决！”因叩头流血。上曰：“贵妃常居深宫，安知国忠反谋！”高力士曰：“贵妃诚无罪，然将士已杀国忠，而贵妃在陛下左右，岂敢自安！愿陛下审思之，将士安，则陛下安矣。”上乃命力士引贵妃于佛堂，缢杀之[7]。舆尸置驿庭，召玄礼等入视之。玄礼等乃免胄释甲[8]，顿首请罪，上慰劳之[9]，令晓谕军士[10]。玄礼等呼万岁，再拜而出，于是始整部伍为行计。谔，见素之子也。国忠妻裴柔与其幼子晞及虢国夫人、夫人子裴徽皆走，至陈仓，县令薛景仙帅吏士追捕，诛之。

注释

①主：这里指公主。
②委：丢弃，听任。
③马嵬（wéi）驿：在今陕西兴平西。
④挝（zhuā）：击打。
⑤屦（jù）：古代用麻、葛等制成的鞋。
⑥晷（guǐ）刻：时光很短。晷，日影，引申为时间。
⑦缢（yì）：吊死；勒死。
⑧胄（zhòu）：头盔。
⑨慰劳：慰问犒劳。
⑩晓谕：昭示；明白地告知。

原文

丁酉，上将发马嵬，朝臣惟韦见素一人，乃以韦谔为御史中丞，充置顿使。将士皆曰：“国忠谋反，其将吏皆在蜀，不可往。”或请之河、陇，或请之灵武，或请之太原，或言还京师。上意在入蜀，虑违众心，竟不言所向。韦谔曰：“还京，当有御贼之备。今兵少，未易东向，不如且至扶风，徐图去就[1]。”上询于众[2]，众以为然，乃从之。及行，父老皆遮道请留[3]，曰：“宫阙，陛下家居，陵寝，陛下坟墓，今舍此，欲何之？”上为之按辔久之[4]，乃命太子于后宣慰父老[5]。父老因曰：“至尊既不肯留，某等愿帅子弟从殿下东破贼，取长安。若殿下与至尊皆入蜀，使中原百姓谁为之主？”须臾，众至数千人。太子不可，曰：“至尊远冒险阻，吾岂忍朝夕离左右。且吾尚未面辞，当还白至尊，更禀进止。”涕泣，跋马欲西。建宁王倓与李辅国执鞚谏曰[6]：“逆胡犯阙，四海分崩，不因人情，何以兴复！今殿下从至尊入蜀，若贼兵烧绝栈道，则中原之地拱手授贼矣。人情既离，不可复合，虽欲复至此，其可得乎！不如收西北守边之兵，召郭、李于河北，与之并力东讨逆贼，克复二京，削平四海，使社稷危而复安，宗庙毁而更存，扫除宫禁以迎至尊，岂非孝之大者乎！何必区区温情，为儿女之恋乎！”广平王俶亦劝太子留。父老共拥太子马，不得行。太子乃使俶驰白上。上总辔待太子[7]，久不至，使人侦之，还白状，上曰：“天也！”乃分后军二千人及飞龙厩马从太子，且谕将士曰：“太子仁孝，可奉宗庙，汝曹善辅佐之。”

又谕太子曰："汝勉之，勿以吾为念。西北诸胡，吾抚之素厚，汝必得其用。"太子南向号泣而已。又使送东宫内人于太子，且宣旨欲传位，太子不受。俶、倓，皆太子之子也。

注释

①徐图：徐，缓慢。图，谋划。徐图，慢慢谋划。
②询：询问；请教。
③遮：阻遏；拦住。
④按辔（pèi）：辔，驾驭牲口的缰绳。按辔，停马。
⑤宣慰：宣布旨意，以示慰劳。
⑥鞚（kòng）：有嚼口的马络头。
⑦总：聚束。

【原文】

己亥，上至岐山。或言贼前锋且至，上遽过，宿扶风郡。士卒潜怀去就，往往流言不逊，陈玄礼不能制，上患之。会成都贡春彩十馀万匹，至扶风，上命悉陈之于庭，召将士入，临轩谕之曰："朕比来衰耄[①]，托任失人，致逆胡乱常，须远避其锋。知卿等皆苍猝从朕，不得别父母妻子，茇涉至此[②]，劳苦至矣，朕甚愧之。蜀路阻长，郡县褊小，人马众多，或不能供，今听卿等各还家，朕独与子、孙、中官前行入蜀，亦足自达。今日与卿等诀别，可共分此彩，以备资粮。若归，见父母及长安父老，为朕致意，各好自爱也！"因泣下沾襟。众皆哭，曰："臣等死生从陛下，不敢有贰。"上良久曰："去留听卿。"自是流言始息[③]。

太子既留，莫知所适[④]。广平王俶曰："日渐晏[⑤]，此不可驻，众欲何之？"皆莫对。建宁王倓曰："殿下昔尝为朔方节度大使，将吏岁时致启[⑥]，倓略识其姓名。今河西、陇右之众皆败降贼，父兄子弟多在贼中，或生异图。朔方道近，士马全盛，裴冕衣冠名族，必无贰心。贼入长安方虏掠，未暇徇地[⑦]，乘此速往就之，徐图大举，此上策也。"众皆曰："善！"至渭滨，遇潼关败卒，误与之战，死伤甚众。已，乃收馀卒，择渭水浅处，乘马涉渡；无马者涕泣而返。太子自奉天北上，比至新平，通夜驰三百里，士卒、器械失亡过半，所存之众不过数百。新平太守薛羽弃郡走，太子斩之。是日，至安定，太守徐瑴亦走[⑧]，又斩之。

注释

①衰耄（mào）：衰老。
②茇（bá）涉：茇，在草丛中走。涉，徒步渡水。
③始：方始。
④适：往；去到。

⑤晏：晚。
⑥岁时致启：每年都要来述职。
⑦徇地：攻取土地。
⑧徐瑴（jué）：人名。

【原文】

安禄山不意上遽西幸，遣使止崔乾祐兵留潼关，凡十日，乃遣孙孝哲将兵入长安，以张通儒为西京留守，崔光远为京兆尹；使安忠顺将兵屯苑中，以镇关中。孝哲为禄山所宠任，尤用事[①]，常与严庄争权；禄山使监关中诸将，通儒等皆受制于孝哲。孝哲豪侈，果于杀戮[②]，贼党畏之。禄山命搜捕百官、宦者、宫女等，每获数百人，辄以兵卫送洛阳。王、侯、将、相扈从车驾、家留长安者，诛及婴孩。陈希烈以晚节失恩，怨上，与张均、张垍等皆降于贼[③]。禄山以希烈、垍为相，自馀朝士皆授以官。于是贼势大炽[④]，西胁汧、陇，南侵江、汉，北割河东之半。然贼将皆粗猛无远略，既克长安，以为得志，日夜纵酒，专以声色宝贿为事，无复西出之意，故上得安行入蜀，太子北行亦无追迫之患。

李光弼围博陵未下，闻潼关不守，解围而南。史思明踵其后，光弼击却之，与郭子仪皆引兵入井陉，留常山太守王俌将景城、河间团练兵守常山。平卢节度使刘正臣将袭范阳，未至，史思明引兵逆击之，正臣大败，弃妻子走，士卒死者七千馀人。初，颜真卿闻河北节度使李光弼出井陉，即敛军还平原，以待光弼之命。闻郭、李西入井陉，真卿始复区处河北军事[⑤]。

【注释】

①尤：尤其。
②果：果敢。
③张垍（jì）：人名。
④炽（chì）：火旺。引申为势盛。
⑤区处：处理。

【原文】

太子至平凉数日，朔方留后杜鸿渐[①]、六城水陆运使魏少游、节度判官崔漪、支度判官卢简金、盐池判官李涵相与谋曰："平凉散地，非屯兵之所，灵武兵食完富，若迎太子至此，北收诸城兵，西发河、陇劲骑，南向以定中原，此万世一时也。"乃使涵奉笺于太子，且籍朔方士马、甲兵、谷帛、军须之数以献之[②]。涵至平凉，太子大悦。会河西司马裴冕入为御史中丞，至平凉见太子，亦劝太子之朔方，太子从之。鸿渐，暹之族子[③]；涵，道之曾孙也。鸿渐、漪使少游居后，葺次舍，庀资储[④]，自迎太子于平凉北境，说太子曰："朔方，天下劲兵处也。今吐蕃请和，回纥内附，四方郡县大抵坚守拒贼以俟兴复。殿下今理兵灵武，按辔长驱，移檄四方，收揽忠义，则逆贼不足屠也。”少游盛治宫室，帷帐皆仿禁中，饮膳备水陆。秋，七月，辛酉，太子至灵武，悉命撤之。

裴冕、杜鸿渐等上太子笺[5]，请遵马嵬之命，即皇帝位，太子不许。冕等言曰：“将士皆关中人，日夜思归，所以崎岖从殿下远涉沙塞者[6]，冀尺寸之功。若一朝离散，不可复集。愿殿下勉徇众心，为社稷计！”笺五上，太子乃许之。是日，肃宗即位于灵武城南楼，群臣舞蹈，上流涕歔欷[7]。尊玄宗为上皇天帝，赦天下，改元。以杜鸿渐、崔漪并知中书舍人事，裴冕为中书侍郎、同平章事。改关内采访使为节度使，徙治安化，以前蒲关防御使吕崇贲为之。以陈仓令薛景仙为扶风太守，兼防御使；陇右节度使郭英乂为天水太守，兼防御使。时塞上精兵皆选入讨贼，惟馀老弱守边，文武官不满三十人，披草莱[8]，立朝廷，制度草创，武人骄慢。大将管崇嗣在朝堂，背阙而坐，言笑自若，监察御史李勉奏弹之，系于有司。上特原之，叹曰：“吾有李勉，朝廷始尊！”勉，元懿之曾孙也。旬日间，归附者渐众。

注释

①留后：官名。唐代中后期，节度使之子弟或亲信将吏代行职务者，称节度留后，也有称观察留后的，事后多由朝廷补行任命为正式的节度、观察使。

②籍：登记。

③杜暹（xiān）：人名。　族子：同族兄弟之子。

④庀（pǐ）：具备；治理。

⑤笺（jiān）：文体名，书札、奏记一类。奏笺多用以皇后、太子、诸王。

⑥崎岖：地面高低不平貌。也用来比喻处境困难。

⑦歔欷（xūxī）：叹气；抽噎声。

⑧草莱：杂生的丛草。

原文

安禄山使孙孝哲杀霍国长公主及王妃、驸马等于崇仁坊，刳其心[1]，以祭安庆宗。凡杨国忠、高力士之党及禄山素所恶者皆杀之，凡八十三人，或以铁棓揭其脑盖[2]，流血满街。己巳，又杀皇孙及郡、县主二十馀人。

令狐潮围张巡于雍丘，相守四十馀日，朝廷声问不通[3]。潮闻玄宗已幸蜀，复以书招巡[4]。有大将六人，官皆开府、特进，白巡以兵势不敌，且上存亡不可知，不如降贼。巡阳许诺。明日，堂上设天子画像，帅将士朝之，人人皆泣。巡引六将于前，责以大义，斩之。士心益劝[5]。

中城矢尽，巡缚藁为人千馀[6]，被以黑衣，夜缒城下，潮兵争射之，久乃知其藁人；得矢数十万。其后复夜缒人，贼笑不设备，乃以死士五百斫潮营[7]；潮军大乱，焚垒而遁，追奔十馀里。潮惭，益兵围之。

巡使郎将雷万春于城上与潮相闻，贼弩射之，面中六矢而不动。潮疑其木人，使谍问之，乃大惊，遥谓巡曰："向见雷将军，方知足下军令矣，然其如天道何！"巡谓之曰："君未识人伦，焉知天道！"未几，出战，擒贼将十四人，斩首百馀级。贼乃夜遁，收兵入陈留，不敢复出。

癸巳，灵武使者至蜀，上皇喜曰[⑧]："吾儿应天顺人，吾复何忧！"丁酉，制："自今改制敕为诰，表疏称太上皇。四海军国事，皆先取皇帝进止，仍奏朕知；俟克复上京，朕不复预事。"己亥，上皇临轩，命韦见素、房琯、崔涣奉传国宝玉册诣灵武传位。

注释

①刳（kū）：剖开；剖挖。
②棓（bàng）：同"棒"，棍子。
③声问：音信。
④书：信函。
⑤劝：勉励。
⑥藁（gǎo）：草本植物，可用作药。
⑦斫（zhuó）：本义为大锄。引申为砍，斩。
⑧上皇：指唐玄宗。因肃宗此时已即位，故称玄宗为上皇，即太上皇。

◎裴度征淮西

题解

唐宪宗在削平不受朝命的藩镇的过程中，任命裴度为相，主持讨叛的军事。公元817年，讨叛军兵败，宰相李逢吉等以淮西屯兵四年，劳师弊赋，力主罢兵。裴度认为淮西是心腹之疾，必须扫除，且河北藩镇正据此估计朝廷强弱，故不宜中止讨伐，并自请督师。同年八月，裴度以宰相领淮西节度使、淮西宣慰招讨处置使，赴前线。他奏罢了诸道兵中的宦官监军，加强了统一指挥。十月，破蔡州，擒吴元济。淮西既平，河北震慑，相继归顺。本文节选自《资治通鉴》卷二三九，标题为编者所加。

原文

(唐宪宗)元和九年(814)

(八月)闰月，丙辰，彰义节度使吴少阳薨。少阳在蔡州，阴聚亡命[①]，牧养马骡，时抄掠寿州茶山以实其军[②]。其子摄蔡州刺史元济[③]，匿丧，以病闻，自领军务。

上自平蜀，即欲取淮西。淮南节度使李吉甫上言："少阳军中上下携离[④]，请徙理寿州以经营之[⑤]。"会朝廷方讨王承宗，未暇也。及吉甫入相，田弘正以魏博归附。吉甫以为汝州扞蔽东都[⑥]，河阳宿兵，本以制魏博，今弘正归附，则河阳为内镇，不应屯重兵以示猜阻。辛酉，以河阳节度使乌重胤为汝州刺史，充河阳、怀、汝节度使，徙理汝州。己巳，弘正检校右仆射，赐其军钱二十万缗，弘正曰："吾未若移河阳军之为喜也。"

注释

①阴：隐秘；暗地里。

②抄掠：掠夺。

③摄：代理；兼理。

④携离：同"携贰"，亲附的人渐生离心。

⑤"请徙理"句：徙理，迁移治理。　经营，本谓经度营造。引申为筹划营谋。

⑥扞蔽：保卫，遮蔽。

原文

(九月)吴少阳判官苏兆、杨元卿、大将侯惟清皆劝少阳入朝。元济恶之，杀兆，囚惟清。元卿先奏事在长安，具以淮西虚实及取元济之策告李吉甫[①]，请讨之[②]。时元济犹匿丧，元卿劝吉甫，凡蔡使入奏者，所在止之。少阳死近四十日，不为辍朝[3]，但易环蔡诸镇将帅[4]，益兵为备[5]。元济杀元卿妻及四男以圬射堋[6]。淮西宿将董重质，吴少诚之婿也，元济以为谋主。

李吉甫言于上曰："淮西非如河北，四无党援，国家常宿数十万兵以备之，劳费不可支也。失今不取，后难图矣。"上将讨之，张弘靖请先为少阳辍朝、赠官，遣使吊赠，待其有不顺之迹，然后加兵[7]。上从之，遣工部员外郎李君何吊祭。元济不迎敕使，发兵四出，屠舞阳，焚叶，掠鲁山、襄城，关东震骇，君何不得入而还。

注释

①虚实：或虚或实，泛指内部情况。
②讨：征伐；诛戮。
③辍：停止。
④易：更改；改变。
⑤益：加多。
⑥圬（wū）：涂抹，粉刷。　射堋（péng）：射堂的矮墙，用以分隔射道。
⑦加：施与。

原文

十年(815)

春，正月，乙酉，加韩弘守司徒。弘镇宣武，十馀年不入朝，颇以兵力自负，朝廷亦不以忠纯待之。王锷加同平章事，弘耻班在其下[1]，与武元衡书，颇露不平之意。朝廷方倚其形势以制吴元济，故迁官，使居锷上以宠慰之。

吴元济纵兵侵掠，及于东畿[2]。己亥，制削元济官爵，命宣武等十六道进军讨之。严绶击淮西兵，小胜，不设备，淮西兵夜还袭之。二月，甲辰，绶败于慈丘，却五十馀里，驰入唐州而守之。寿州团练使令狐通为淮西兵所败，走保州城，境上诸栅尽为淮西所屠。癸丑，以左金吾大将军李文通代之，贬通昭州司户。

诏鄂岳观察使柳公绰以兵五千授安州刺史李听，使讨吴元济。公绰曰："朝廷以吾书生不知兵邪！"即奏请自行，许之。公绰至安州，李听属櫜鞬迎之[3]。公绰以鄂岳都知兵马使、先锋行营兵马都虞候二牒授之，选卒六千以属听，戒其部校曰："行营之事，一决都将。"听感恩畏威，如出麾下。公绰号令整肃，区处军事，诸将无不服。士卒在行营者，其家疾病死丧，厚给之，妻淫泆者[4]，沈之于江，士卒皆喜曰："中丞为我治家，我何得不前死[5]！"故每战皆捷。公绰所乘马，踶杀圉人[6]，公绰命杀马以祭之，或曰："圉人自不备耳，此良马，可惜！"公绰曰："材良性驽，何足惜也！"竟杀之。

注释

①班：位次。

②东畿：畿，指都城附近的地区。东畿就是东都畿。
③櫜（gāo）：装箭的袋子。 鞬：盛弓的器物。
④淫泆（yì）：放荡，淫乱。
⑤何得：为什么能。
⑥踶（dì）杀圉人：踶，踢。圉人，掌管养马的人。踶杀圉人，踢死或踩死掌管养马的人。

【原文】

庚子，李光颜奏破淮西兵于临颍。

田弘正遣其子布将兵三千助严绶讨吴元济。

甲辰，李光颜又奏破淮西兵于南顿。

吴元济遣使求救于恒、郓。王承宗、李师道数上表请赦元济①，上不从。是时发诸道兵讨元济而不及淄青②，师道使大将将二千人趣寿春，声言助官军讨元济，实欲为元济之援也③。

诸军讨淮西久未有功，五月，上遣中丞裴度诣行营宣慰，察用兵形势④。度还，言淮西必可取之状，且曰："观诸将，惟李光颜勇而知义⑤，必能立功。"上悦。

【注释】

①赦：免罪；减罪。
②是：此。
③援：救助。
④形势：行军的阵势。
⑤义：正义。指思想行为符合一定的标准。

【原文】

丙申，李光颜奏败淮西兵于时曲。淮西兵晨压其垒而陈①，光颜不得出，乃自毁其栅之左右，出骑以击之。光颜自将数骑冲其陈，出入数四，贼皆识之，矢集其身如猬毛。其子揽辔止之，光颜举刃叱去②。于是人争致死③，淮西兵大溃，杀数千人。上以裴度为知人。

上自李吉甫薨，悉以用兵事委武元衡④。李师道所养客说李师道曰："天子所以锐意诛蔡者⑤，元衡赞之也⑥，请密往刺之⑦。元衡死，则他相不敢主其谋，争劝天子罢兵矣。"师道以为然，即资给遣之。

【注释】

①垒：军营四周所筑的堡寨。
②叱：大声呵斥。
③致：达到，求得。这里指人人争相效命杀敌。
④委：托付。

⑤锐意：意志坚决，勇往直前。

⑥赞：佐助。

⑦刺：刺杀。

【原文】

六月，癸卯，天未明，元衡入朝，出所居靖安坊东门。有贼自暗中突出射之，从者皆散走，贼执元衡马行十馀步而杀之，取其颅骨而去。又入通化坊击裴度，伤其首，坠沟中，度毡帽厚，得不死。傔人王义自后抱贼大呼[1]，贼断义臂而去。京城大骇，于是诏宰相出入，加金吾骑士张弦露刃以卫之，所过坊门呵索甚严[2]。朝士未晓不敢出门。上或御殿久之，班犹未齐。

裴度病疮[3]，卧二旬，诏以卫兵宿其第，中使问讯不绝。或请罢度官以安恒、郓之心，上怒曰："若罢度官，是奸谋得成，朝廷无复纲纪[4]。吾用度一人，足破二贼。"甲子，上召度入对。乙丑，以度为中书侍郎、同平章事。度上言："淮西，腹心之疾，不得不除。且朝廷业已讨之，两河藩镇跋扈者[5]，将视此为高下，不可中止。"上以为然，悉以用兵事委度，讨贼甚急。初，德宗多猜忌，朝士有相过从者[6]，金吾皆伺察以闻，宰相不敢私第见客，度奏："今寇盗未平，宰相宜招延四方贤才与参谋议。"始请于私第见客，许之。

【注释】

①傔（qiàn）人：随从，侍从。

②呵索：大声呵斥寻找。

③病疮：因为创伤失去健康。疮，创伤。

④纲纪：法制。

⑤跋扈：专横暴戾。

⑥有相过从者：有相交往者。

【原文】

（八月）乙丑，李光颜败于时曲。

初，上以严绶在河东，所遣裨将多立功[1]，故使镇襄阳，且督诸军讨吴元济。绶无他材能，到军之日，倾府库，赉士卒[2]，累年之积，一朝而尽。又厚赂宦官以结声援[3]，拥八州之众万馀人屯境上，闭壁经年[4]，无尺寸功，裴度屡言其军无政。

九月，癸酉，以韩弘为淮西诸军都统。弘乐于自擅，欲倚贼自重，不愿淮西速平。李光颜在诸将中战最力，弘欲结其欢心，举大梁城索得一美妇人，教之歌舞丝竹，饰以珠玉金翠，直数百万钱，遣使遗之，使者先致书。光颜乃大飨将士，使者进妓，容色绝世，一座尽惊。光颜谓使者曰："相公愍光颜羁旅[5]，赐以美妓，荷德诚深。然战士数万，皆弃家远来，冒犯白刃，光颜何忍独以声色自娱悦乎！"因流涕，坐者皆泣。即于席上厚以缯帛赠使者，并妓返之，曰："为光颜多谢相公，光颜以身许国，誓不与逆贼同戴日月，死无贰矣！"

十一月，寿州刺史李文通奏败淮西兵。壬申，韩弘请命众军合攻淮西；从之。李光颜、乌重胤败淮西兵于小溵水，拔其城。

注释

①裨（pí）将：副将。
②赉：赏赐，赠送。
③结：勾结，结交。
④经年：经，经过；经历。经年，经过多年。
⑤愍（mǐn）：哀怜。

【原文】

十一年(816)

(春，正月)癸未，制削王承宗官爵，命河东、幽州、义武、横海、魏博、昭义六道进讨。韦贯之屡请先取吴元济、后讨承宗，曰："陛下不见建中之事乎？始于讨魏及齐，而蔡、燕、赵皆应，卒致朱泚之乱，由德宗不能忍数年之愤邑[①]，欲太平之功速成故也。"上不听。

六月，甲辰，高霞寓大败于铁城，仅以身免。时诸将讨淮西者，胜则虚张杀获，败则匿之。至是，大败不可掩，始上闻，中外骇愕[②]。宰相入见，将劝上罢兵，上曰："胜负兵家之常[③]，今但当论用兵方略[④]，察将帅之不胜任者易之，兵食不足者助之耳。岂得以一将失利，遽议罢兵邪！"于是独用裴度之言，他人言罢兵者亦稍息矣[⑤]。己酉，霞寓退保唐州。

注释

①邑：通"悒"。郁结，忧郁不乐。
②骇：马受惊，也指人受惊。　愕：陡然受惊。
③常：普通；平常。
④但：只，仅。　方略：策划；计谋。
⑤稍息：逐渐平息。

【原文】

十二年(817)

(春，正月)李愬至唐州，军中承丧败之馀[①]，士卒皆惮战，愬知之。有出迓者[②]，愬谓之曰："天子知愬柔懦，能忍耻，故使来拊循尔曹[③]。至于战攻进取，非吾事也。"众信而安之。

愬亲行视士卒，伤病者存恤之[4]，不事威严。或以军政不肃为言，愬曰："吾非不知也。袁尚书专以恩惠怀贼[5]，贼易之[6]，闻吾至，必增备，吾故示之以不肃。彼必以吾为懦而懈惰，然后可图也。"淮西人自以尝败高、袁二帅，轻愬名位素微，遂不为备。

注释

①承：蒙受。
②迓（yà）：迎接。
③拊（fǔ）循：抚慰。
④存恤：慰问救济。
⑤怀：安抚。
⑥易：简率；轻慢。

原文

（二月）李愬谋袭蔡州，表请益兵，诏以昭义、河中、鄜坊步骑二千给之。丁酉，愬遣十将马少良将十馀骑巡逻[1]，遇吴元济捉生虞候丁士良，与战，擒之。士良，元济骁将，常为东边患，众请刳其心，愬许之。既而召诘之，士良无惧色。愬曰："真丈夫也！"命释其缚[2]。士良乃自言："本非淮西士，贞元中隶安州，与吴氏战，为其所擒，自分死矣[3]。吴氏释我而用之，我因吴氏而再生，故为吴氏父子竭力。昨日力屈[4]，复为公所擒，亦分死矣。今公又生之，请尽死以报德！"愬乃给其衣服器械，署为捉生将。

丁士良言于李愬曰："吴秀琳拥三千之众，据文城栅，为贼左臂，官军不敢近者，有陈光洽为之谋主也[5]。光洽勇而轻[6]，好自出战，请为公先擒光洽，则秀琳自降矣。"戊申，士良擒光洽以归。

淮西被兵数年，竭仓廪以奉战士，民多无食，采菱芡鱼鳖鸟兽食之，亦尽，相帅归官军者前后五千馀户。贼亦患其耗粮食，不复禁。庚申，敕置行县以处之[7]，为择县令，使之抚养，并置兵以卫之。

注释

①十将：军中下级军官名称。
②释：解除，解开。
③分（fèn）：料想。
④屈：竭；穷尽。
⑤谋主：主要的出谋划策的人。
⑥轻：轻敌。
⑦处：安排。

【原文】

三月，乙丑，李愬自唐州徙屯宜阳栅。

吴秀琳以文城栅降于李愬。戊子，愬引兵至文城西五里，遣唐州刺史李进诚将甲士八千至城下，召秀琳，城中矢石如雨，众不得前。进诚还报："贼伪降，未可信也。"愬曰："此待我至耳。"即前至城下，秀琳束兵投身马足下，愬抚其背慰劳之，降其众三千人。秀琳将李宪有材勇，愬更其名曰忠义而用之，悉迁妇女于唐州[①]。于是唐、邓军气复振，人有欲战之志。贼中降者相继于道，随其所便而置之。闻有父母者，给粟帛遣之，曰："汝曹皆王人[②]，勿弃亲戚。"众皆感泣。

官军与淮西兵夹溵水而军，诸军相顾望[③]，无敢渡溵水者。陈许兵马使王沛先引兵五千渡溵水，据要地为城，于是河阳、宣武、河东、魏博等军相继皆渡，进逼郾城。丁亥，李光颜败淮西兵三万于郾城，走其将张伯良[④]，杀士卒什二三。

【注释】

①悉：全部。

②汝曹皆王人：曹，辈。汝曹，你辈；你们。人，人民。汝曹皆王人，你们都是皇帝的子民。

③相顾望：顾，回头看。相顾望，回头互相看。

④走：逃走。

【原文】

己丑，李愬遣山河十将董少玢等分兵攻诸栅。其日，少玢下马鞍山，拔路口栅。夏，四月，辛卯，山河十将马少良下嵖岈山[①]，擒淮西将柳子野。

吴元济以蔡人董昌龄为郾城令，质其母杨氏[②]。杨氏谓昌龄曰："顺死贤于逆生[③]，汝去逆而吾死，乃孝子也；从逆而吾生，是戮吾也。"会官军围青陵，绝郾城归路，郾城守将邓怀金谋于昌龄，昌龄劝之归国，怀金乃请降于李光颜曰："城人之父母妻子皆在蔡州，请公来攻城，吾举烽求救[④]，救兵至，公逆击之，蔡兵必败，然后吾降，则父母妻子庶免矣[⑤]。"光颜从之。乙未，昌龄、怀金举城降，光颜引兵入据之。吴元济闻郾城不守，甚惧。时董重质将骡军守洄曲，元济悉发亲近及守城卒诣重质以拒之。

李愬山河十将妫雅、田智荣下冶炉城[⑥]。丙申，十将阎士荣下白狗、汶港二栅。癸卯，妫雅、田智荣破西平。丙午，游弈兵马使王义破楚城。

【注释】

①嵖岈（cháyá）山：在今河南遂平县。

②质：作为保证的人或物。这里作动词。

③贤：多；胜。
④烽：烽火。
⑤庶免：差不多都可免于难。庶，几乎，差不多。
⑥妫（guī）雅：人名。

【原文】

五月，辛酉，李愬遣柳子野、李忠义袭郎山，擒其守将梁希果。

丁丑，李愬遣方城镇遏使李荣宗击青喜城，拔之。

愬每得降卒，必亲引问委曲[①]，由是贼中险易远近虚实尽知之。愬厚待吴秀琳，与之谋取蔡。秀琳曰："公欲取蔡，非李祐不可，秀琳无能为也。"祐者，淮西骑将，有勇略，守兴桥栅，常陵暴官军[②]。庚辰，祐帅士卒刈麦于张柴村[③]，愬召厢虞候史用诚，戒之曰："尔以三百骑伏彼林中，又使人摇帜于前，若将焚其麦积者。祐素易官军[④]，必轻骑来逐之，尔乃发骑掩之[⑤]，必擒之。"用诚如言而往，生擒祐以归。将士以祐向日多杀官军，争请杀之。愬不许，释缚，待以客礼。

【注释】

①亲引问委曲：委曲，事情的底细和原委。亲引问委曲，亲自询问事情的底细和原委。
②陵暴：陵，欺侮。暴，暴虐。陵暴，欺凌。
③刈（yì）：割。
④素：向来。 易：轻视。
⑤掩：乘人不备而进袭或逮捕。

【原文】

时愬欲袭蔡，而更密其谋，独召祐及李忠义屏人语[①]，或至夜分，他人莫得预闻[②]。诸将恐祐为变，多谏愬。愬待祐益厚。士卒亦不悦，诸军日有牒称祐为贼内应[③]，且言得贼谍者具言其事。愬恐谤先达于上，己不及救，乃持祐泣曰："岂天不欲平此贼邪！何吾二人相知之深而不能胜众口也。"因谓众曰："诸君既以祐为疑，请令归死于天子。"乃械祐送京师，先密表其状，且曰："若杀祐，则无以成功。"诏释之，以还愬。愬见之喜，执其手曰："尔之得全，社稷之灵也！"乃署散兵马使，令佩刀巡警，出入帐中。或与之同宿，密语不寐达曙[④]，有窃听于帐外者，但闻祐感泣声。时唐、随牙队三千人[⑤]，号六院兵马，皆山南东道之精锐也。愬又以祐为六院兵马使。

旧军令，舍贼谍者屠其家。愬除其令，使厚待之。谍反以情告愬，愬益知贼中虚实。乙酉，愬遣兵攻郎山，淮西兵救之，官军不利。众皆怅恨，愬独欢然曰："此吾计也！"乃募敢死士三千人，号曰突将，朝夕自教习之，使常为行备，欲以袭蔡。会久雨，所在积水[⑥]，未果。

注释

①屏（bǐng）：也作摒，摒退，叫人离开。
②预：参与；干预。
③牒：文书。
④曙：破晓的时候。
⑤牙队：节度使的护卫部队。
⑥所在：处处。

原文

闰月，吴元济见其下数叛，兵势日蹙[1]，六月，壬戌，上表谢罪，愿束身自归。上遣中使赐诏，许以不死，而为左右及大将董重质所制[2]，不得出。

（秋，七月）诸军讨淮、蔡，四年不克，馈运疲弊，民至有以驴耕者。上亦病之[3]，以问宰相。李逢吉等竞言师老财竭[4]，意欲罢兵。裴度独无言，上问之，对曰："臣请自往督战。"乙卯，上复谓度曰："卿真能为朕行乎？"对曰："臣誓不与此贼俱生！臣比观吴元济表[5]，势实窘蹙，但诸将心不壹，不并力迫之，故未降耳。若臣自诣行营，诸将恐臣夺其功，必争进破贼矣。"上悦，丙戌，以度为门下侍郎、同平章事、兼彰义节度使，仍充淮西宣慰招讨处置使。又以户部侍郎崔群为中书侍郎、同平章事。制下，度以韩弘已为都统，不欲更为招讨，请但称宣慰处置使，仍奏刑部侍郎马總为宣慰副使，右庶子韩愈为彰义行军司马，判官、书记皆朝廷之选[6]，上皆从之。度将行，言于上曰："臣若贼灭，则朝天有期；贼在，则归阙无日。"上为之流涕。

注释

①蹙（cù）：紧迫。
②制：制止；控制。
③病：担忧。
④师老财竭：军队疲惫不堪，国家财物用尽。老，疲劳；劳累。
⑤表：古代奏章的一种。
⑥选：铨选，引申为经选择而合格。

原文

八月，庚申，度赴淮西，上御通化门送之。右神武将军张茂和，茂昭弟也，尝以胆略自衒于度[1]。度表为都押牙，茂和辞以疾[2]，度奏请斩之。上曰："此忠顺之门，为卿远贬。"辛酉，贬茂和永州司马。以嘉王傅高承简为都押牙。承简，崇文之子也。

李逢吉不欲讨蔡，翰林学士令狐楚与逢吉善，度恐其合中外之势以沮军事，乃请改制书数字，且言其草制失辞。壬戌，罢楚为中书舍人。

李光颜、乌重胤与淮西战，癸亥，败于贾店。

裴度过襄城南白草原，淮西人以骁骑七百邀之。镇将楚丘曹华知而为备，击却之。度虽辞招讨名③，实行元帅事，以郾城为治所。甲申，至郾城。先是，诸道皆有中使监陈，进退不由主将，胜则先使献捷，不利则陵挫百端④。度悉奏去之，诸将始得专军事⑤，战多有功。

注释

①衒（xuàn）：炫耀。

②辞以疾：借口生病推辞。

③招讨：即招讨使。官名，唐宋多以大臣、将帅或地方军政长官兼任，掌管镇压人民起义和招降伐叛等事，事后即撤销。

④陵挫：凌辱，屈辱。

⑤专：单独掌握或占有。

原文

九月，庚子，淮西兵寇溵水镇，杀三将，焚刍藁而去。

甲寅，李愬将攻吴房，诸将曰："今日往亡①。"愬曰："吾兵少，不足战，宜出其不意。彼以往亡不吾虞②，正可击也。"遂往，克其外城，斩首千馀级。馀众保子城，不敢出。愬引兵还以诱之，淮西将孙献忠果以骁骑五百追击其背③。众惊，将走，愬下马据胡床④，令曰："敢退者斩！"返旆力战⑤，献忠死，淮西兵乃退。或劝愬乘胜攻其子城，可拔也。愬曰："非吾计也。"引兵还营。

李祐言于李愬曰："蔡之精兵皆在洄曲，及四境拒守，守州城者皆羸老之卒⑥，可以乘虚直抵其城。比贼将闻之，元济已成擒矣。"愬然之。冬十月，甲子，遣掌书记郑澥至郾城，密白裴度。度曰："兵非出奇不胜，常侍良图也。"

裴度帅僚佐观筑城于沱口，董重质帅骑出五沟，邀之，大呼而进，注弩挺刃，势将及度。李光颜与田布力战，拒之，度仅得入城。贼退，布扼其沟中归路。贼下马逾沟，坠压死者千馀人。

注释

①往亡：阴阳家语。凶日名。旧历每月皆有。是日诸多禁忌。此处胡三省注："阴阳家之说，八月以白露后十八日为往亡，九月以寒露后第二十七日为往亡。"

②虞：预料。

③背：后面。

④胡床：一种轻便的折叠椅。

⑤返旆（pèi）：旆，大旗。返旆，回军。

⑥羸（léi）老：老弱。

【原文】

辛未，李愬命马步都虞候、随州刺史史旻留镇文城，命李祐、李忠义帅突将三千为前驱，自与监军将三千人为中军，命田进诚将三千人殿其后。军出，不知所之。愬曰："但东行。"行六十里，夜，至张柴村，尽杀其戍卒及烽子①。据其栅，命士少休，食干糒②，整羁靮③，留义成军五百人镇之，以断朗山救兵，命丁士良将五百人断洄曲及诸道桥梁，复夜引兵出门。诸将请所之，愬曰："入蔡州取吴元济！"诸将皆失色。监军哭曰："果落李祐奸计！"时大风雪，旌旗裂，人马冻死者相望。天阴黑，自张柴村以东道路，皆官军所未尝行，人人自以为必死，然畏愬，莫敢违。夜半，雪愈甚，行七十里，至州城。近城有鹅鸭池，愬令击之以混军声。

自吴少诚拒命，官军不至蔡州城下三十馀年，故蔡人不为备。壬申，四鼓，愬至城下，无一人知者。李祐、李忠义镢其城④，为坎以先登，壮士从之。守门卒方熟寐，尽杀之，而留击柝者⑤，使击柝如故，遂开门纳众。及里城，亦然，城中皆不之觉。鸡鸣，雪止，愬入居元济外宅。或告元济曰："官军至矣！"元济尚寝，笑曰："俘囚为盗耳！晓当尽戮之。"又有告者曰："城陷矣！"元济曰："此必洄曲子弟就吾求寒衣也。"起，听于廷，闻愬军号令曰："常侍传语！"应者近万人。元济始惧，曰："何等常侍，能至于此！"乃帅左右登牙城拒战⑥。

【注释】

①烽子：守卫烽火台的士兵。
②干糒（bèi）：干粮。
③羁靮（jīdí）：羁，马络头。靮，缰绳。
④镢（jué）：锄，这里是指用锄挖。
⑤柝（tuò）：打更的木梆。
⑥牙城：唐代藩镇主帅所居之城。

【原文】

时董重质拥精兵万馀人据洄曲。愬曰："元济所望者①，重质之救耳。"乃访重质家，厚抚之，遣其子传道持书谕重质。重质遂单骑诣愬降。

愬遣李进诚攻牙城，毁其外门，得甲库②，取其器械。癸酉，复攻之，烧其南门，民争负薪刍助之，城上矢如猬毛。晡时，门坏，元济于城上请罪，进诚梯而下之。甲戌，愬以槛车送元济诣京师③，且告于裴度。是日，申、光二州及诸镇兵二万馀人相继来降。

自元济就擒，愬不戮一人，凡元济官吏、帐下、厨厩之卒，皆复其职，使之不疑，然后屯于鞠场以待裴度④。

己卯，淮西行营奏获吴元济，光禄少卿杨元卿言于上曰："淮西大有珍宝，臣能知之，往取必得。"上曰："朕讨淮西，为人除害，珍宝非所求也。"

董重质之去洄曲军也，李光颜驰入其壁，悉降其众。庚辰，裴度遣马總先入蔡州慰抚。辛巳，度建彰义军节，将降卒万馀人入城，李愬具櫜鞬出迎[⑤]，拜于路左。度将避之，愬曰："蔡人顽悖，不识上下之分[⑥]，数十年矣。愿公因而示之，使知朝廷之尊。"度乃受之。

注释

①望：盼望；希望。

②甲库：兵器库。

③槛（jiàn）车：也作"轞车"。装载猛兽或囚禁罪犯的车子。

④鞠场：击鞠（又称打马球）的场地。

⑤櫜（gāo）：装箭的袋子。　鞬（jiān）：盛弓的器物。

⑥分（fèn）：名分。

原文

李愬还军文城，诸将请曰："始公败于郎山而不忧，胜于吴房而不取，冒大风甚雪而不止，孤军深入而不惧，然卒以成功，皆众人所不谕也，敢问其故？"愬曰："郎山不利，则贼轻我而不为备矣。取吴房，则其众奔蔡，并力固守，故存之以分其兵。风雪阴晦，则烽火不接，不知吾至。孤军深入，则人皆致死，战自倍矣。夫视远者不顾近，虑大者不详细，若矜小胜[①]，恤小败[②]，先自挠矣[③]，何暇立功乎！"众皆服。愬俭于奉己而丰于待士，知贤不疑，见可能断，此其所以成功也。

裴度以蔡卒为牙兵，或谏曰："蔡人反仄者尚多[④]，不可不备。"度笑曰："吾为彰义节度使，元恶既擒，蔡人则吾人也，又何疑焉！"蔡人闻之感泣。先是吴氏父子阻兵，禁人偶语于涂[⑤]，夜不然烛，有以酒食相过从者罪死。度既视事，下令惟禁盗贼斗杀，馀皆不问，往来者不限昼夜，蔡人始知有生民之乐。

注释

①矜（jīn）：自以为能，自夸。

②恤：顾虑，忧虑。

③自挠：自己扰乱自己。

④仄：这里指不一心。

⑤偶语：相对私语。　涂：同"途"，路途。

原文

甲申，诏韩弘、裴度条列平蔡将士功状及蔡之将士降者，皆差第以闻[①]。淮西州县百姓，给复二年[2]；近贼四州，免来年夏税。官军战亡者，皆为收葬，给其家衣粮五年；其因战伤残废者，勿停衣粮。

十一月，丙戌朔，上御兴安门受俘，遂以吴元济献庙社[3]，斩于独柳之下。

戊子，以李愬为山南东道节度使，赐爵凉国公；加韩弘兼侍中；李光颜、乌重胤等各迁官有差。

十二月，壬戌，赐裴度爵晋国公，复入知政事。以马總为淮西节度使。

注释

①差第：等次。
②给复：免除赋税徭役。
③献：献祭。

◎朋党之争

题解

唐朝后期，政治腐败。而以牛僧孺、李德裕为首的朋党，各以自己一方的利益为出发点，决定好恶。牛党誉之，李党必毁之，李党誉之，牛党也必毁之，两党互相攻讦，互相排斥，加剧了政治的腐败。本文节选自《资治通鉴》卷二四四、卷二四五，标题为编者所加。

原文

（唐文宗）太和四年（830）

春，正月，辛巳，武昌节度使牛僧孺入朝。

李宗闵引荐牛僧孺①。辛卯，以僧孺为兵部尚书、同平章事。于是二人相与排摈李德裕之党②，稍稍逐之。

（七月）初，裴度征淮西，奏李宗闵为观察判官，由是渐获进用。至是，怨度荐李德裕，因其谢病，九月，壬午，以度兼侍中，充山南东道节度使。

西川节度使郭钊以疾求代，冬，十月，戊申，以义成节度使李德裕为西川节度使。

蜀自南诏入寇，一方残弊③，郭钊多病，未暇完补④。德裕至镇，作筹边楼，图蜀地形，南入南诏，西达吐蕃。日召老于军旅、习边事者，虽走卒蛮夷无所间，访以山川、城邑、道路险易广狭远近，未逾月，皆若身尝涉历。

注释

①引荐：推荐。

②排摈：排斥；排挤。

③残弊：伤害；毁坏。

④完补：修缮；修补；补充。

原文

上命德裕修塞清溪关以断南诏入寇之路，或无土，则以石垒之。德裕上言："通蛮细路至多，不可塞，惟重兵镇守，可保无虞。但黎、雅以来得万人，成都得二万人，精加训练，则蛮不敢动矣。边兵又不宜多，须力可临制①。崔旰之杀郭英义，张朏之逐张延赏②，皆镇兵也。"时北兵皆归本道，惟河中、陈许三千人在成都，有诏来年三月亦归，蜀人忷惧。德裕奏乞郑滑五百人、陈许千人以镇蜀。且言："蜀兵脆弱，新为蛮寇所困，皆破胆，不堪征戍。若北兵尽归，则与杜元颖时无异，蜀不可保。

恐议者云蜀经蛮寇以来，已自增兵，向者蛮寇已逼[3]，元颖始募市人为兵，得三千馀人，徒有其数，实不可用。郭钊募北兵仅得百馀人，臣复召募得二百馀人，此外皆元颖旧兵也。恐议者又闻一夫当关之说，以为清溪可塞。臣访之蜀中老将，清溪之旁，大路有三，自馀小径无数，皆东蛮临时为之开通，若言可塞，则是欺罔朝廷[4]。要须大度水北更筑一城，迤逦接黎州[5]，以大兵守之方可。况闻南诏以所掠蜀人二千及金帛赂遗吐蕃，若使二虏知蜀虚实，连兵入寇，诚可深忧。其朝臣建言者，盖由祸不在身，望人责一状，留入堂案[6]，他日败事，不可令臣独当国宪[7]。"朝廷皆从其请。德裕乃练士卒，葺堡鄣[8]，积粮储以备边，蜀人粗安。

注释

①力可临制：其兵力可以被朝廷控制。
②崔旰、张朏（fěi）：均为人名。
③向者：从前；过去。
④欺罔：欺骗。
⑤迤逦：曲折绵延的样子。
⑥堂案：堂，唐大臣议事的政事堂。案，文案。
⑦宪：法。
⑧葺（qì）：原指用茅草覆盖房屋。后泛指修理建筑物。

原文

五年(831)

（春，正月）庚申，卢龙监军奏李载义与敕使宴于毬场后院[1]，副兵马使杨志诚与其徒呼噪作乱[2]，载义与子正元奔易州。志诚又杀莫州刺史张庆初。上召宰相谋之，牛僧孺曰："范阳自安、史以来，非国所有，刘總蹔献其地[3]，朝廷费钱八十万缗而无丝毫所获。今日志诚得之，犹前日载义得之也[4]。因而抚之，使捍北狄，不必计其逆顺。"上从之。载义自易州赴京师，上以载义有平沧景之功，且事朝廷恭顺，二月，壬辰，以载义为太保，同平章事如故。以杨志诚为卢龙留后。

注释

①毬场：唐代击鞠（即马球运动）的场所。
②徒：徒众。
③蹔：同"暂"。
④犹：如；同。

原文

（秋，八月）西川节度使李德裕奏："蜀兵羸疾老弱者，从来终身不简[1]，臣命立五尺五寸之度，简去四千四百馀人，复简募少壮者千人以慰其心。所募北兵已得千五百人，与土兵参居[②]，转相训习，日益精练。又，蜀工所作兵器，徒务华饰不堪用。臣今取工于别道以治之，无不坚利。"

九月，吐蕃维州副使悉怛谋请降，尽帅其众奔成都。德裕遣行维州刺史虞藏俭将兵入据其城。庚申，具奏其状，且言"欲遣生羌三千，烧十三桥，捣西戎腹心，可洗久耻，是韦皋没身恨不能致者也[③]！"事下尚书省，集百官议，皆请如德裕策。牛僧孺曰："吐蕃之境，四面各万里，失一维州，未能损其势。比来修好，约罢戍兵，中国御戎，守信为上。彼若来责曰：'何事失信？'养马蔚茹川，上平凉阪，万骑缀回中，怒气直辞，不三日至咸阳桥。此时西南数千里外，得百维州何所用之！徒弃诚信，有害无利。此匹夫所不为[④]，况天子乎！"上以为然，诏德裕以其城归吐蕃，执悉怛谋及所与偕来者悉归之。吐蕃尽诛之于境上，极其惨酷。德裕由是怨僧孺益深。

注释

①简：挑选。
②参居：互相杂居。
③没身：死。
④匹夫：古指平民中的男子。也泛指寻常的个人。

原文

六年(832)

十一月，乙卯，以荆南节度使段文昌为西川节度使。西川监军王践言入知枢密[①]，数为上言："缚送悉怛谋以快虏心[②]，绝后来降者，非计也。"上亦悔之，尤中书侍郎、同平章事牛僧孺失策[③]。附李德裕者因言："僧孺与德裕有隙，害其功。"上益疏之。僧孺内不自安，会上御延英，谓宰相曰："天下何时当太平，卿等亦有意于此乎！"僧孺对曰："太平无象[④]。今四夷不至交侵，百姓不至流散，虽非至理，亦谓小康。陛下若别求太平，非臣等所及。"退，谓同列曰："主上责望如此，吾曹岂得久居此地乎！"因累表请罢[⑤]。十二月，乙丑，以僧孺同平章事，充淮南节度使。

注释

①知：主管。
②快：乐意；称心。这里作动词。
③尤：责怪。
④象：形状。
⑤累：屡次；接连。

【原文】

初，李宗闵与德裕有隙，及德裕还自西川，上注意甚厚[①]，朝夕且为相，宗闵百方沮之不能。京兆尹杜悰，宗闵党也，尝诣宗闵，见其有忧色，曰："得非以大戎乎？"宗闵曰："然。何以相救？"悰曰："悰有一策，可平宿憾[②]，恐公不能用。"宗闵曰："何如？"悰曰："德裕有文学而不由科第，常用此为慊慊[③]，若使之知举，必喜矣。"宗闵默然有间，曰："更思其次。"悰曰："不则用为御史大夫。"宗闵曰："此则可矣。"悰再三与约，乃诣德裕。德裕迎揖曰："公何为访此寂寥？"悰曰："靖安相公令悰达意[④]。"即以大夫之命告之。德裕惊喜泣下，曰："此大门官，小子何足以当之！"寄谢重沓[⑤]。宗闵复与给事中杨虞卿谋之，事遂中止。虞卿，汝士之从弟也[⑥]。

【注释】

①注意：留心到。引申为看重。
②宿憾：一向有的遗憾。
③慊慊：遗憾的样子。
④靖安相公：李宗闵居所名靖安坊，因以称之。
⑤沓：繁多；重复。
⑥从弟：即堂弟。

【原文】

七年(833)

(二月)丙戌，以兵部尚书李德裕同平章事。德裕入谢，上与之论朋党事，对曰："方今朝士三分之一为朋党。"时给事中杨虞卿与从兄中书舍人汝士、弟户部郎中汉公、中书舍人张元夫、给事中萧澣等善交结，依附权要，上干执政，下挠有司[①]，为士人求官及科第，无不如志。上闻而恶之，故与德裕言首及之。德裕因得以排其所不悦者。初，左散骑常侍张仲方尝驳李吉甫谥[②]，及德裕为相，仲方称疾不出。三月，壬辰，以仲方为宾客分司[③]。

(三月)庚戌，以杨虞卿为常州刺史，张元夫为汝州刺史。他日，上复言及朋党，李宗闵曰："臣素知之，故虞卿辈臣皆不与美官。"李德裕曰："给、舍非美官而何[④]！"宗闵失色[⑤]。丁巳，以萧澣为郑州刺史。

【注释】

①上干执政，下挠有司：向上干涉当政者主持政务，向下阻挠官吏办事。
②驳：反驳，否定。
③宾客：官名，全称为太子宾客，为太子官属中之最高级，但无实职。
④给、舍：即给事中、中书舍人。

⑤失色：因惊恐而变了面色。

【原文】

（六月）壬申，以工部尚书郑覃为御史大夫。初，李宗闵恶覃在禁中数言事，奏罢其侍讲。上从容谓宰相曰："殷侑经术颇似郑覃。"宗闵对曰："覃、侑经术诚可尚，然论议不足听。"李德裕曰："覃、侑议论，他人不欲闻，惟陛下欲闻之。"后旬日，宣出，除覃御史大夫。宗闵谓枢密使崔潭峻曰："事一切宣出[①]，安用中书[②]！"潭峻曰："八年天子，听其自行事亦可矣！"宗闵愀然而止[③]。

（秋，七月）上患近世文士不通经术，李德裕请依杨绾议，进士试论议，不试诗赋。德裕又言："昔玄宗以临淄王定内难，自是疑忌宗室，不令出阁。天下议皆以为幽闭骨肉，亏伤人伦[④]。向使天宝之末、建中之初[⑤]，宗室散处方州，虽未能安定王室，尚可各全其生。所以悉为安禄山、朱泚所鱼肉者[⑥]，由聚于一宫故也。陛下诚因册太子，制书听宗室年高属疏者出阁，且除诸州上佐，使携其男女出外婚嫁。此则百年弊法，一旦因陛下去之，海内孰不欣悦！"上曰："兹事朕久知其不可，方今诸王岂无贤才，无所施耳！"八月，庚寅，册命太子，因下制：诸王自今以次出阁，授紧·望州刺史、上佐[⑦]；十六宅县主[⑧]，以时出适[⑨]；进士停试诗赋。诸王出阁，竟以议所除官不决而罢。

【注释】

①宣出：这里指直接宣布。
②中书：指中书省，为唐代决定政策的机构。
③愀然：忧愁不快的样子。
④亏伤：损坏，伤害。
⑤向使：如果。
⑥鱼肉：鱼肉任人宰割。比喻被欺凌屠戮。
⑦紧·望州：为唐代地位独特或重要的州。
⑧县主：皇族女子的封号。后汉帝女，皆封县公主。隋唐以来，诸王之女，亦封郡县，称某郡县主。
⑨适：女子出嫁。

【原文】

八年（834）

（夏，六月）初，李仲言流象州[①]，遇赦，还东都。会留守李逢吉思复入相，仲言自言与郑注善[②]，逢吉使仲言厚赂之。注引仲言见王守澄，守澄荐于上，云仲言善《易》，上召见之。时仲言有母服[③]，难入禁中，乃使衣民服，号王山人。仲言仪状秀伟，倜傥尚气，颇工文辞，有口辩，多权数[④]。上见之，大悦，以为奇士，待遇日隆。

仲言既除服，秋，八月，辛卯，上欲以仲言为谏官，置之翰林。李德裕曰："仲言向所为，计陛下必尽知之，岂宜置之近侍？”上曰：“然岂不容其改过？”对曰：“臣闻惟颜回能不贰过。彼圣贤之过，但思虑不至，或失中道耳。至于仲言之恶，著于心本，安能悛改邪[5]！”上曰：“李逢吉荐之，朕不欲食言。”对曰：“逢吉身为宰相，乃荐奸邪以误国，亦罪人也。”上曰：“然则别除一官。”对曰：“亦不可。”上顾王涯，涯对曰：“可。”德裕挥手止之，上回顾适见，色殊不怿而罢[6]。始，涯闻上欲用仲言，草谏疏极愤激；既而见上意坚，且畏其党盛，遂中变。

注释

①流：古代五刑之一，把罪人放逐到远方。
②善：友好；亲善。
③母服：服，衣服，特指丧礼穿戴的丧服。母服，为母亲去世而穿着丧服。
④权数：应变的机智。
⑤悛（quān）：改过；悔改。
⑥怿（yì）：高兴，喜悦。

【原文】

寻以仲言为四门助教，给事中郑肃、韩佽封还敕书[1]。德裕将出中书，谓涯曰：“且喜给事中封敕！”涯即召肃、佽谓曰：“李公适留语，令二阁老不用封敕。”二人即行下，明日，以白德裕，德裕惊曰：“德裕不欲封还，当面闻，何必使人传言！且有司封驳，岂复禀宰相意邪！”二人怅恨而去。

九月，辛亥，征昭义节度副使郑注至京师。王守澄、李仲言、郑注皆恶李德裕，以山南西道节度使李宗闵与德裕不相悦[2]，引宗闵以敌之。壬戌，诏征宗闵于兴元。

（冬，十月）庚寅，以李宗闵为中书侍郎、同平章事。甲午，以中书侍郎、同平章事李德裕同平章事，充山南西道节度使。是日，以李仲言为翰林侍讲学士。给事中高铢、郑肃、韩佽、谏议大夫郭承嘏、中书舍人权璩等争之[3]，不能得。

（十一月）李宗闵言李德裕制命已行，不宜自便。乙亥，复以德裕为镇海节度使，不复兼平章事。时德裕、宗闵各有朋党，互相挤援[4]。上患之，每叹曰：“去河北贼易，去朝廷朋党难！”

注释

①韩佽（cì）：人名。
②相悦：互相愉快。引申为合得来。
③郭承嘏（gǔ）：人名。
④挤援：非其党则相挤，同党则相援。挤，排挤。援，牵引，攀附。

◎柏乡之战

题解

晋王李克用死后，其子李存勖继位，除内乱，攘外敌，表现出非凡的才能。后与梁战于柏乡，大败梁军。本文节选自《资治通鉴》卷二六六、卷二六七，标题为编者所加。

原文

(后梁太祖)开平元年(907)

(三月)乙亥，下制削夺李克用官爵。是时，惟河东、凤翔、淮南称“天祐”，西川称“天复”年号。馀皆禀梁正朔，称臣奉贡[①]。

蜀王与弘农王移檄诸道，云欲与岐王、晋王会兵兴复唐室，卒无应者[②]。蜀王乃谋称帝，下教谕统内吏民[③]；又遗晋王书云：“请各帝一方，俟朱温既平，乃访唐宗室立之，退归藩服。”晋王复书不许，曰：“誓于此生靡敢失节[④]。”

注释

①奉贡：把物品进献给天子。

②卒：最终。

③教：当时官府发布的一种文告。

④靡敢失节：不敢违背礼节。

原文

二年(908)

(春，正月)晋王疽发于首，病笃[①]。周德威等退屯乱柳。晋王命其弟内外蕃汉都知兵马使、振武节度使克宁、监军张承业、大将李存璋、吴珙、掌书记卢质立其子晋州刺史存勖为嗣，曰：“此子志气远大，必能成吾事，尔曹善教导之！”辛卯，晋王谓存勖曰：“嗣昭厄于重围，吾不及见矣。俟葬毕，汝与德威辈速竭力救之！”又谓克宁等曰：“以亚子累汝！”亚子，存勖小名也。言终而卒。克宁纲纪军府，中外无敢喧哗。

克宁久总兵柄[②]，有次立之势[③]，时上党围未解，军中以存勖年少，多窃议者，人情恟恟。存勖惧，以位让克宁。克宁曰：“汝家嗣也[④]，且有先王之命，谁敢违之！”将吏欲谒见存勖，存勖方哀哭未出。张承业入谓存勖曰：“大孝在不坠基业，多哭何为！”因扶存勖出，袭位为河东节度使、晋王。李克宁首帅诸将拜贺，王悉以军府事委之。

以李存璋为河东军城使、马步都虞候。先王之时，多宠借胡人及军士[5]，侵扰市肆，存璋既领职，执其尤暴横者戮之[6]，旬月间城中肃然。

注释

①笃：指病势沉重。
②总：统管，统领。
③次立：兄死弟及，以长幼之次，有自立之势。
④冢嗣：这里指法定继承人。
⑤宠借：偏爱借重。
⑥执：捉住。

【原文】

(二月)初，晋王克用多养军中壮士为子，宠遇如真子。及晋王存勖立，诸假子皆年长握兵，心怏怏不伏[1]，或托疾不出，或见新王不拜。李克宁权位既重，人情多向之[2]。假子李存颢阴说克宁曰："兄终弟及，自古有之。以叔拜侄，于理安乎！天与不取，后悔无及！"克宁曰："吾家世以慈孝闻天下，先王之业苟有所归，吾复何求！汝勿妄言，我且斩汝！"克宁妻孟氏，素刚悍[3]，诸假子各遣其妻入说孟氏，孟氏以为然，且虑语泄及祸[4]，数以迫克宁。克宁性怯，朝夕惑于众言，心不能无动；又与张承业、李存璋相失，数诮让之[5]；又因事擅杀都虞候李存质[6]；又求领大同节度使，以蔚、朔、应州为巡属。晋王皆听之。

注释

①怏怏：因不平或不满而郁郁不乐。
②人情：人心；世情。
③素刚悍：一向刚强勇猛。
④及：至；到。
⑤诮（qiào）让：责备。
⑥擅：自作主张。

【原文】

李存颢等为克宁谋，因晋王过其第，杀承业、存璋，奉克宁为节度使，举河东九州附于梁，执晋王及太夫人曹氏送大梁。太原人史敬镕，少事晋王克用，居帐下，见亲信，克宁欲知府中阴事[1]，召敬镕，密以谋告之。敬镕阳许之，入告太夫人，太夫人大骇[2]，召张承业，指晋王谓之曰："先王把此儿臂授公等，如闻外间谋欲负之，但置吾母子有地，勿送大梁，自他不以累公[3]。"承业惶恐曰："老奴以死奉先王之命，此何言也！"晋王以克宁之谋告，且曰："至亲不可自相鱼肉，吾苟避位，则乱不作矣。”承业曰：“克宁欲投大王母子于虎口，不除之岂有全理！”乃召李存璋、吴珙及假子李存敬、长直军使朱守殷，使阴为之备。壬戌，置酒会诸将于府舍，伏甲执克宁、存颢于座。晋王流涕数之曰：“儿向以军府让叔父，叔父不取。今事已定，奈何复为此谋，忍以吾母子遗仇雠乎[4]！”克宁曰：“此皆谗人交构[5]，夫复何言！”是日，杀克宁及存颢。

注释

①阴事：暗中的事。即不为人知的事。
②骇：被惊吓，害怕。
③累：牵连；带累。
④仇雠：敌人。此处指后梁。
⑤交构：互相构陷。指有意虚构，扩大事态。构，罗织陷害，挑拨离间。

【原文】

李思安等攻潞州，久不下，士卒疲弊，多逃亡。晋兵犹屯余吾寨，帝疑晋王克用诈死[1]，欲召兵还，恐晋人蹑之[2]，乃议自至泽州应接归师[3]，且召匡国节度使刘知俊将兵趣泽州。三月，壬申朔，帝发大梁；丁丑，次泽州。辛巳，刘知俊至。壬午，以知俊为潞州行营招讨使。

帝留泽州旬馀，欲召上党兵还，遣使就与诸将议之。诸将以为李克用死，余吾兵且退，上党孤城无援，请更留旬月以俟之。帝从之，命增运刍粮以馈其军[4]。刘知俊将精兵万馀人击晋军，斩获甚众[5]，表请自留攻上党，车驾宜还京师[6]。帝以关中空虚，虑岐人侵同华，命知俊休兵长子旬日，退屯晋州，俟五月归镇。

注释

①帝：指后梁太祖。
②蹑：紧随其后。
③议：商量。　应：接应。　接：迎接。
④刍：喂牲口的草。　粮：军粮。
⑤获：擒住。
⑥车驾：车。帝王外出时所乘，因作帝王的代称。

【原文】

初，晋王克用卒，周德威握重兵在外，国人皆疑之。晋王存勖召德威使引兵还。夏，四月，辛丑朔，德威至晋阳，留兵城外，独徒步而入，伏先王柩[1]，哭极哀。退，谒嗣王，礼甚恭。众心由是释然[2]。

癸卯，门下侍郎、同平章事杨涉罢为右仆射；以吏部侍郎于兢为中书侍郎，翰林学士承旨张策为刑部侍郎，并同平章事。兢，琮之兄子也。

夹寨奏余吾晋兵已引去，帝以援兵不能复来，潞州必可取，丙午，自泽州南还；壬子，至大梁。梁兵在夹寨者亦不复设备[③]。晋王与诸将谋曰：“上党，河东之藩蔽[④]，无上党，是无河东也。且朱温所惮者独先王耳，闻吾新立，以为童子未闲军旅[⑤]，必有骄怠之心。若简精兵倍道趣之，出其不意，破之必矣。取威定霸，在此一举，不可失也！”张承业亦劝之行。乃遣承业及判官王缄乞师于凤翔，又遣使赂契丹王阿保机求骑兵。岐王衰老，兵弱财竭，竟不能应。晋王大阅士卒，以前昭义节度使丁会为都招讨使。甲子，帅周德威等发晋阳。

注释

①柩：装着尸体的棺材。

②释然：形容疑虑、嫌隙消释而心中平静。

③设备：设防。

④河东：此指今山西太原。

⑤童子：未行冠礼的少年。这里指李存勖。　闲：通“娴”，熟习。

原文

己巳，晋王军于黄碾，距上党四十五里。五月，辛未朔，晋王伏兵三垂冈下，诘旦大雾[①]，进兵直抵夹寨。梁军无斥候[②]，不意晋兵之至，将士尚未起，军中惊扰。晋王命周德威、李嗣源分兵为二道，德威攻西北隅，嗣源攻东北隅，填堑烧寨，鼓噪而入。梁兵大溃，南走，招讨使符道昭马倒，为晋人所杀。失亡将校士卒以万计，委弃资粮、器械山积。

周德威等至城下，呼李嗣昭曰：“先王已薨[③]，今王自来，破贼夹寨。贼已去矣，可开门！”嗣昭不信，曰：“此必为贼所得，使来诳我耳。”欲射之。左右止之，嗣昭曰：“王果来，可见乎？”王自往呼之。嗣昭见王白服，大恸几绝[④]，城中皆哭，遂开门。初，德威与嗣昭有隙，晋王克用临终谓晋王存勖曰：“进通忠孝，吾爱之深。今不出重围，岂德威不忘旧怨邪！汝为吾以此意谕之。若潞围不解，吾死不瞑目。”进通，嗣昭小名也。晋王存勖以告德威，德威感泣，由是战夹寨甚力；既与嗣昭相见，遂欢好如初。

注释

①诘旦：第二天早上。

②斥候：侦察；候望。

③薨：周代，天子死叫崩，诸侯死叫薨。后泛用于称有封爵的高官去世。

④恸（tòng）：大哭；哀痛之至。

【原文】

康怀贞以百馀骑自天井关遁归[①]。帝闻夹寨不守，大惊，既而叹曰："生子当如李亚子，克用为不亡矣！至如吾儿，豚犬耳[②]！"诏所在安集散兵。

周德威、李存璋乘胜进趣泽州，刺史王班素失人心，众不为用。龙虎统军牛存节自西都将兵应接夹寨溃兵[③]，至天井关，谓其众曰："泽州要害地，不可失也；虽无诏旨，当救之。"众皆不欲，曰："晋人胜气方锐，且众寡不敌。"存节曰："见危不救，非义也；畏敌强而避之，非勇也。"遂举策引众而前[④]。至泽州，城中人已纵火喧噪，欲应晋王，班闭牙城自守，存节至，乃定。晋兵寻至，缘城穿地道攻之，存节昼夜拒战，凡旬有三日。刘知俊自晋州引兵救之，德威焚攻具，退保高平。

晋王归晋阳，休兵行赏。以周德威为振武节度使、同平章事。命州县举贤才，黜贪残，宽租赋，抚孤穷，伸冤滥，禁奸盗，境内大治。以河东地狭兵少，乃训练士卒，令骑兵不见敌无得乘马。部分已定，无得相逾越，及留绝以避险；分道并进，期会无得差晷刻[⑤]。犯者必斩。故能兼山东，取河南，由士卒精整故也。

潞州围守历年，士民冻馁死者太半，市里萧条[⑥]。李嗣昭劝课农桑，宽租缓刑，数年之间，军城完复。

【注释】

①遁归：逃回。

②豚（tún）：小猪，泛指猪。

③西都：此指洛阳（今河南洛阳）。

④策：马鞭。

⑤晷（guǐ）刻：很短暂的时间。

⑥市里萧条：市，交易物品的场所。里，街坊。萧条，寂寞冷落，缺乏生气。市里萧条，指市场和街坊到处都缺乏生气。

【原文】

（八月）晋周德威、李嗣昭将兵三万出阴地关，攻晋州，刺史徐怀玉拒守。帝自将救之，丁丑，发大梁，乙酉，至陕州。戊子，岐王所署延州节度使胡敬璋寇上平关[①]，刘知俊击破之。周德威等闻帝将至，乙未，退保隰州。

荆南节度使高季昌遣兵屯汉口，绝楚朝贡之路[②]。楚王殷遣其将许德勋将水军击之，至沙头，季昌惧而请和。殷又遣步军都指挥使吕师周将兵击岭南，与清海节度使刘隐十馀战，取昭、贺、梧、蒙、龚、富六州。殷土宇既广[③]，乃养士息民[④]，湖南遂安。

注释

①寇：掠夺或侵犯。
②朝贡：君主时代藩属国或外国的使臣朝见君主，敬献礼物。
③土宇既广：这里指所辖领土扩大。
④养士息民：供养士人，并让民众得以安息。

【原文】

三年(909)

春，正月，己巳，迁太庙神主于洛阳。甲戌，帝发大梁。壬申，以博王友文为东都留守。己卯，帝至洛阳。庚寅，飨太庙[①]。辛巳，祀圜丘[②]，大赦。

四年(910)

(八月)镇、定自帝践祚以来虽不输常赋[③]，而贡献甚勤。会赵王镕母何氏卒，庚申，遣使吊之，且授起复官。时邻道吊客皆在馆，使者见晋使，归，言于帝曰："镕潜与晋通，镇、定势强，终恐难制。"帝深然之。

(十一月)上疑赵王镕贰于晋，且欲因邺王绍威卒除移镇、定。会燕王守光发兵屯涞水，欲侵定州，上遣供奉官杜廷隐、丁延徽监魏博兵三千分屯深、冀，声言恐燕兵南寇，助赵守御。又云分兵就食。赵将石公立戍深州，白赵王镕，请拒之。镕遽命开门，移公立于外以避之。公立出门指城而泣曰："朱氏灭唐社稷，三尺童子知其为人。而我王犹恃姻好[④]，以长者期之，此所谓开门揖盗者也[⑤]。惜乎，此城之人今为虏矣！"

注释

①飨：祭献，供奉。
②圜（yuán）丘：古代祭天的高台。
③践祚（zuò）：即位，多指皇帝登基。　常赋：固定的赋税。
④姻好：双方由婚姻而结成的亲戚关系。
⑤开门揖盗：开门请进强盗。指自取其祸。

【原文】

梁人有亡奔真定，以其谋告镕者，镕大惧，又不敢先自绝[①]；但遣使诣洛阳，诉称："燕兵已还，与定州讲和如故，深、冀民见魏博兵入，奔走惊骇，乞召兵还。"上遣使诣真定慰谕之。未几，廷隐等闭门尽杀赵戍兵，乘城拒守。镕始命石公立攻之，不克，乃遣使求援于燕、晋。

镕使者至晋阳，义武节度使王处直使者亦至，欲共推晋王为盟主，合兵攻梁。晋王会将佐谋之，皆曰："镕久臣朱温，岁输重赂，结以婚姻，其交深矣；此必诈也，宜徐观之。”王曰：“彼亦择利害而为之耳。王氏在唐世犹或臣或叛，况肯终为朱氏之臣乎？彼朱温之女何如寿安公主！今救死不赡，何顾婚姻[②]！我若疑而不救，正堕朱氏计中。宜趣发兵赴之，晋、赵叶力[③]，破梁必矣。”乃发兵，遣周德威将之，出井陉，屯赵州。

镕使者至幽州，燕王守光方猎[④]，幕僚孙鹤驰诣野谓守光曰：“赵人来乞师，此天欲成王之功业也。”守光曰：“何故？”对曰：“比常患其与朱温胶固[⑤]。温之志非尽吞河朔不已[⑥]，今彼自为仇敌，王若与之并力破梁，则镇、定皆敛衽而朝燕矣[⑦]。王不出师，但恐晋人先我矣。”守光曰：“王镕数负约，今使之与梁自相弊，吾可以坐承其利，又何救焉！”赵使者交错于路[⑧]，守光竟不为出兵。自是镇、定复称唐天祐年号，复以武顺为成德军。

司天言：“来月太阴亏，不利宿兵于外。”上召王景仁等还洛阳。十二月，己未，上闻赵与晋合，晋兵已屯赵州，乃命王景仁等将兵击之。庚申，景仁等自河阳渡河，会罗周翰兵，合四万，军于邢、洺。

注释

①绝：断绝。
②婚姻：亲家；亲戚关系。
③叶（xié）：通“协”。
④方猎：正在打猎。
⑤比常：近来常常。　胶固：关系牢固。
⑥吞：兼并。
⑦敛衽：同“敛袂”，整一整衣袖，表示敬意。
⑧交错：交叉错杂。

原文

丁丑，王景仁等进军柏乡[①]。

赵王镕复告急于晋，晋王以蕃汉副总管李存审守晋阳，自将兵自赞皇东下，王处直遣将将兵五千以从。辛巳，晋王至赵州，与周德威合，获梁刍荛者二百人[②]，问之曰：“初发洛阳，梁主有何号令[③]？”对曰：“梁主戒上将云：‘镇州反覆，终为子孙之患。今悉以精兵付汝，镇州虽以铁为城，必为我取之。’”晋王命送于赵。

壬午，晋王进军，距柏乡三十里，遣周德威等以胡骑迫梁营挑战，梁兵不出。癸未，复进，距柏乡五里，营于野河之北，又遣胡骑迫梁营驰射，且诟之。梁将韩勍等将步骑三万[④]，分三道追之，铠胄皆被缯绮，镂金银，光彩炫耀，晋人望之夺气[⑤]。周德威谓李存璋曰：“梁人志不在战，徒欲曜兵耳[⑥]。不挫其锐，则吾军不振。”乃徇于军曰：“彼皆汴州天武军，屠酤佣贩之徒耳[⑦]，衣铠虽鲜，十不能当汝一。擒获一夫，足以自富，此乃奇货，不可失也。”德威自引千馀精骑击其两端，左右驰突[⑧]，出入数四，俘获百馀人，且战且却，距野河而止。梁兵亦退。

注释

①柏乡：县名。隋开皇十六年（596）置，治所即今河北柏乡。
②刍荛：割草打柴。刍，割草。荛，打柴。
③号令：这里指向众人传布的命令。
④韩勍（qíng）：人名。
⑤夺气：勇气被夺走。比喻因惧怕他人的声威而丧失胆气。
⑥曜：同“耀”，夸耀。
⑦酤（gū）：通“沽”，卖酒。
⑧驰突：策马急冲。驰，车马疾行。突，冲撞；急冲。

原文

德威言于晋王曰：“贼势甚盛，宜按兵以待其衰。”王曰：“吾孤军远来，救人之急，三镇乌合，利于速战，公乃欲按兵持重，何也？”德威曰：“镇、定之兵，长于守城，短于野战。且吾所恃者骑兵，利于平原广野，可以驰突。今压贼垒门，骑无所展其足。且众寡不敌，使彼知吾虚实，则事危矣。”王不悦，退卧帐中，诸将莫敢言。德威往见张承业曰：“大王骤胜而轻敌，不量力而务速战。今去贼咫尺[①]，所限者一水耳。彼若造桥以薄我[②]，我众立尽矣。不若退军高邑，诱贼离营，彼出则归，彼归则出，别以轻骑掠其馈饷[③]，不过逾月[④]，破之必矣。”承业入，褰帐抚王曰[⑤]：“此岂王安寝时耶！周德威老将知兵，其言不可忽也。”王蹶然兴曰[⑥]：“予方思之。”时梁兵闭垒不出，有降者，诘之，曰：“景仁方多造浮桥。”王谓德威曰：“果如公言。”是日，拔营，退保高邑。

注释

①咫尺：一咫等于八寸，咫尺比喻距离很近。
②薄：迫近；逼进。
③馈饷：军饷。
④逾：超过。
⑤褰（qiān）：揭起。
⑥蹶（jué）然：急遽的样子。　兴：高兴。

原文

(后梁太祖)乾化元年(911)

(春，正月)柏乡比不储刍，梁兵刈刍自给，晋人日以游军抄之，梁兵不出。周德威使胡骑环营驰射而诟之，梁兵疑有伏，愈不敢出，剉屋茅坐席以饲马[①]，马多死。丁亥，周德威与别将史建瑭、李嗣源将精骑三千压梁垒门而诟之，王景仁、韩勍怒，悉众而出。德威等转战而北至高邑南；李存璋以步兵陈于野河之上，梁军横亘数里[②]，竞前夺桥，镇、定步兵御之，势不能支。晋王谓匡卫都指挥使李建及曰："贼过桥则不可复制矣。"建及选卒二百，援枪大噪[③]，力战却之。建及，许州人，姓王，李罕之之假子也。晋王登高丘以望曰："梁兵争进而嚣，我兵整而静，我必胜。"战自巳至午，胜负未决。晋王谓周德威曰："两军已合，势不可离，我之兴亡，在此一举。我为公先登，公可继之。"德威叩马而谏曰："观梁兵之势，可以劳逸制之，未易以力胜也。彼去营三十馀里，虽挟糗粮[④]，亦不暇食，日昳之后[⑤]，饥渴内迫，矢刃外交，士卒劳倦，必有退志。当是时，我以精骑乘之，必大捷。于今未可也。"王乃止。

注释

①剉（cuò）：割切。
②横亘：连绵。
③援：拿。
④糗（qiǔ）粮：干粮。
⑤昳（dié）：日过午偏西。

【原文】

时魏、滑之兵陈于东，宋、汴之兵陈于西。至晡[①]，梁军未食，士无斗志，景仁等引兵稍却，周德威疾呼曰："梁兵走矣！"晋兵大噪争进，魏、滑兵先退，李嗣源帅众噪于西陈之前曰："东陈已走，尔何久留！"梁兵互相惊怖[②]，遂大溃。李存璋引步兵乘之，呼曰："梁人亦吾人也，父兄子弟饷军者勿杀[③]。"于是战士悉解甲投兵而弃之，嚣声动天地[④]。赵人以深、冀之憾，不顾剽掠，但奋白刃追之，梁之龙骧、神捷精兵殆尽，自野河至柏乡，僵尸蔽地。王景仁、韩勍、李思安以数十骑走。晋兵夜至柏乡，梁兵已去，弃粮食、资财、器械不可胜计。凡斩首二万级。李嗣源等追奔至邢州，河朔大震。保义节度使王檀严备，然后开城纳败卒，给以资粮，散遣归本道。晋王收兵屯赵州。

杜廷隐等闻梁兵败，弃深、冀而去，悉驱二州丁壮为奴婢，老弱者坑之[⑤]，城中存者坏垣而已[⑥]。

注释

①晡（bū）：申时，即午后三时至五时。
②惊怖：吃惊惧怕。
③饷：赠送；赐给。这里指丢下武器。
④嚣：喧闹；喧哗。
⑤坑：活埋。
⑥垣：矮墙；也泛指墙。

◎刘知远崛起

题解

五代后晋时，沙陀人刘知远手握重兵，为河东节度使并累封至北平王。后晋皇帝石敬瑭死后，公元947年，契丹灭掉后晋，刘知远在太原称帝，史称后汉，刘知远为后汉高祖。本文节选自《资治通鉴》卷二八二至二八七，标题为编者所加。

原文

(后晋高祖)天福六年(941)

(四月)成德节度使安重荣耻臣契丹，见契丹使者，必箕踞慢骂[①]，使过其境，或潜遣人杀之；契丹以让帝[②]，帝为之逊谢。六月，戊午，重荣执契丹使拽剌，遣骑掠幽州南境，军于博野，上表称："吐谷浑、两突厥、浑、契苾、沙陀各帅部众归附[③]；党项等亦遣使纳契丹告身职牒[④]，言为虏所陵暴[⑤]，又言自二月以来，令各具精甲壮马，将以上秋南寇，恐天命不佑，与之俱灭，愿自备十万众，与晋共击契丹。又朔州节度副使赵崇已逐契丹节度使刘山，求归命朝廷。臣相继以闻。陛下屡敕臣承奉契丹，勿自起衅端；其如天道人心，难以违拒，机不可失，时不再来。诸节度使没于虏庭者，皆延颈企踵以待王师[⑥]，良可哀闵[⑦]。愿早决计。"表数千言，大抵斥帝父事契丹，竭中国以媚无厌之虏。又以此意为书遗朝贵及移藩镇，云已勒兵，必与契丹决战。帝以重荣方握强兵，不能制，甚患之。

注释

①箕踞：也作"箕倨"，坐时两脚伸直岔开，形似簸箕。一说屈膝张足而坐，为一种轻慢态度。
②让：责备。　帝：指后晋高祖石敬瑭。
③契苾（bì）：当时北方少数民族名。
④纳：接受。
⑤陵：欺侮。
⑥延颈企踵：伸长脖颈，抬起脚跟，形容殷切盼望。
⑦良可哀闵：值得怜悯同情。良，确；真。可，值得。

原文

时邺都留守、侍卫马步都指挥使刘知远在大梁[①]；泰宁节度使桑维翰知重荣已蓄奸谋，又虑朝廷难违其意，密上疏曰："陛下免于晋阳之难而有天下，皆契丹之功也，不可负之。今重荣恃勇轻敌，吐浑假手报仇，皆非国家之利，不可听也。臣窃观契丹数年以来，士马精强，吞噬四邻，战必胜，攻必取，割中国之土地，收中国之器械；其君智勇过人，其臣上下辑睦[2]，牛羊蕃息[3]，国无天灾，此未可与为敌也。且中国新败，士气凋沮[4]，以当契丹乘胜之威，其势相去甚远。又，和亲既绝，则当发兵守塞[5]，兵少则不足以待寇，兵多则馈运无以继之。我出则彼归，我归则彼至，臣恐禁卫之士疲于奔命，镇、定之地无复遗民。今天下粗安，疮痍未复，府库虚竭，蒸民困弊[6]，静而守之，犹惧不济，其可妄动乎！契丹与国家恩义非轻，信誓甚著，彼无间隙而自启衅端，就使克之，后患愈重；万一不克，大事去矣。议者以岁输缯帛谓之耗蠹，有所卑逊谓之屈辱，殊不知兵连而不休，祸结而不解，财力将匮，耗蠹孰甚焉！用兵则武吏功臣过求姑息，边藩远郡得以骄矜，下陵上替[7]，屈辱孰大焉！臣愿陛下训农习战，养兵息民，俟国无内忧，民有馀力，然后观衅而动，则动必有成矣。又，邺都富盛，国家藩屏，今主帅赴阙，军府无人，臣窃思慢藏诲盗之言，勇夫重闭之义，乞陛下略加巡幸，以杜奸谋。"帝谓使者曰："朕比日以来，烦懑不决，今见卿奏，如醉醒矣，卿勿以为忧。"

注释

①刘知远：沙陀族人，石敬瑭手下大将，后为后汉高祖。
②辑睦：和睦。
③蕃息：繁殖生长。
④凋沮：萎谢败坏。
⑤塞：边界险要之处。
⑥蒸民：蒸，通"烝"，众。蒸民，大众。
⑦下陵上替：指在下的民众受欺侮，在上的朝廷威势受损。陵，欺侮。替，衰落。

原文

（秋，七月）帝忧安重荣跋扈，己巳，以刘知远为北京留守、河东节度使，复以辽、沁隶河东[1]；以北京留守李德珫为邺都留守。

知远微时[2]，为晋阳李氏赘婿，尝牧马，犯僧田，僧执而笞之。知远至晋阳，首召其僧，命之坐，慰谕赠遗，众心大悦。

（八月）冯道、李崧屡荐天平节度使兼侍卫亲军马步副都指挥使、同平章事杜重威之能，以为都指挥使，充随驾御营使，代刘知远，知远由是恨二相。重威所至黩货[3]，民多逃亡，尝出过市，谓左右曰："人言我驱尽百姓，何市人之多也！"

（九月）帝以安重荣杀契丹使者，恐其犯塞，乙亥，遣安国节度使杨彦询使于契丹。彦询至其帐，契丹主责以使者死状，彦询曰："譬如人家有恶子，父母所不能制，将如之何？"契丹主怒乃解。

刘知远遣亲将郭威以诏指说吐谷浑酋长白承福，令去安重荣归朝廷，许以节钺[4]。威还，谓知远曰："虏惟利是嗜，安铁胡止以袍袴赂之[5]；今欲其来，莫若重赂乃可致耳。”知远从之，且使谓承福曰：“朝廷已割尔曹隶契丹，尔曹当自安部落；今乃南来助安重荣为逆，重荣已为天下所弃，朝夕败亡。尔曹宜早从化，勿俟临之以兵，南北无归，悔无及矣。”承福惧，冬，十月，帅其众归于知远。知远处之太原东山及岚、石之间，表承福领大同节度使，收其精骑以隶麾下。

始，安重荣移檄诸道，云与吐谷浑、达靼、契苾同起兵，既而承福降知远，达靼、契苾亦莫之赴，重荣势大沮。

注释

①隶：附属。

②微：贫贱。

③黩货：滥用财物。

④节钺：符节和斧钺，古代授予将帅，作为加重权力的标志。

⑤安铁胡：安重荣，小字铁胡。

【原文】

七年(942)

春，正月，丁巳，镇州牙将自西郭水碾门导官军入城，杀守陴民二万人①，执安重荣，斩之。杜重威杀导者，自以为功。庚申，重荣首至邺都，帝命漆之，函送契丹。

(五月)帝寝疾，一旦②，冯道独对。帝命幼子重睿出拜之，又令宦者抱重睿置道怀中，其意盖欲道辅立之。

六月，乙丑，帝殂③。

道与天平节度使、侍卫马步都虞候景延广议，以国家多难，宜立长君，乃奉广晋尹齐王重贵为嗣。是日，齐王即皇帝位。延广以为己功，始用事，禁都下人无得偶语④。

初，高祖疾亟⑤，有旨召河东节度使刘知远入辅政，齐王寝之⑥；知远由是怨齐王。

注释

①陴（pí）民：陴，城墙上的女墙。陴民，守城墙的人。

②一旦：一朝；一时。

③殂：死亡。

④无得偶语：不许相对私语。

⑤疾亟：得急病。

⑥寝：停止，平息。指对帝旨隐而不发。

【原文】

(后晋齐王)开运元年(944)

八月,辛丑朔,以河东节度使刘知远为北面行营都统,顺国节度使杜威为都招讨使,督十三节度以备契丹。

桑维翰两秉朝政,出杨光远、景延广于外,至是一制指挥,节度使十五人无敢违者,时人服其胆略[①]。

朔方节度使冯晖上章自陈未老可用,而制书见遗。维翰诏禁直学士使为答诏曰:“非制书勿忘,实以朔方重地,非卿无以弹压[②]。比欲移卿内地,受代亦须奇才。”晖得诏,甚喜。

时军国多事,百司及使者咨请辐凑[③],维翰随事裁决,初若不经思虑,人疑其疏略[④];退而熟议之,亦终不能易也。然为相颇任爱憎[⑤],一饭之恩、睚眦之怨必报[⑥],人以此少之[⑦]。

契丹之入寇也,帝再命刘知远会兵山东[⑧],皆后期不至。帝疑之,谓所亲曰:“太原殊不助朕,必有异图。果有分,何不速为之!”至是虽为都统,而实无临制之权,密谋大计,皆不得预。知远亦自知见疏,但慎事自守而已。郭威见知远有忧色,谓知远曰:“河东山川险固,风俗尚武,土多战马,静则勤稼穑,动则习军旅,此霸王之资也,何忧乎!”

【注释】

①胆略:勇气和智谋。
②弹(tán)压:用武力压制;压服。
③咨请辐凑:公文聚集繁多。
④疏略:疏漏忽略。
⑤任:听凭。
⑥睚眦(yázì):瞪眼睛;怒目而视。引申为小怨小忿。
⑦少:轻视。
⑧帝:指后晋出帝石重贵。

【原文】

三年(946)

(八月)知远与郭威谋曰:“今天下多事,置此属于太原[①],乃腹心之疾也,不如去之。”承福家甚富[②],饲马用银槽。威劝知远诛之,收其货以赡军。知远密表:“吐谷浑反覆难保,请迁于内地。”帝遣使发其部落千九百人,分置河阳及诸州。知远遣威诱承福等入居太原城中,因诬承福等五族谋叛,以兵围而杀之,合四百口,籍没其家赀[3]。诏褒赏之，吐谷浑由是遂微。

九月，契丹三万寇河东[4]。壬辰，刘知远败之于阳武谷，斩首七千级。

注释

①此属：指吐谷浑族人。
②承福：即白承福，吐谷浑族首领。
③家赀：家产。
④寇：掠夺或侵犯。

原文

(十二月)张彦泽倍道疾驱[1]，夜度白马津。壬申，帝始闻杜威等降。是夕，又闻彦泽至滑州，召李崧、冯玉、李彦韬入禁中计事，欲诏刘知远发兵入援。癸酉，未明，彦泽自封丘门斩关而入，李彦韬帅禁兵五百赴之，不能遏。彦泽顿兵明德门外，城中大扰。

帝于宫中起火，自携剑驱后宫十馀人将赴火，为亲军将薛超所持[2]。俄而彦泽自宽仁门传契丹主与太后书慰抚之[3]，且召桑维翰、景延广，帝乃命灭火，悉开宫城门。帝坐苑中，与后妃相聚而泣，召翰林学士范质草降表，自称："孙男臣重贵，祸至神惑，运尽天亡。今与太后及妻冯氏，举族于郊野面缚待罪次[4]。遣男镇宁节度使延煦、威信节度使延宝[5]，奉国宝一、金印三出迎。"太后亦上表称"新妇李氏妾[6]"。

注释

①倍：通"背"。
②持：挟制。
③俄而：不久。
④面缚待罪次：面缚，两手反绑。次，中间。面缚待罪次，两手反绑正在等待惩罚。
⑤男：儿子。
⑥新妇：媳妇。

原文

傅住儿入宣契丹主命，帝脱黄袍，服素衫，再拜受宣，左右皆掩泣。帝使召张彦泽，欲与计事。彦泽曰："臣无面目见陛下。"帝复召之，彦泽微笑不应。

或劝桑维翰逃去。维翰曰："吾大臣，逃将安之！"坐而俟命。彦泽以帝命召维翰。维翰至天街，遇李崧，驻马语未毕，有军吏于马前揖维翰赴侍卫司[1]。维翰知不免[2]，顾谓崧曰："侍中当国，今日国亡，反令维翰死之，何也？"崧有愧色。彦泽踞坐见维翰，维翰责之曰："去年拔公于罪人之中，复领大镇，授以兵权，何乃负恩至此！"彦泽无以应，遣兵守之。

宣徽使孟承诲，素以佞巧有宠于帝[③]，至是，帝召承诲，欲与之谋，承诲伏匿不至；张彦泽捕而杀之。

彦泽纵兵大掠，贫民乘之，亦争入富室，杀人取其货，二日方止，都城为之一空。彦泽所居宝货山积，自谓有功于契丹，昼夜以酒乐自娱，出入骑从常数百人，其旗帜皆题"赤心为主"，见者笑之。军士擒罪人至前，彦泽不问所犯，但瞋目竖三指，即驱出断其腰领。彦泽素与阁门使高勋不协，乘醉至其家，杀其叔父及弟，尸诸门首。士民不寒而栗。

中书舍人李涛谓人曰："吾与其逃于沟渎而不免，不若往见之。"乃投刺谒彦泽曰[④]："上书请杀太尉人李涛，谨来请死[⑤]。"彦泽欣然接之，谓涛曰："舍人今日惧乎？"涛曰："涛今日之惧，亦犹足下昔年之惧也。向使高祖用涛言[⑥]，事安至此[⑦]！"彦泽大笑，命酒饮之。涛引满而去，旁若无人。

注释

①侍卫司：侍卫军的衙门。
②知不免：知道自己免不了（一死）。
③佞巧：用花言巧语谄媚人。
④投刺：投名片请谒。
⑤谨：慎重小心。多用于表示郑重和恭敬。
⑥向使：假使当初。
⑦安：何；如何。

原文

甲戌，张彦泽迁帝于开封府，顷刻不得留，宫中恸哭。帝与太后、皇后乘肩舆[①]，宫人、宦者十馀人步从，见者流涕。帝悉以内库金珠自随。彦泽使人讽之曰[②]："契丹主至，此物不可匿也。"帝悉归之，亦分以遗彦泽，彦泽择取其奇货，而封其馀以待契丹。彦泽遣控鹤指挥使李筠以兵守帝，内外不通。帝姑乌氏公主赂守门者，入与帝诀[③]，归第自经[④]。帝与太后所上契丹主表章，皆先示彦泽，然后敢发。

帝使取内库帛数段，主者不与，曰："此非帝物也。"又求酒于李崧，崧亦辞以他故不进。又欲见李彦韬，彦韬亦辞不往。帝惆怅久之[⑤]。

冯玉佞张彦泽，求自送传国宝，冀契丹复任用。

楚国夫人丁氏，延煦之母也，有美色。彦泽使人取之，太后迟回未与。彦泽诟詈[⑥]，立载之去。

是夕，彦泽杀桑维翰。以带加颈，白契丹主，云其自经。契丹主曰："吾无意杀维翰，何为如是！"命厚抚其家[⑦]。

注释

①肩舆：轿子。
②讽：用委婉的语言暗示、劝告。
③诀：长别。
④归第自经：回到府邸上吊自杀。经，缢死；上吊。
⑤惆怅：因失望或失意而哀伤。
⑥诟詈（lì）：责骂。
⑦抚：安抚，抚慰。

原文

(后汉高祖)天福十二年(947)

春，正月，丁亥朔，百官遥辞晋主于城北，乃易素服纱帽，迎契丹主，伏路侧请罪。契丹主貂帽、貂裘，衷甲[①]，驻马高阜[②]，命起，改服，抚慰之。左卫上将军安叔千独出班胡语，契丹主曰："汝安没字邪？汝昔镇邢州，已累表输诚[③]，我不忘也。"叔千拜谢呼跃而退。

注释

①衷甲：把铠甲穿在里面。
②高阜：高高的土山。
③输：报告；送达。

原文

初，晋主与河东节度使、中书令、北平王刘知远相猜忌，虽以为北面行营都统，徒尊以虚名，而诸军进止，实不得预闻。知远因之广募士卒。阳城之战，诸军散卒归之者数千人，又得吐谷浑财畜，由是河东富强冠诸镇，步骑至五万人。

晋主与契丹结怨，知远知其必危，而未尝论谏[①]。契丹屡深入，知远初无邀遮、入援之志[②]。及闻契丹入汴，知远分兵守四境以防侵轶[③]。遣客将安阳王峻奉三表诣契丹主：一，贺入汴；二，以太原夷、夏杂居，戍兵所聚，未敢离镇；三，以应有贡物，值契丹将刘九一军自土门西入屯于南川，城中忧惧，俟召还此军，道路始通，可以入贡。契丹主赐诏褒美，及进画[④]，亲加"儿"字于知远姓名之上，仍赐以木拐。胡法，优礼大臣则赐之，如汉赐几杖之比，惟伟王以叔父之尊得之。

注释

①论谏：直言规劝，使改正错误。
②邀遮：遮阻；阻拦。
③侵轶：侵犯，侵扰。

④画：这里指公文。旧时公文在缮发前，须送请主管长官核判，如同意照办，就在文稿上判一“行”字，叫做“画行”。

【原文】

知远又遣北都副留守太原白文珂入献奇缯名马[①]，契丹主知知远观望不至[②]，及文珂还，使谓知远曰：“汝不事南朝，又不事北朝，意欲何所俟邪？”蕃汉孔目官郭威言于知远曰：“虏恨我深矣！王峻言契丹贪残失人心，必不能久有中国。”

或劝知远举兵进取。知远曰：“用兵有缓有急，当随时制宜。今契丹新降晋兵十万，虎据京邑，未有他变，岂可轻动哉！且观其所利止于货财，货财既足，必将北去。况冰雪已消，势难久留，宜待其去，然后取之，可以万全[③]。”

昭义节度使张从恩，以地迫怀、洛[④]，欲入朝于契丹，遣使谋于知远。知远曰：“我以一隅之地，安敢抗天下之大！君宜先行，我当继往。”从恩以为然。判官高防谏曰：“公晋室懿亲[⑤]，不可轻变臣节。”从恩不从。左骁卫大将军王守恩，与从恩姻家，时在上党，从恩以副使赵行迁知留后，牒守恩权巡检使，与高防佐之。守恩，建立之子也。

【注释】

①奇：罕见的。
②观望：看风头；犹豫不定。
③万全：绝对安全；万无一失。
④迫：逼近。
⑤懿亲：至亲，古代特指皇室的宗亲。

【原文】

（二月）刘知远闻何重建降蜀，叹曰：“戎狄凭陵，中原无主，令藩镇外附，吾为方伯[①]，良可愧也！”

于是将佐劝知远称尊号，以号令四方，观诸侯去就[②]。知远不许。闻晋主北迁，声言欲出兵井陉，迎归晋阳。丁卯，命武节都指挥使荥泽史弘肇集诸军于毬场，告以出军之期。军士皆曰：“今契丹陷京城，执天子，天下无主。主天下者，非我王而谁！宜先正位号，然后出师。”争呼万岁不已。知远曰：“虏势尚强，吾军威未振，当且建功业。士卒何知！”命左右遏止之。

己巳，行军司马潞城张彦威等三上笺劝进，知远疑未决。郭威与都押牙冠氏杨邠入说知远曰[③]：“今远近之心，不谋而同，此天意也。王不乘此际取之，谦让不居，恐人心且移，移则反受其咎矣[④]。”知远从之。

辛未，刘知远即皇帝位。自言未忍改晋，又恶开运之名，乃更称天福十二年。

壬申，诏："诸道为契丹括率钱帛者[⑤]，皆罢之。其晋臣被迫胁为使者勿问，令诣行在[⑥]。自馀契丹，所在诛之。"

甲戌，帝自将东迎晋主及太后。至寿阳，闻已过恒州数日，乃留兵戍承天军而还。契丹主闻帝即位，以通事耿崇美为昭义节度使，高唐英为彰德节度使，崔廷勋为河阳节度使，以控扼要害。

注释

①方伯：古代诸侯中的领袖之称，谓为一方之长。
②诸侯：指当时的各个藩镇。
③都押牙：管领节度使衙门的仪仗侍卫的官。
④咎：灾祸；灾殃。
⑤括率：聚敛。
⑥行在：古代封建皇帝所在的地方。

【原文】

初，晋置乡兵，号天威军。教习岁馀，村民不闲军旅[①]，竟不可用。悉罢之，但令七户输钱十千，其铠仗悉输官。而无赖子弟，不复肯复农业[②]，山林之盗，自是而繁。及契丹入汴，纵胡骑打草谷[③]。又多以其子弟及亲信左右为节度使、刺史，不通政事，华人之狡狯者多往依其麾下，教之妄作威福，掊敛货财[④]，民不堪命。于是所在相聚为盗，多者数万人，少者不减千百，攻陷州县，杀掠吏民。滏阳贼帅梁晖，有众数百，送款晋阳求效用，帝许之。磁州刺史李穀密通表于帝，令晖袭相州。晖侦知高唐英未至，相州积兵器，无守备。丁丑夜，遣壮士逾城入，启关纳其众，杀契丹数百，其守将突围走。晖据州自称留后，表言其状。

戊寅，帝还至晋阳，议率民财以赏将士[⑤]，夫人李氏谏曰："陛下因河东创大业，未有以惠泽其民而先夺其生生之资，殆非新天子所以救民之意也。今宫中所有，请悉出之以劳军，虽复不厚，人无怨言。"帝曰："善！"即罢率民，倾内府蓄积以赐将士，中外闻之，大悦。李氏，晋阳人也。

注释

①闲：通"娴"，熟习。
②不复肯复：不再愿意恢复。
③打草谷：当时契丹入中原后，将领们常以牧马为名，纵兵四出劫掠，夺取财物，俘虏奴隶，叫做"打草谷"。
④掊（póu）：搜括，挖掘；聚敛。
⑤率：敛取。

【原文】

契丹主遣右谏议大夫赵熙使晋州，括率钱帛，征督甚急。从朗既死[①]，民相帅共杀熙。

契丹主赐赵晖诏，即以为保义留后。晖斩契丹使者，焚其诏，遣支使河间赵矩奉表诣晋阳。契丹遣其将高谟翰攻晖，不克。帝见矩，甚喜，曰："子挈咽喉之地以归我[②]，天下不足定也！"矩因劝帝早引兵南向以副天下之望[③]，帝善之。

（五月）帝集群臣庭议进取，诸将咸请出师井陉，攻取镇、魏，先定河北，则河南拱手自服。帝欲自石会趋上党，郭威曰："虏主虽死，党众犹盛，各据坚城。我出河北，兵少路迂，傍无应援，若群虏合势，共击我军，进则遮前，退则邀后，粮饷路绝，此危道也。上党山路险涩，粟少民残，无以供亿，亦不可由。近者陕、晋二镇，相继款附，引兵从之，万无一失，不出两旬[④]，洛、汴定矣。"帝曰："卿言是也。"苏逢吉等曰："史弘肇大军已屯上党，群虏继遁，不若出天井[⑤]，抵孟津为便[⑥]。"司天奏："太岁在午，不利南行。宜由晋、绛抵陕。"帝从之。辛卯，诏以十二日发北京[⑦]，告谕诸道。

【注释】

①从朗：人名，时代理晋州事务。
②挈：统领。
③副：符合。
④两旬：旬，十天。两旬，二十天。
⑤天井：即天井关，一名太行关。在今山西晋城南太行山上。
⑥孟津：即孟津关。在今河南孟县西南、孟津东北。
⑦北京：自后唐以来以太原为北京。

【原文】

丙申，帝发太原，自阴地关出晋、绛。

丁酉，史弘肇奏克泽州。始，弘肇攻泽州，刺史翟令奇固守不下。帝以弘肇兵少，欲召还。苏逢吉、杨邠曰："今陕、晋、河阳皆已向化，崔廷勋、耿崇美朝夕遁去；若召弘肇还，则河南人心动摇，虏势复壮矣。"帝未决，使人谕旨于弘肇。弘肇曰："兵已及此，势如破竹，可进不可退。"与逢吉等议合；帝乃从之。弘肇遣部将李万超说令奇，令奇乃降。弘肇以万超权知泽州[①]。

崔廷勋、耿崇美、奚王拽剌合兵逼河阳[②]，张遇帅众数千救之，战于南阪，败死。武行德出战，亦败，闭城自守。拽剌欲攻之，廷勋曰："今北军已去，得此城何用！且杀一夫犹可惜，况一城乎！"闻弘肇已得泽州，乃释河阳，还保怀州。弘肇将至，廷勋等拥众北遁[3]，过卫州，大掠而去。契丹在河南者相继北去，弘肇引兵与武行德合。

弘肇为人，沉毅寡言，御众严整，将校小不从命，立挝杀之[4]。士卒所过，犯民田及系马于树者，皆斩之。军中惕息[5]，莫敢犯令，故所向必克。帝自晋阳安行入洛及汴，兵不血刃，皆弘肇之力也。帝由是倚爱之。

注释

①知：主持。
②逼：迫近。
③遁：逃。
④挝（zhuā）：击，打。
⑤惕息：恐惧貌。指战兢恐惧，不敢出声息。

原文

初，翰闻帝拥兵而南，欲北归。恐中国无主，必大乱，己不得从容而去[1]。时唐明宗子许王从益与王淑妃在洛阳，翰遣高谟翰迎之，矫称契丹主命[2]，以从益知南朝军国事，召己赴恒州。淑妃、从益匿于徽陵下宫，不得已而出。至大梁，翰立以为帝，帅诸酋长拜之，又以礼部尚书王松、御史中丞赵远为宰相，前宣徽使甄城翟光邺为枢密使，左金吾大将军王景崇为宣徽使，以北来指挥使刘祚权侍卫亲军都指挥使，充在京巡检。松，徽之子也。

百官谒见淑妃，淑妃泣曰："吾母子单弱如此[3]，而为诸公所推，是祸吾家也！"翰留燕兵千人守诸门，为从益宿卫。壬寅，翰及刘晞辞行，从益饯于北郊[4]。遣使召高行周于宋州，武行德于河阳，皆不至。淑妃惧，召大臣谋之曰："吾母子为萧翰所逼，分当灭亡。诸公无罪，宜早迎新主，自求多福，勿以吾母子为意！"众感其言，皆未忍叛去。或曰："今集诸营，不减五千，与燕兵并力坚守一月，北救必至。"淑妃曰："吾母子亡国之馀，安敢与人争天下！不幸至此，死生惟人所裁。若新主见察，当知我无所负。今更为计画，则祸及他人，阖城涂炭[5]，终何益乎！"众犹欲拒守，三司使文安刘审交曰："余燕人，岂不为燕兵计！顾事有不可如何者。今城中大乱之馀，公私穷竭，遗民无几，若复受围一月，无噍类矣[6]。愿诸公勿复言，一从太妃处分。"乃用赵远、翟光邺策，称梁王，知军国事。遣使奉表称臣迎帝，请早赴京师，仍出居私第。

注释

①从容：舒缓，不急迫。
②矫：假托；诈称。
③单弱：孤单；软弱。

④饯：以酒食送行。
⑤阖城：即全城。阖，全。
⑥噍（jiào）类：特指活着的人。

【原文】

甲辰，帝至晋州。

帝之即位也，绛州刺史李从朗与契丹将成霸卿等拒命，帝遣西南面招讨使、护国节度使白文珂攻之，未下。帝至城下，命诸军四布而勿攻，以利害谕之。戊申，从朗举城降。帝命亲将分护诸门，士卒一人毋得入。以偏将薛琼为防御使。

辛亥，帝至陕州，赵晖自御帝马而入。壬子，至石壕，汴人有来迎者。

六月，甲寅朔，萧翰至恒州，与麻荅以铁骑围张砺之第。砺方卧病，出见之，翰数之曰[①]："汝何故言于先帝，云胡人不可以为节度使？又，吾为宣武节度使，且国舅也，汝在中书乃帖我[②]！又，先帝留我守汴州，令我处宫中，汝以为不可。又，谮我及解里于先帝，云解里好掠人财，我好掠人子女。今我必杀汝！"命锁之。砺抗声曰："此皆国家大体，吾实言之。欲杀即杀，奚以锁为！"麻荅以大臣不可专杀[③]，力救止之，翰乃释之。是夕，砺愤恚而卒[④]。

【注释】

①数：列举罪状。
②帖：顺从。
③专：专擅。
④愤恚（huì）：愤怒；怨恨。

【原文】

戊辰，帝下诏大赦。凡契丹所除节度使，下至将吏，各安职任，不复变更。复以汴州为东京，改国号曰汉，仍称天福年，曰："余未忍忘晋也。"复青、襄、汝三节度。壬申，以北京留守崇为河东节度使，同平章事。

秋，七月，庚辰，制建宗庙。太祖高皇帝，世祖光武皇帝，皆百世不迁[①]。又立四亲庙，追尊谥号。凡六庙。

十二月，辛卯，皇子开封尹承训卒。承训孝友忠厚，达于从政[②]，人皆惜之。

癸巳，帝至大梁。

乙未，追立皇子承训为魏王。

(后汉高祖)乾祐元年(948)

春，正月，乙卯，大赦，改元。

己未，帝更名暠。

帝自魏王承训卒，悲痛过甚。甲子，始不豫[③]。

丁丑，帝召苏逢吉、杨邠、史弘肇、郭威入受顾命[④]，曰："余气息微，不能多言。承祐幼弱，后事托在卿辈。"又曰："善防重威。"是日，殂于万岁殿[⑤]，逢吉等秘不发丧。

庚辰，下诏，称："重威父子，因朕小疾，谤议摇众，并其子弘璋、弘琏、弘璨皆斩之。晋公主及内外亲族，一切不问。"磔重威尸于市[⑥]，市人争啖其肉[⑦]，吏不能禁，斯须而尽。

二月，辛巳朔，立皇子左卫大将军、大内都点检承祐为周王，同平章事。有顷，发丧，宣遗制，令周王即皇帝位。时年十八。

注释

①迁：变易。
②达：通晓；明白。
③豫：悦乐；安适。
④顾命：皇帝临终遗命。
⑤殂：死亡。
⑥磔（zhé）：古代的一种酷刑，即分尸。
⑦啖（dàn）：吃或给人吃。

◎周世宗改革

题解

显德元年(954),后周世宗对军事、政治、经济进行了整顿。军事上,他严明军纪,赏罚分明,又检阅禁军,裁汰老弱,选留精锐,又募天下壮士,选取优异。政治上,他严禁贪污,惩治失职官吏。经济上,停废敕额外的寺院,禁私度僧尼,收购民间铜器佛像铸钱,招民开垦逃户荒田;颁《均田图》,均定河南等地六十州租赋,废除曲阜孔氏的免税特权。此外,还扩建京城开封,恢复漕运,兴修水利,修订刑律和历法,考正雅乐,纠正科举弊端,搜求遗书,雕印古籍等。周世宗在政治、经济、军事上的成就,为北宋统一全国奠定了基础。本文节选自《资治通鉴》卷二九一至二九四,标题为编者所加。

原文

(后周太祖)显德元年(954)

北汉主闻太祖晏驾,甚喜,谋大举入寇,遣使请兵于契丹。二月,契丹遣其武定节度使、政事令杨衮将万馀骑如晋阳。北汉主自将兵三万,以义成节度使白从晖为行军都部署,武宁节度使张元徽为前锋都指挥使,与契丹自团柏南趣潞州。

北汉兵屯梁侯驿,昭义节度使李筠遣其将穆令均将步骑二千逆战,筠自将大军壁于太平驿①。张元徽与令均战,阳不胜而北②,令均逐之,伏发③,杀令均,俘斩士卒千馀人。筠遁归上党,婴城自守。筠,即李荣也,避上名改焉。

世宗闻北汉主入寇,欲自将兵御之,群臣皆曰:“刘崇自平阳遁走以来,势蹙气沮④,必不敢自来。陛下新即位,山陵有日⑤,人心易摇,不宜轻动,宜命将御之。”帝曰:“崇幸我大丧,轻朕年少新立,有吞天下之心,此必自来,朕不可不往。”冯道固争之,帝曰:“昔唐太宗定天下,未尝不自行,朕何敢偷安!”道曰:“未审陛下能为唐太宗否?”帝曰:“以吾兵力之强,破刘崇如山压卵耳!”道曰:“未审陛下能为山否?”帝不悦。惟王溥劝行,帝从之。

注释

①壁:营垒。这里作动词。

②阳:通“佯”,假装。 北:溃败。

③伏发:埋伏的伏兵发动。伏,伏兵,埋伏。

④势蹙气沮:气势萎缩。蹙,萎缩。沮,丧气。

⑤山陵有日:这里是获得江山时间短的一种委婉说法。山陵,旧称帝王的坟墓。

【原文】

（三月）乙亥朔，北汉乘胜进逼潞州。丁丑，诏天雄节度使符彦卿引兵自磁州固镇出北汉军后，以镇宁节度使郭崇副之[①]；又诏河中节度使王彦超引兵自晋州东北邀北汉军[②]，以保义节度使韩通副之；又命马军都指挥使、宁江节度使樊爱能，步军都指挥使、清淮节度使何徽，义成节度使白重赞，郑州防御使史彦超，前耀州团练使符彦能将兵先趣泽州，宣徽使向训监之[③]。

乙酉，帝发大梁。庚寅，至怀州。帝欲兼行速进[④]，控鹤都指挥使真定赵晁私谓通事舍人郑好谦曰："贼势方盛，宜持重以挫之。"好谦言于帝，帝怒曰："汝安得此言！必为人所使，言其人则生，不然必死！"好谦以实对，帝命并晁械于州狱[⑤]。壬辰，帝过泽州，宿于州东北。

【注释】

①副：辅助。
②邀：中途拦截。
③监：监视；督察。
④兼行速进：以加倍的速度赶路，快速前进。兼，加倍。
⑤械：桎梏，即脚镣手铐。引申为拘系。

【原文】

北汉主不知帝至，过潞州不攻，引兵而南，是夕，军于高平之南。癸巳，前锋与北汉兵遇，击之，北汉兵却。帝虑其遁去，趣诸军亟进[①]。北汉主以中军陈于巴公原，张元徽军其东，杨衮军其西，众颇严整[②]。时河阳节度使刘词将后军未至，众心危惧，而帝志气益锐，命白重赞与侍卫马步都虞候李重进将左军居西，樊爱能、何徽将右军居东，向训、史彦超将精骑居中央，殿前都指挥使张永德将禁兵卫帝。帝介马自临陈督战[③]。

北汉主见周军少，悔召契丹，谓诸将曰："吾自用汉军可破也，何必契丹！今日不惟克周，亦可使契丹心服。"诸将皆以为然。杨衮策马前望周军，退谓北汉主曰："勍敌也，未可轻进！"北汉主奋髯[④]，曰："时不可失，请公勿言，试观我战。"衮默然不悦。时东北风方盛，俄而忽转南风，北汉副枢密使王延嗣使司天监李义白北汉主云："时可战矣。"北汉主从之。枢密直学士王得中扣马谏曰："义可斩也！风势如此，岂助我者邪！"北汉主曰："吾计已决，老书生勿妄言，且斩汝！"麾东军先进[⑤]，张元徽将千骑击周右军。

注释

①趣（cù）：同“促”。 亟（jí）：通“急”。
②颇：很，十分。
③介马：穿铠甲骑马。介，铠甲。
④奋髯：吹起胡须。奋，扬起。
⑤麾：同“挥”，指挥。

原文

合战未几，樊爱能、何徽引骑兵先遁，右军溃；步兵千馀人解甲呼万岁，降于北汉。帝见军势危，自引亲兵犯矢石督战[①]。太祖皇帝时为宿卫将[②]，谓同列曰："主危如此，吾属何得不致死！"又谓张永德曰："贼气骄，力战可破也！公麾下多能左射者，请引兵乘高出为左翼，我引兵为右翼以击之。国家安危，在此一举！"永德从之，各将二千人进战。太祖皇帝身先士卒，驰犯其锋[③]，士卒死战，无不一当百，北汉兵披靡[④]。内殿直夏津马仁瑀谓众曰："使乘舆受敌[⑤]，安用我辈！"跃马引弓大呼，连毙数十人，士气益振。殿前右番行首马全义言于帝曰："贼势极矣，将为我擒，愿陛下按辔勿动，徐观诸将破之。"即引数百骑进陷陈。

北汉主知帝自临陈，褒赏张元徽，趣使乘胜进兵。元徽前略陈[⑥]，马倒，为周兵所杀。元徽，北汉之骁将也，北军由是夺气。时南风益盛，周兵争奋[⑦]，北汉兵大败，北汉主自举赤帜以收兵，不能止。杨衮畏周兵之强，不敢救，且恨北汉主之语，全军而退。

注释

①犯：冒犯；抵御；经受。
②太祖皇帝：指宋朝开国皇帝赵匡胤。
③驰犯其锋：驱马攻击敌军队伍的前列。驰，驱马出击。犯，侵犯；攻击。锋，军队的前列。
④披靡：草木随风倒伏。比喻军队溃败。
⑤乘舆：旧指帝王所用的车舆。这里指周世宗柴荣。
⑥略：巡视。
⑦争奋：奋勇争进。

原文

北汉主自高平被褐戴笠，乘契丹所赠黄骝[①]，帅百馀骑由雕窠岭遁归，宵迷[②]，俘村民为导，误之晋州，行百馀里，乃觉之，杀导者。昼夜北走，所至，得食未举箸，或传周兵至，辄苍黄而去[③]。北汉主衰老力惫，伏于马上，昼夜驰骤，殆不能支，仅得入晋阳。

北汉主收散卒，缮甲兵[4]，完城堑以备周。杨衮将其众北屯代州，北汉主遣王得中送衮，因求救于契丹，契丹主遣得中还报，许发兵救晋阳[5]。

壬寅，以符彦卿为河东行营都部署兼知太原行府事，以郭崇副之，向训为都监，李重进为马步都虞候，史彦超为先锋都指挥使，将步骑二万发潞州。仍诏王彦超、韩通自阴地关入，与彦卿合军而进，又以刘词为随驾部署，保大节度使白重赞副之。

注释

①骝（liú）：即骅骝，骏马。

②宵迷：夜里分辨不清道路。宵，夜。迷，分辨不清。

③苍黄：同“仓皇”，匆忙而慌张。

④缮：修补。

⑤许：答应。

【原文】

（夏，四月）初，帝遣符彦卿等北征，但欲耀兵于晋阳城下，未议攻取。既入北汉境，其民争以食物迎周师，泣诉刘氏赋役之重，愿供军须[1]，助攻晋阳，北汉州县继有降者。帝闻之，始有兼并之意。遣使往与诸将议之，诸将皆言：“刍粮不足，请且班师以俟再举[2]。”帝不听。既而诸军数十万聚于太原城下，军士不免剽掠[3]，北汉民失望，稍稍保山谷自固。帝闻之，驰诏禁止剽掠，安抚农民，止征今岁租税，及募民入粟拜官有差，仍发泽、潞、晋、绛、慈、隰及山东近便诸州民运粮以馈军。己未，遣李榖诣太原计度刍粮[4]。

（五月）丙子，帝至晋阳城下，旗帜环城四十里。杨衮疑北汉代州防御使郑处谦贰于周，召与计事，欲图之[5]。处谦知之，不往。衮使胡骑数十守其城门，处谦杀之，因闭门拒衮；衮奔归契丹。契丹主怒其无功，囚之。处谦举城来降。丁丑，置静塞军于代州，以郑处谦为节度使。

注释

①军须：即军需，泛指军队作战、训练和生活上所需的物资。

②且班师：且，暂且，姑且。班师，出征的军队归来。

③剽掠：抢劫掠夺。

④计度：谋划。

⑤图：图谋。

【原文】

初，帝与北汉主相拒于高平，命前泽州刺史李彦崇将兵守江猪岭，遏北汉主归路。彦崇闻樊爱能等南遁，引兵退，北汉主果自其路遁去。八月，己酉，贬彦崇率府副率。

（冬，十月）初，宿卫之士，累朝相承，务求姑息[1]，不欲简阅[2]，恐伤人情[3]，由是羸老者居多[4]，但骄蹇不用命[5]，实不可用，每遇大敌，不走即降，其所以失国，亦多由此。帝因高平之战，始知其弊，癸亥，谓侍臣曰："凡兵务精不务多，今以农夫百未能养甲士一，奈何浚民之膏泽[6]，养此无用之物乎！且健懦不分，众何所劝！"乃命大简诸军，精锐者升之上军，羸者斥去之。又以骁勇之士多为藩镇所蓄，诏募天下壮士，咸遣诣阙，命太祖皇帝选其尤者为殿前诸班[7]，其骑步诸军，各命将帅选之。由是士卒精强，近代无比，征伐四方，所向皆捷，选练之力也。

注释

①务求姑息：追求无原则的宽容。
②简阅：选拔检阅。
③人情：人的情感。
④居多：占很多。
⑤骄蹇：骄傲自大，不顺从。
⑥浚：掘取；榨取。
⑦尤者：优秀、才能突出的人。

原文

（后周世宗）显德二年(955)

（夏，四月）上谓宰相曰："朕每思致治之方，未得其要，寝食不忘。又自唐、晋以来，吴、蜀、幽、并皆阻声教[1]，未能混壹，宜命近臣著《为君难为臣不易论》及《开边策》各一篇，朕将览焉。"

比部郎中王朴献策，以为："中国之失吴、蜀、幽、并，皆由失道[2]。今必先观所以失之之原[3]，然后知所以取之之术。其始失之也，莫不以君暗臣邪[4]，兵骄民困，奸党内炽[5]，武夫外横，因小致大，积微成著。今欲取之，莫若反其所为而已。夫进贤退不肖，所以收其才也；恩隐诚信，所以结其心也；赏功罚罪，所以尽其力也；去奢节用，所以丰其财也；时使薄敛，所以阜其民也[6]。俟群才既集，政事既治，财用既充，士民既附，然后举而用之，功无不成矣！彼之人观我有必取之势，则知其情状者愿为间谍，知其山川者愿为乡导，民心既归，天意必从矣。"

注释

①声教：声威和教化。
②失道：违背正义。语出《孟子·公孙丑下》："得道者多助，失道者寡助。"
③原：根本。

④暗：糊涂；不明白。
⑤炽（chì）：火旺。引申为旺盛，势盛。
⑥阜（fù）：盛多；丰富。

【原文】

（又曰）“凡攻取之道，必先其易者。唐与吾接境几二千里，其势易扰也。扰之当以无备之处为始，备东则扰西，备西则扰东，彼必奔走而救之。奔走之间，可以知其虚实强弱，然后避实击虚，避强击弱。未须大举，且以轻兵扰之。南人懦怯，闻小有警，必悉师以救之[①]。师数动则民疲而财竭，不悉师则我可以乘虚取之。如此，江北诸州将悉为我有。既得江北，则用彼之民，行我之法，江南亦易取也。得江南则岭南、巴蜀可传檄而定。南方既定，则燕地必望风内附。若其不至，移兵攻之，席卷可平矣[②]。惟河东必死之寇，不可以恩信诱，当以强兵制之。然彼自高平之败，力竭气沮，必未能为边患。宜且以为后图，俟天下既平，然后伺间一举可擒也。今士卒精练，甲兵有备，群下畏法，诸将效力，期年之后可以出师[③]，宜自夏秋蓄积实边矣。”

上欣然纳之。时群臣多守常偷安[④]，所对少有可取者，惟朴神峻气劲，有谋能断，凡所规画[⑤]，皆称上意，上由是重其器识。未几，迁左谏议大夫，知开封府事。

【注释】

①悉：全；尽。
②席卷：像卷席子一样包揽无馀。
③期年：一年。
④守常偷安：墨守成规，贪图安逸，不思进取。守常，遵守常规。偷安，只图眼前局部的安逸。
⑤规画：谋划；筹划。也作“规划”。

【原文】

（五月）敕天下寺院，非敕额者悉废之[①]。禁私度僧尼[②]，凡欲出家者必俟祖父母、父母、伯叔之命。惟两京、大名府、京兆府、青州听设戒坛。禁僧俗舍身、断手足、炼指、挂灯、带钳之类幻惑流俗者[③]。令两京及诸州每岁造僧帐，有死亡、归俗，皆随时开落。是岁，天下寺院存者二千六百九十四，废者三万三百三十六，见僧四万二千四百四十四，尼一万八千七百五十六。

六月，庚子，上亲录囚于内苑[④]。有汝州民马遇，父及弟为吏所冤死，历经覆按，不能自伸，上临问，始得其实，人以为神。由是诸长吏无不亲察狱讼[⑤]。

【注释】

①敕额：皇帝命题的门额。引申为皇帝准许的。敕，君主的命令。额，门额；横额。

②度：佛教以离俗出生死为度。
③舍身：佛教徒牺牲肉体表示虔诚。
④录：审察并记录犯人的罪状。
⑤狱讼：诉讼案件。

【原文】

帝以县官久不铸钱①，而民间多销钱为器皿及佛像②，钱益少。九月，丙寅朔，敕始立监采铜铸钱，自非县官法物、军器及寺观钟磬钹铎之类听留外③，自馀民间铜器、佛像，五十日内悉令输官，给其直；过期隐匿不输，五斤以上其罪死，不及者论刑有差。上谓侍臣曰："卿辈勿以毁佛为疑。夫佛以善道化人，苟志于善，斯奉佛矣。彼铜像岂所谓佛邪！且吾闻佛在利人，虽头目犹舍以布施，若朕身可以济民④，亦非所惜也。"

（十一月）丁未，上与侍臣论刑赏，上曰："朕必不因怒刑人，因喜赏人。"

先是，大梁城中民侵街衢为舍⑤，通大车者盖寡，上命悉直而广之，广者至三十步。又迁坟墓于标外⑥。上曰："近广京城，于存殁扰动诚多⑦。怨谤之语，朕自当之，他日终为人利。"

【注释】

①县官：朝廷；官府。
②销：熔化金属。
③听：听任。
④济：救助；接济。
⑤衢：大路。
⑥标：标记。当年四月，周世宗曾下诏扩展外城，先立标帜。
⑦存殁：活着的和死了的。殁，死亡。

【原文】

三年(956)

（三月）唐主复以右仆射孙晟为司空，遣与礼部尚书王崇质奉表入见，称："自天祐以来，海内分崩，或跨据一方，或迁革异代，臣绍袭先业①，奄有江表②，顾以瞻乌未定，附凤何从！今天命有归，声教远被，愿比两浙、湖南③，仰奉正朔，谨守土疆，乞收薄伐之威，赦其后服之罪，首于下国，俾作外臣④，则柔远之德，云谁不服！"又献金千两，银十万两，罗绮二千匹。晟谓冯延己曰："此行当在左相，晟若辞之，则负先帝。"既行，知不免，中夜，叹息谓崇质曰："君家百口，宜自为谋。吾思之熟矣，终不负永陵一培土⑤，馀无所知。"

注释

①绍袭：继承。

②奄：覆盖；包括。　江表：指长江以南。从中原人看来，其地在长江之外，故称“江表”。

③比：比照。

④俾：使。

⑤一培土：一捧土，也作“一抔土”。《史记·张释之传》：“假令愚民取长陵一抔土，陛下何以加其法乎？”长陵是汉高祖的陵墓。后便称坟墓为一抔土。

原文

(秋，七月)初，唐人以茶盐强民而征其粟帛，谓之博征[①]，又兴营田于淮南[②]，民甚苦之。及周师至，争奉牛酒迎劳。而将帅不之恤，专事俘掠，视民如土芥[③]。民皆失望，相聚山泽，立堡壁自固，操农器为兵，积纸为甲，时人谓之“白甲军”。周兵讨之，屡为所败，先所得唐诸州，多复为唐有。

唐之援兵营于紫金山，与寿春城中烽火相应。淮南节度使向训奏请以广陵之兵并力攻寿春，俟克城，更图进取，诏许之。训封府库以授扬州主者，命扬州牙将分部按行城中，秋毫不犯，扬州民感悦，军还，或负糗糒以送之[④]。滁州守将亦弃城去，皆引兵趣寿春。

八月，戊辰，端明殿学士王朴、司天少监王处讷撰《显德钦天历》，上之。诏自来岁行之。

(冬，十月)丙子，上谓侍臣曰：“近朝征敛谷帛，多不俟收获、纺绩之毕。”乃诏三司，自今夏税以六月，秋税以十月起征，民间便之。

注释

①博征：即博易。即将此物变换成彼物征收。博，换取；讨取。

②营田：即屯田。唐宋时屯田亦称营田。

③芥：小草。

④糗糒（qiǔbèi）：干粮。

原文

四年(957)

九月，中书舍人窦俨上疏请令有司讨论古今礼仪，作《大周通礼》，考正钟律[①]，作《大周正乐》。又以：“为政之本，莫大择人；择人之重，莫先宰相。自有唐之末，轻用名器[②]，始为辅弼，即兼三公、仆射之官。故其未得之也，则以趋竞为心[③]；既得之也，则以容默为事[④]。但思解密勿之务，守崇重之官，逍遥林亭，保安宗族。乞令即日宰相于南宫三品、两省给、舍以上，各举所知。若陛下素知其贤，自可登庸[⑤]；若其未也，且令以本官权知政事。期岁之间，察其职业，若果能堪称，其官已高，则除平章事；未高，则稍更迁官，权知如故。若有不称，则罢其政事，责其举者。又，班行之中[⑥]，有员无职者太半，乞量其才器，授以外任，试之于事，还则以旧官登叙，考其治状，能者进之，否者黜之。”又请：“令盗贼自相纠告，以其所告赀产之半赏之；或亲戚为之首，则论其徒侣而赦其所首者。如此，则盗不能聚矣。又，新郑乡村团为义营，各立将佐，一户为盗，累其一村；一户被盗，罪其一将。每有盗发，则鸣鼓举火，丁壮云集，盗少民多，无能脱者。由是邻县充斥而一境独清。请令他县皆效之，亦止盗之一术也。又，累朝已来，屡下诏书，听民多种广耕，止输旧税，及其既种，则有司履亩而增之，故民皆疑惧而田不加辟。夫为政之先，莫如敦信，信苟著矣，则田无不广，田广则谷多，谷多则藏之民犹藏之官也。”又言：“陛下南征江、淮，一举而得八州，再驾而平寿春，威灵所加，前无强敌。今以众击寡，以治伐乱，势无不克。但行之贵速，则彼民免俘馘之灾[⑦]，此民息转输之困矣。”帝览而善之。

冬，十月，戊午，设贤良方正直言极谏、经学优深可为师法、详闲吏理达于教化等科。

注释

①锺律：乐器的音律。

②名器：奴隶社会和封建社会称表示等级的称号和车服仪制等为名器。

③趋竞：趋向；争逐。

④容默：宽容而不言。

⑤登庸：任用。

⑥班行：指朝班，朝臣。

⑦俘馘（guó）：擒获斩杀。

原文

显德五年(958)

秋，七月，丙戌，初行《大周刑统》。

帝欲均田租，丁亥，以元稹《均田图》遍赐诸道。

(冬，十月)诏左散骑常侍须城艾颍等三十四人分行诸州，均定田租。庚子，诏诸州并乡村，率以百户为团，团置耆长三人[①]。帝留心农事，刻木为耕夫、蚕妇，置之殿庭。命武胜节度使宋延渥以水军巡江[②]。

十一月，庚戌，敕窦俨编集《大周通礼》、《大周正乐》。

(十二月)丙戌，诏凡诸色课户及俸户并勒归州县[③]，其幕职、州县官自今并支俸钱及米麦[④]。

注释

①耆（qí）长：年纪大的人作首领。耆，老。长，首领。
②宋延渥（wò）：人名。
③凡：一切。
④俸钱：官吏所得的薪水。

【原文】

六年(959)

(春，正月)初，有司将立正仗，宿设乐县于殿庭[1]，帝观之，见锺磬有设而不击者，问乐工，皆不能对。乃命窦俨讨论古今，考正雅乐。王朴素晓音律，帝以乐事询之，朴上疏，以为："礼以检形，乐以治心；形顺于外，心和于内，然而天下不治者，未之有也。是以礼乐修于上，万国化于下，圣人之教不肃而成[2]，其政不严而治，用此道也。夫乐生于人心而声成于物，物声既成，复能感人之心。

"昔黄帝吹九寸之管，得黄锺正声，半之为清声，倍之为缓声，三分损益之以生十二律。十二律旋相为宫以生七调，为一均。凡十二均，八十四调而大备。遭秦灭学，历代治乐者罕能用之。唐太宗之世，祖孝孙、张文收考正大乐，备八十四调。安、史之乱，器与工什亡八九；至于黄巢，荡尽无遗。时有太常博士殷盈孙，按《考工记》，铸镈锺十二[3]，编钟二百四十。处士萧承训校定石磬，今之在县者是也。虽有锺磬之状，殊无相应之和，其镈锺不问音律，但循环而击，编锺、编磬徒悬而已。丝、竹、匏、土仅有七声[4]，名为黄锺之宫，其存者九曲。考之三曲协律，六曲参涉诸调。盖乐之废缺，无甚于今。

"陛下武功既著[5]，垂意礼乐[6]，以臣尝学律吕，宣示古今乐录，命臣讨论。臣谨如古法，以秬黍定尺[7]，长九寸径三分为黄钟之管，与今黄锺之声相应，因而推之，得十二律。以为众管互吹，用声不便，乃作律准，十有三弦，其长九尺，皆应黄锺之声，以次设柱，为十一律，及黄锺清声，旋用七律以为一均。为均之主者，宫也，徵、商、羽、角、变宫、变徵次焉。发其均主之声，归于本音之律，迭应不乱，乃成其调，凡八十一调。此法久绝，出臣独见，乞集百官校其得失。"

诏从之，百官皆以为然，乃行之。

注释

①宿设：即前一夕设之。　县：同"悬"。
②肃：峻急。
③镈（bó）：古代的一种乐器，形似大钟。
④"丝、竹"句：古代八音为金、石、土、木、丝、竹、匏、革。匏（páo），古代笙、竽等一类管乐器。
⑤著：这里指有了明显的功绩。

⑥垂意：在意。垂，临近。意，心思。
⑦秬（jù）黍：黑黍。

【原文】

（二月）丁亥，开封府奏田税旧一十万二千馀顷[1]，今按行得羡田四万二千馀顷[2]，敕减三万八千顷。诸州行田使还，所奏羡田，减之仿此。

淮南饥，上命以米贷之。或曰："民贫，恐不能偿。"上曰："民吾子也，安有子倒悬而父不为之解哉[3]！安在责其必偿也[4]！"

【注释】

①旧：以往；原先。
②羡田：不纳租赋的隐匿田，为破产农民避赋外逃后私垦的小块土地。
③倒悬：头向下脚朝上地被倒挂，比喻处境非常困苦危急。
④责：责求。

【原文】

上欲相枢密使魏仁浦，议者以仁浦不由科第[1]，不可为相。上曰："自古用文武才略者为辅佐，岂尽由科第邪！"己丑，加王溥门下侍郎，与范质皆参知枢密院事。以仁浦为中书侍郎、同平章事，枢密使如故。仁浦虽处权要而能谦谨，上性严急[2]，近职有忤旨者[3]，仁浦多引罪归己以救之，所全活什七八。故虽起刀笔吏[4]，致位宰相，时人不以为忝[5]。又以宣徽南院使吴延祚为左骁卫上将军，充枢密使；加归德节度使、侍卫亲军都虞候韩通、镇宁节度使兼殿前都点检张永德并同平章事，仍以通充侍卫亲军副都指挥使；以太祖皇帝兼殿前都点检。

【注释】

①科第：科举考试。
②严急：严，严格；严厉。急，急躁。
③忤（wǔ）：违逆；抵触。
④刀笔吏：掌管文书案卷的小官。
⑤忝：辱没；有愧于。

【原文】

上尝问大臣可为相者于兵部尚书张昭，昭荐李涛。上愕然曰："涛轻薄无大臣体，朕问相而卿首荐之，何也？"对曰："陛下所责者细行也[1]，臣所举者大节也。昔晋高祖之世，张彦泽虐杀不辜，涛累疏请诛之[2]，以为不杀必为国患；汉隐帝之世，涛亦上疏请解先帝兵权。夫国家安危未形而能见之，此真宰相器也，臣是以荐之。"

上曰："卿言甚善且至公，然如涛者，终不可置之中书。"涛喜诙谐[3]，不修边幅，与弟澣俱以文学著名，虽甚友爱，而多谑浪[4]，无长幼体，上以是薄之。

上以翰林学士单父王著，幕府旧僚，屡欲相之，以其嗜酒无检而罢[5]。

注释

①细行：生活上的小节。
②疏：上给皇帝的奏章。
③诙谐：说话风趣，戏谑。
④谑浪：谑，说俏皮话；开玩笑。浪，放荡放纵。
⑤检：检点；约束。

◎附　录

《资治通鉴》所记大事记

公元前403年(周威烈王二十三年)

封晋大夫魏斯、赵籍、韩虔为诸侯。这是一重大历史事件。司马光《资治通鉴》所记即始于是年。

公元前221年(秦始皇二十六年)

秦兵灭齐。至此，山东六国全部被秦所并吞。秦王嬴政完成统一中国大业，称皇帝。

公元前209年(秦二世元年)

陈胜、吴广起义爆发。

公元前207年(秦二世三年)

项羽率领楚兵在巨鹿大败秦军主力。

公元前202年(汉高祖五年)

刘邦战败项羽。项羽自刎死。刘邦取得楚汉战争的胜利。

公元前198年(汉高祖九年)

是年冬，汉高祖刘邦使人往匈奴，与匈奴和亲。

公元前187年(汉高后元年)

汉高祖皇后吕雉称制。

公元前180年(汉高后八年)

右丞相陈平、太尉周勃等大杀诸吕，迎高祖子代王为皇帝，是为汉文皇帝。

公元前154年(汉景帝前三年)

以吴王刘濞为首的七个诸侯王发动叛乱(即“七王之乱”)，被镇压。

公元前138年(汉建元三年)

张骞第一次出使西域。

公元前85年(汉始元二年)

霍光被封为博陆侯，开始执掌汉朝政权。

公元8年(汉孺子婴初始元年)

王莽建立“新”朝，改元始建国。

公元25年(汉建武元年)

刘秀建立东汉王朝。史称“光武中兴”。

公元166年(汉延熹九年)

司隶校尉李膺等二百馀人被称为党人，下狱考治。“党锢之祸”始作。

公元184年(汉光和七年)

张角领导的黄巾起义爆发。

公元200年(汉建安五年)

曹操大破袁绍于官渡，从而为其统一北方奠定了基础。

公元208年(汉建安十三年)

刘备与孙权的联军在赤壁大败曹操，从而奠定了三国鼎立的局面。

公元383年(晋太元八年)

前秦南侵进攻东晋。晋遣谢石、谢玄等拒秦军于淝水，大破之，是为淝水之战。此战导致了前秦迅速灭亡。

公元484年(南齐永明二年；北魏太和八年)

北魏颁行均田令。

公元494年(南齐建武元年；北魏太和十八年)

北魏孝文帝迁都洛阳。

公元581年(隋开皇元年)

北周相国隋王杨坚称帝。隋朝建立。杨坚即隋高祖文皇帝(隋文帝)。

公元589年(隋开皇九年)

隋师入建康，俘陈后主，陈亡。长期以来南北分裂的局面结束。

公元605年(隋大业元年)

南北大运河通济渠(今河南洛阳至江苏淮安)开通。

公元617年(隋大业十三年)

李渊从太原起兵，沿汾河南下，过黄河，入长安。

公元618年(隋大业十四年，唐武德元年)

唐王李渊称皇帝。唐朝建立。

公元626年(唐武德九年)

秦王李世民发动玄武门之变，杀太子建成、齐王元吉及其诸子。随后，唐高祖李渊自称太上皇，传位于李世民，是为太宗，年号贞观。从而开始了历史上著名的“贞观之治”。

公元690年(则天后天授元年)

武则天改国号为周，改元天授。武则天称圣神皇帝。

公元713年(唐开元元年)

太平公主勾结宰相等阴谋废唐玄宗。唐玄宗与郭元振等先发制人，杀助逆者，赐公主死。唐玄宗加尊号为开元神武皇帝，并改年号为开元，从此开始了历史上著名的“开元盛世”。

公元755年(唐天宝十四年)

安禄山发所部兵及同罗、奚、契丹、室韦十五万反于范阳。安史之乱爆发。

公元763年(唐宝应二年、广德元年)

史朝义因部将相继降唐，自缢死。安史之乱结束。

公元817年(唐元和十二年)

讨吴元济几三年，无功，宰相裴度请督师，许之，以为淮西宣慰招讨处置使。之后不久，唐随邓节度使李愬入蔡州，擒吴元济，淮西平。此举震慑了河北藩镇。

公元830年(唐大〔太〕和四年)

李宗闵引牛僧孺为相，二人合排李德裕之党，从而开始了唐后期政坛上著名的牛李党争。

公元907年(唐天祐四年；后梁开平元年)

唐哀帝禅位于朱温。朱温即位，国号梁。五代开始。

公元911年(后梁开平五年)

李存勖大败梁军于柏乡，不仅扭转了其劣势，而且对以后的政局产生了深远的影响。

公元947年(后晋开运四年；后汉天福十二年)

契丹主耶律德光入开封，晋亡。刘知远称皇帝于太原，称天福十二年，后改名暠。当年六月，刘知远至汴州，仍以汴州为东京、开封府，定国号曰汉，是为后汉高祖。

公元954年(后周世宗显德元年)

从是年开始，后周世宗对军事、政治、经济进行了整顿，并取得了很大的成就，从而为北宋统一全国奠定了基础。

《资治通鉴》主要版本及研究著作

库刻本《资治通鉴》(南宋绍兴两浙东路茶盐司刊)

百衲本《资治通鉴》(民国商务印书馆影印，原本为库刻本配其他五种宋刻)

南宋建阳书坊刻本《资治通鉴》(《四部丛刊》影印)

胡克家仿元刻本《资治通鉴》(清嘉庆二十一年刊)

王夫之《读通鉴论》

严　衍《资治通鉴补正》(清咸丰童氏木活字本)

古籍出版社点校本《资治通鉴》(1956年版)

中华书局重印本《资治通鉴》(据古籍出版社点校本)

陈　垣《通鉴胡注表微》(中华书局,1962年版)
王仲荦等编注《资治通鉴选》(中华书局,1965年版)
柴德赓《资治通鉴介绍》(求实出版社,1981年版)
张煦侯《通鉴学》(安徽人民出版社,1981年版)
刘乃和《资治通鉴丛论》(河南人民出版社,1985年版)
李宗侗等《资治通鉴今注》(台湾商务印书馆,1985年版)
陈光崇、顾奎相《资治通鉴选读》(山西人民出版社,1986年版)
冯惠民等《通鉴地理注词典》(齐鲁书社,1986年版)
《资治通鉴(全二册)》(上海古籍出版社,1987年版)
胡三省《资治通鉴音注》(上海古籍出版社,1987年版)
柏杨鉴古录(《柏杨读〈资治通鉴〉评文》)(湖南文艺出版社,1988年版)
牛致功《唐代史学〈通鉴〉》(陕西师范大学出版社,1989年版)
《资治通鉴》(岳麓书社,1990年版)
邓国屏《资治通鉴故事鉴赏》(知识出版社,1991年版)
李天平《资治通鉴精华》(中州古籍出版社,1992年版)
张　谦《资治通鉴与中国政治文化》(中国广播电视出版社,1993年版)
施　丁《资治通鉴大辞典》(吉林人民出版社,1994年版)
冯国超主编《白话资治通鉴》(光明日报出版社,2004年版)
尹黎云《资治通鉴故事全集》(昆仑出版社,2006年版)
柏杨白话版《资治通鉴》(北岳文艺出版社,2006年版)
中华国粹经典文库《资治通鉴》(湖北辞书出版社,2007年版)
郑林、刘伟《资治通鉴新读》(中国言实出版社,2007年版)

《资治通鉴》名言警句

△夫君子能勤小物,故无大患。(第002页)
△将欲败之,必姑辅之。将欲取之,必姑与之。(第003页)
△唇亡则齿寒。(第004页)

——以上《三家分晋》

△图穷而匕首见。(第006页)
△夫为国家者,任官以才,立政以礼,怀民以仁,交邻以信。是以官得其人,政得其节,百姓怀其德,四邻亲其义。夫如是,则国家安如磐石,炽如焱火。触之者碎,犯之者焦,虽有强暴之国,尚何足畏哉!(第008页)
△夫其膝行、蒲伏,非恭也;复言、重诺,非信也;糜金、散玉,非惠也;刎首、决腹,

非勇也。(第008页)

——以上《秦灭六国》

△“知天之天者,王事可成。”王者以民为天,而民以食为天。(第013页)
△养虎自遗患。(第017页)

——以上《楚汉之争》

△深耕穊种,立苗欲疏;非其种者,锄而去之!(第024页)
△天下安,注意相;天下危,注意将。(第024页)

——以上《周勃安刘》

△察见渊中鱼不祥。(第029页)
△狧穅及米。(第030页)

——以上《七国之叛》

△逐麋之狗,当顾菟邪!(第047页)

——以上《霍光废立》

△往古圣人之兴,二科而已,天时与人事也。(第052页)
△古之兴者在德薄厚,不以大小也。(第055页)

——以上《光武中兴》

△经师易遇,人师难遭。(第064页)
△枳棘之林非鸾凤所集,百里非大贤之路。(第066页)
△不以其道得之,不居也。(第072页)
△事不辞难,罪不逃刑,臣之节也。(第075页)

——以上《党锢之祸》

△苍天已死,黄天当立,岁在甲子,天下大吉。(第079页)
△恶人不去,则善人无由进也。(第082页)

——以上《黄巾起义》

△识时务者在乎俊杰。(第085页)
△强弩之末势不能穿鲁缟。(第089页)

——以上《火烧赤壁》

△王者劳于求贤,逸于得士。(第093页)
△投鞭于江,足断其流。(第095页)
△知足不辱,知止不殆。(第096页)
△黄帝服牛乘马,因其性也;禹浚九川,障九泽,因其势也;后稷播殖百谷,因其时也;汤、武帅天下而攻桀、纣,因其心也。皆有因则成,无因则败。(第097页)
△王者出师,必上观天道,下顺人心。(第097页)

——以上《淝水之战》

△食货相通，理势自然。（第106页）
△成大功者不谋于众。（第109页）
△益于时者，贤才而已。（第110页）
△校其寸长、铢重者先叙之，则贤才无遗矣。（第110页）
△刑罚之要，在于明当，不在于重。苟不失有罪，虽捶挞之薄，人莫敢犯；若容可侥幸，虽参夷之严，不足惩禁。（第111页）
△夫官位无常，朝荣夕悴。（第111页）
△君人者以天下为家，不可有所私。（第111页）
△夫人君患不能纳谏，人臣患不能尽忠。（第114页）
△苟有过人之才，不患不知。（第115页）

——以上《北魏孝文帝改革》

△国之安危在所委任。（第120页）

——以上《隋军灭陈》

△先发制人，后发制于人。（第132页）

——以上《晋阳起兵》

△处事有疑，非智也；临难不决，非勇也。（第147页）

——以上《玄武门之变》

△周颂成、康，汉称文、景，皆以能措刑故也。（第156页）

——以上《武则天称帝》

△未识人伦，焉知天道！（第183页）

——以上《安史之乱》

△兵非出奇不胜。（第193页）
△夫视远者不顾近，虑大者不详细。（第195页）

——以上《裴度征淮西》

△去河北贼易，去朝廷朋党难！（第202页）

——以上《朋党之争》

△见危不救，非义也；畏敌强而避之，非勇也。（第207页）

——以上《柏乡之战》

△用兵有缓有急，当随时制宜。（第219页）

——以上《刘知远崛起》

△夫进贤退不肖，所以收其才也；恩隐诚信，所以结其心也；赏功罚罪，所以尽其力也；去奢节用，所以丰其财也；时使薄敛，所以阜其民也。俟群才既集，政事既治，财用既充，士民既附，然后举而用之，功无不成矣！（第229页）
△为政之本，莫大择人；择人之重，莫先宰相。（第232页）

△夫为政之先，莫如敦信，信苟著矣，则田无不广，田广则谷多，谷多则藏之民犹藏之官也。（第233页）

△礼以检形，乐以治心；形顺于外，心和于内，然而天下不治者，未之有也。（第234页）

——以上《周世宗改革》

图书在版编目（CIP）数据

资治通鉴 /（宋）司马光著；王振芳，王朝华注析．—2 版．—太原：三晋出版社，2008.8（2024.5 重印）
（中国家庭基本藏书・史著选集卷）
ISBN 978－7－80598－973－0－01

Ⅰ.资… Ⅱ.①司…②王…③王… Ⅲ.①中国—中代史—编年体②资治通鉴—注释 Ⅳ.K204.3

中国版本图书馆 CIP 数据核字（2008）第 111994 号

资治通鉴

著　　者：（宋）司马光　　**注 析 者：** 王振芳　王朝华

责任编辑： 落馥香　　**审 订 者：** 杨　淮
封面设计： 敬人工作室　　**版式设计：** 敬人工作室
责任校对： 落馥香　　**责任印制：** 李佳音

出版发行： 山西出版集团・三晋出版社
地　　址： 太原市建设南路 21 号
电　　话：（0351）4956036（咨询）　4922268（邮购）
传　　真：（0351）4922102
网　　址： www.sxskcb.com
邮　　编： 030012

印刷装订： 山西新华印业有限公司
（本书如有破损、缺页、装订错误，请与本社联系调换）

开　　本： 787mm × 960mm　1/16
字　　数： 270 千字
印　　张： 16
版　　次： 2008 年 8 月第 2 版
印　　次： 2024 年 5 月第 2 次印刷
书　　号： ISBN 978－7－80598－973－0－01
定　　价： 61.50 元